会计学系列精品教材

成 本 会 计

简东平　主　编
阮班鹰　邹彩芬　谢良安　副主编

经济科学出版社

图书在版编目（CIP）数据

成本会计/简东平主编. —北京：经济科学出版社，2012.6
会计学系列精品教材（2017.8 重印）
ISBN 978 – 7 – 5141 – 2010 – 3

Ⅰ.①成… Ⅱ.①简… Ⅲ.①成本会计 – 高等学校 – 教材 Ⅳ.①F234.2

中国版本图书馆 CIP 数据核字（2012）第 123636 号

责任编辑：侯晓霞　侯加恒
责任校对：杨晓莹
责任印制：李　鹏

成 本 会 计

简东平　主编

阮班鹰　邹彩芬　谢良安　副主编

经济科学出版社出版、发行　新华书店经销
社址：北京市海淀区阜成路甲 28 号　邮编：100142
教材分社电话：88191345　发行部电话：88191537
网址：www.esp.com.cn
电子邮件：houxiaoxia@esp.com.cn
北京密兴印刷有限公司印装
787×1092　16 开　14 印张　320000 字
2012 年 6 月第 1 版　2017 年 8 月第 4 次印刷
ISBN 978 – 7 – 5141 – 2010 – 3　定价：30.00 元
（图书出现印装问题，本社负责调换。电话：88191502）
（版权所有　翻印必究）

编委会

主　　任：杜国良

执行主任：胥朝阳

委　　员：（以姓氏笔画为序）

王珍义　刘圣妮　李甫斌　张耀武
杨　洪　祝建军　胡星辉　曾洁琼
简东平

序

30多年来，武汉纺织大学会计学院在高质量建设会计学省级本科品牌专业，充实财务管理、会计信息系统、中级财务会计等省级精品或优质课程的过程中，在教学与科研方面取得了显著进展。近年来，会计学院先后获得全国会计知识大赛三等奖、湖北省会计信息化大赛高校组第一名、湖北省大学生优秀科研成果奖等突出成绩，已成为高素质会计人才培养的重要基地。同时，随着经济全球化的演进，我国社会主义市场经济体制下会计改革的深入与发展，以及互联网的普及、可扩展企业报告语言（XBRL）的开发，为会计领域的国际协调与趋同提供了有力的政策及技术支持。

在以上背景下，为及时反映与跟踪国内外会计领域出现的重大变化，武汉纺织大学会计学院组织业务能力强、教学实践经验丰富的教师撰写了这套"会计学系列精品教材"。该套教材包括《会计学基础》、《中级财务会计》、《高级财务会计》、《成本会计》、《管理会计》、《政府与非营利组织会计》、《会计信息系统》、《会计模拟实验》、《审计学》、《财务管理学》和《财务报表分析》等11部会计专业主干课程的教科书，每部书的主编均为该课程主讲人或负责人。在书稿杀青之际，编委会邀我作序，我欣然为之。综观这套系列丛书，我认为它具有下列特点：

一是科学性——本系列教材以马克思主义经济学及现代管理学为指导，在深入阐明会计学科基本理论的基础上，展开对企业等经济活动主体具体业务的探讨。尤其是在阐明各种会计方法、技术和手段时，既注意从理论上进行解释，也注意案例分析与实务操作，达到了引导学生从源头上加以认识和把握会计学、审计学和财务管理学的目的。

二是系统性——本系列教材立足对企业经营活动作逻辑性的系统处理，对课程及教材之间的相关性进行充分论证，最大限度降低教材之间的重叠，较好实现了教材内容之间的合理划分与关联性对接。

三是实用性——本系列教材在力求构建理论框架的同时，紧贴当代经济活动，着重通过实例对专业知识点进行阐述，以方便学生理解、掌握或应用，体现出鲜明的时代特征。

四是前瞻性——本系列教材在一定程度上把握住了精品教材的创新力度，如教材中对产权经济学与法学原理的引入等，吸收了会计及相关交叉领域前沿的学术研究成果。

我相信这套教材不仅将受到会计专业学生的欢迎，而且也能得到实际工作部门的好评，成为实际工作者的必读参考书。

中南财经政法大学　郭道扬
2011年12月25日于竹苑

前 言

成本会计是现代企业会计的重要组成部分，是一门应用型管理科学课程，它不仅能够提供产品、服务、客户等方面的成本信息，而且能够为企业管理层提供计划、控制、决策等信息。随着市场经济的发展，为应对理性而规范的市场竞争，成本会计信息在企业经营活动中的作用越来越重要。作为高校财经类专业，尤其是会计专业的学生，必须了解和掌握成本会计的基本理论、基本知识和基本技能，成本会计是从事会计工作的一门必修课程。

成本会计是企业会计的核心内容之一，属于对内会计，不对外公开，因而其核算内容、核算程序和核算方法国家没有统一规定，只作了一些规范要求。本教材在编写过程中，注重吸收近几年来国内外最新的理论研究成果和我国近50多年成本会计工作的实践经验，力求充分体现以下特点：（1）依据最新修订的《中华人民共和国会计法》、《企业会计准则》和即将颁布的《企业产品成本核算制度（征求意见稿）》及有关政策规定，结合我国会计改革和国际惯例及有关成本管理制度的要求，使教材内容具有一定的理论性和前瞻性；（2）充分考虑财经类专业培养目标和教学特点，在教材结构体系的安排上力求合理科学，尽量避免课程之间不必要的重复，同时在内容上注意深入浅出，简明易懂，便于自学；（3）注重成本会计技能培养的特点，教材内容贴近实际，使其具有较广泛的适用性。

本教材每章以本章学习目的开始，列示需要了解、理解、掌握或熟练运用的知识点，由典型案例导出主体内容。每章结束均进行小结，附有中英文专业词汇，并通过思考题引导读者"开动思想机器"，通过练习题帮助读者熟练掌握各章的主要知识点。鉴于成本会计内容应侧重于对基本理论、基本方法和基本技能的讲授；同时，受课程分工影响和教学时间的限制，本书主要介绍了成本核算的基本理论及基本方法，未涉及成本预测、成本决策和成本控制等内容。

本教材的写作由武汉纺织大学会计学院一批长期从事会计专业理论研究和教学实践的骨干教师合作编写完成。具体写作分工如下：简东平副教授担任主编，负责教材整体框架设计，拟订编写大纲及全书的统稿、定稿工作，并承担第一章、第七章的写作任务；邹彩芬博士负责第二章的写作；阮班鹰副教授负责第三章、第十章的写作；杨金键老师负责第四章的写作；谢良安副教授负责第五章、第六章的写作；柯宝红副教授负责第八章的写作；周自力副教授负责第九章的写作。

  本教材的写作与出版得到了经济科学出版社的大力支持和协助，在此表示感谢。由于作者水平所限，加之时间仓促，书中难免有疏误之处，敬请广大读者批评指正，以便再版时进一步完善。

编 者
2012 年 5 月

目 录

第一章 成本会计总论 \ 1

第一节 成本的经济实质和作用 \ 2
第二节 成本会计的产生与发展 \ 4
第三节 成本会计的对象、职能与任务 \ 7
第四节 成本会计工作的组织 \ 10
复习思考题 \ 14

第二章 成本核算的基本要求和一般程序 \ 16

第一节 成本核算的基本要求 \ 16
第二节 费用的分类 \ 21
第三节 成本核算的一般程序及账户的设置 \ 24
复习思考题 \ 28

第三章 工业企业生产经营费用的核算 \ 29

第一节 各项要素费用的核算 \ 29
第二节 辅助生产费用的核算 \ 39
第三节 制造费用的核算 \ 47
第四节 废品损失和停工损失的核算 \ 51
第五节 期间费用的核算 \ 54
复习思考题 \ 57
练习题 \ 57

第四章 生产费用在完工产品与在产品之间的核算 \ 59

第一节 在产品数量的核算 \ 59
第二节 完工产品与在产品之间费用分配的核算 \ 62

第三节 完工产品成本的结转 \ 74
复习思考题 \ 76
练习题 \ 76

第五章 产品成本计算的品种法 \ 78

第一节 产品成本计算方法概述 \ 78
第二节 品种法概述 \ 84
第三节 品种法核算举例 \ 86
复习思考题 \ 98
练习题 \ 98

第六章 产品成本计算的分批法 \ 100

第一节 分批法概述 \ 100
第二节 分批法核算举例 \ 103
第三节 简化的分批法 \ 107
复习思考题 \ 113
练习题 \ 113

第七章 产品成本计算的分步法 \ 115

第一节 分步法概述 \ 116
第二节 逐步结转分步法 \ 117
第三节 平行结转分步法 \ 129
复习思考题 \ 140
练习题 \ 141

第八章 产品成本计算的辅助方法 \ 146

第一节 产品成本计算的分类法 \ 146
第二节 产品成本计算的定额法 \ 156
复习思考题 \ 165
练习题 \ 165

第九章 其他行业成本核算 \ 167

第一节 商品流通企业成本核算 \ 168
第二节 物流企业成本核算 \ 172
第三节 交通运输企业成本核算 \ 176
第四节 施工企业及其成本计算的特点 \ 179
第五节 金融企业成本核算的特点 \ 182

第六节　农业生产成本核算 \ 187
复习思考题 \ 190

第十章　成本报表的编制与分析 \ 191

第一节　成本报表的编制 \ 191
第二节　成本报表的分析 \ 194
复习思考题 \ 209

参考文献 \ 210

第一章
成本会计总论

【本章学习目的】 通过本章的学习，应该达到以下学习目的：了解成本会计的产生与发展历程及成本会计发展的趋势；掌握成本的一般含义及经济实质、成本的特征和作用；理解成本会计的对象、职能和任务；熟悉成本会计的机构设置及成本会计法规和制度。

【案例导引】

　　小王毕业后在一家企业做会计已经半年了，主要的工作是进行成本核算和成本分析。每个月末，他将材料费用、人工费用和车间发生的制造费用归集和分配，还有就是提供主要产品的材料成本以供管理层和销售部门分析参考。半年下来他总是感觉工作的意义不大，对所做的成本核算工作的认识还不清楚，不知道所做的事情对企业有何意义，如何把现有的工作和企业的生产紧密地结合起来。他十分困惑，就去请教会计师老张。

　　小王问老张："我们企业所做的成本核算与在学校所学的成本会计有很大的不同，实际生产对于我来说是很陌生的，怎么样才能把所学的会计知识和生产联系起来运用呢？"老张答道："你的工作本来就是跟生产紧密联系着的啊，想想看：你工作中接触的采购就是原料验收入库，对应入库单和应付账款；领料就是原料投入生产，对应出库单和生产成本；折旧就是车间里终日轰轰作响的设备，对应固定资产台账和生产成本；直接人工就是那些工人三班倒汗流浃背的劳动，对应人事考勤和人工成本；其他费用就是车间水电煤、螺丝刀之类小工具等，盘点就是期末库里的存余……可以说工作中接触的一切都与生产直接对应，紧密相连，而你的价值就在于将这些过程以具体的金额归类汇总反映出来，报给上面领导参考。"

　　"哦，原来是这样的啊，我整天只想着怎么记账、算账了。"老张笑了，接着说："你注意到没有，领导经常开会通报说：同志们，我们这个月生产工作做得不错，废品率降低了 3%，产品的成本有效下降了 7%，供货速度提高了 15%，值得奖励啊！这些数字就是从你上报的数据中提炼出来的，提供给领导们进行决策的。""所以说你的工作很重要，是基础，是前提，是一切的源头——假设哪天你乱报一通，公司马上就会跟着抽筋中风，这就是你对企业的意义。"

　　老张最后说道："你想与生产更紧密地结合，那就多跑跑仓库和车间，多想想自己的工作如何提高效率和准确度，甚至整理总结出来一套工作流程，那就说明你的工作已经熟能生巧了。至于如何从这些数据中提炼出来管理需要的信息，就是成本分析的内容了，你可以琢磨琢磨在这方面下点儿工夫，把企业的成本分析做得更加详细规范一些。"

小王听完老张的一席话，恍然大悟，原来我做的成本核算和分析对企业有这么重要啊，我一定要做好本职工作，为企业管理者提供更多更有价值的成本信息，为企业向更高目标迈进贡献一份力量。

（资料来源：http：//zhidao.baidu.com，百度文库，由编者整理）

第一节 成本的经济实质和作用

一、成本的含义及产品成本的经济实质

（一）成本及产品成本的含义

1. 成本的一般含义。一般来说，成本是为实现特定经济目的而发生的可以用货币计量的耗费，或者说是为取得资产或劳务所付出的代价。具体包括以下几层含义：（1）成本的发生是为了达到一定的目的，而特定的经济目的是指需要对成本进行单独测量的任何活动，也就是成本对象，如一件产品、一项服务、一项设计、一项作业或者一个部门等。如果成本的发生没有明确的目的，则只能是一种浪费。（2）成本必须是可以用货币计量的，否则就无法进行成本核算。（3）成本是为取得资产而付出的代价。如制造企业为生产产品发生的固定资产买价，运输和保险支出，购买存货所发生的采购成本、加工成本和其他成本等。

2. 产品成本的含义。产品成本是指为了生产某一种产品（获得某一使用价值）而发生的物化劳动和活劳动耗费，也称为制造成本或生产成本。产品生产是物质生产企业的基本经济活动。

产品成本属于成本，但成本并不等于产品成本。成本包括产品成本、期间成本、变动成本、重置成本、沉没成本、差别成本、机会成本等各种具体概念。会计学所研究的成本主要是产品成本、期间成本和成本的一般含义。

（二）产品成本的经济实质

马克思关于商品产品成本的论述是对成本经济实质的高度理论概括。马克思在分析资本主义商品产品生产时指出："按照资本主义方式生产的每一个商品的价值W，用公式来表示是 $W=c+v+m$。如果我们从这个产品价值中减去剩余价值 m，那么在商品中剩下的，只是一个在生产要素上耗费的资本价值 $c+v$ 的等价物或补偿价值。"对于资本家来说，补偿商品自身耗费的东西，就是所消耗的生产资料价值和所使用的劳动力价格这两个部分。马克思这里称为商品的"成本价格"的那部分商品价值，指的就是产品成本。

社会主义市场经济与资本主义市场经济有着本质的区别，但两者都是商品经济。在社会主义市场经济中，企业作为自主经营、自负盈亏的商品生产者和经营者，其基本的经营目标就是向社会提供商品，满足社会的一定需要，同时要以产品的销售收入抵偿自己在商品的生产经营中所支出的各种劳动耗费，并取得盈利。只有这样，才能使企业以至

整个社会得以发展。因此,商品价值、成本、利润等经济范畴,在社会主义市场经济中,仍然有其存在的客观必然性,只是它们所体现的社会经济关系与资本主义市场经济中的社会经济关系不同。

在社会主义市场经济中,产品的价值仍然由三个部分组成:(1)已耗费的生产资料转移的价值 c;(2)劳动者为自己劳动所创造的价值 v;(3)劳动者为社会创造的价值 m。从理论上讲,上述的前两个部分,即 c + v,是商品价值中的补偿部分,它构成商品的理论成本。

综上所述,成本的经济实质可以概括为:生产资料转移的价值和劳动者为自己劳动所创造的价值的货币表现,也就是企业在生产经营中所耗费的资金的总和。

二、成本的特征及作用

(一)成本的特征

成本的特征表现在以下几个方面:

1. 消耗性特征。消耗性是成本的最基本特征。我们知道,成本是为实现特定的经济目的而发生的资本耗费,获取资产、生产产品、提供服务等都需要以一定的成本为代价。成本的消耗决定了成本控制的基本目标是降低成本,节约经济资源,实现内涵扩大式再生产。因此,耗费的大小直接影响到企业效益的高低及其目标的实现。

2. 补偿性特征。成本补偿性主要表现为:(1)成本是产品定价的最低界限。在特殊情况下企业可以以低于其成本的价格销售其产品,但从长期来看,其定价必须高于其成本,这是维持企业再生产的必要条件。(2)成本的高低改变着产品价值中成本与利润的比例。对于企业而言,成本是按其个别资本消耗计量确认的,而其生产的产品价值,则由社会必要劳动时间决定。一定时期产品价值会保持相对稳定(不考虑价格的波动),而成本的高低则影响着企业可能盈利的空间。成本的这一特征,决定了作为商品生产者的企业要以多种形式降低成本,以获取"相对剩余价值"和"绝对剩余价值"。

3. 目的性特征。成本的耗费过程同时也就是获取成本目的物的过程,人们从耗费中获取必要的产品、劳务、服务等。成本的目的性,就整体而言,关联到企业的经营目标,也就是要生产和销售一定的物资产品,而生产和销售一定的物资产品又必然发生耗费;就成本具体目的而言,它总是与特定的产品或劳务相联系,其具体的构成内容及其数量的大小,取决于欲实现的目标。

4. 综合性特征。成本的综合性特征有两方面的含义:一是指成本构成内容的复杂性。成本是各种相关耗费的总和,它综合了为实现特定目的所发生的各种耗费。二是指影响成本的因素具有多重性。从某种意义上讲,成本是企业各种经营活动的综合结果,成本的高低受企业各项因素的共同影响。如技术装备水平的高低、生产规模的大小、生产要素的配置、生产经营活动的安排、员工的素质与技术水平、企业的组织机构、企业文化等,都会对企业的成本发生直接或间接的影响。成本这一特征决定了成本控制涉及企业生产经营的各个环节、各个层面,决定了成本控制是一项综合性活动而不是一种孤立的行为。

(二) 成本的作用

1. 成本是企业补偿生产耗费的尺度。成本是以货币形式对生产耗费进行计量，并为企业的简单再生产提出资金补偿的标准。企业只有按照这个标准补偿了生产中的资金耗费，企业的简单再生产才能顺利进行，否则企业就无法保持原有的生产规模。同时补偿份额的大小对企业以及整个社会都有重要的现实经济意义。

在市场经济条件下，由于价格是价值的货币表现，价格总是围绕着价值上下波动，两者经常发生背离。如材料费用并非所费材料的价值，而是它的价格，在物价不变的情况下，其价格与价值一致，在物价发生较大变化尤其是上涨时，按成本价格确定的补偿量与价值的补偿就会产生较大的差异，出现补偿不足的现象。同时，会计上还有一些无法精确计算的因素使成本价格同客观上的补偿价值发生背离。如固定资产磨损价值的计算带有很大的主观性，也使得成本中固定资产折旧费用与固定资产实际损耗的价值不一致。

2. 成本可以综合反映企业的工作质量。成本同企业生产经营各个方面的工作质量和效果有着内在的联系。如劳动生产率的高低、固定资产的利用程度、原材料的使用是否合理、产品产量的变动、产品质量的好坏、企业经营管理水平等诸多因素都能通过成本直接或间接地反映出来。因此，成本又是反映企业工作质量的综合性指标。

3. 成本是制定产品价格的重要依据。价格是价值的货币表现。由于目前人们还无法计算产品的价值，但可以比较准确地计算产品成本，即计算出产品价值中的 $c+v$，所以成本可以作为制定价格的参考。在市场经济条件下，价格往往是由各个部门的平均成本再加上平均利润构成的。

4. 成本是企业竞争的主要手段。在市场经济条件下企业的竞争主要是价格与质量的竞争，而价格的竞争归根到底是成本的竞争，只有成本低才能售价低，并有盈利。因此，成本是企业竞争的重要手段。企业效益高低，竞争能力强弱，在很大程度上取决于其成本的高低。若一个企业的个别成本低于社会的平均成本，该企业在竞争中就占有较大的优势。因此成本的竞争将日益成为企业竞争的重要手段。

5. 成本可以为企业经营决策提供重要依据。现代企业中，成本越来越成为企业管理者进行投资决策、技术决策和经营决策的重要依据，如运用差量成本的数据，可为企业扩大产量、增加品种、选择加工方式等提供决策依据。

第二节 成本会计的产生与发展

一、成本会计的产生及发展历程

(一) 早期成本会计阶段

成本会计起源于英国，后来传入美国及其他国家。资本主义初期，资本家为了确定经营盈亏，就试图计算成本。随着英国产业革命的完成，机器替代了手工工场，企业规模逐渐扩大，出现了竞争，生产成本得到普遍重视。起初生产成本是估计的，只知道一个大概数，后来，逐步用统计方法进行计算，但是精确程度比较差。为了提高成本计算的精确性，会计人员逐步利用账户对应关系反映原材料和人工消耗，及其相对应的价值转移和增值的全过程，并借助于借贷平衡原理，检查有关成本业务记录的正确性，从而形成了成本会计。

当时的成本会计主要是将历史成本进行汇总，然后分配给各种产品以计算产品生产成本和销售成本，其主要目的是为了对存货进行计价和确定盈利。因此，早期研究成本的会计专家劳伦斯（W. B. Lawrence）对成本会计作过如下的定义："成本会计就是应用普通会计的原理、原则、系统地记录某一工厂生产和销售产品时所发生的一切费用，并确定各种产品或服务的单位成本和总成本，以供工厂管理当局决定经济的、有效的和有利的产销政策时参考。"劳伦斯强调应用会计的原理、原则来计算成本，是针对过去应用统计方法计算成本而言的，充分反映了当时的历史现状。就当时来讲，成本会计刚刚形成，还从属于财务会计，是财务会计的一个组成部分。

（二）近代成本会计阶段

20世纪初，资本主义开始推行泰罗制的科学管理制度。这个制度的核心是强调提高生产和工作效率，即通过所谓时间研究、动作研究等制定在一定条件下既能实现，又有效率的标准，作为评价和考核的依据，从而推动了资本主义生产的发展。随着泰罗制的广泛实施，美国会计学家提出了标准成本制度，为生产过程成本控制提供了条件，于是"标准成本"、"预算控制"和"差异分析"这些同泰罗的科学管理方法直接相联系的技术方法开始引进到会计中来，成为成本会计的一个组成部分。这一时期，一些会计专家对成本会计的定义是"成本会计是用来详细地描述企业在预算和控制它的资源（指资产、设备、员工及所耗的各种材料和劳动）利用情况方面的原理、惯例、技术和制度的一种综合术语"。成本会计的范围扩大了，它不仅将会计核算与成本核算相结合，还包括了预算与控制。标准成本会计制度的产生，使成本会计的理论和方法有了进一步的完善与发展，相对财务会计而言，成本会计已经具有一定的独立性，它既是财务会计确定在产品成本、产成品成本、销售成本和利润的依据，又具有相对独立的成本预测和控制体系。

20世纪50年代以后，西方国家的社会经济出现了新的变化。一方面资本主义企业进一步集中，跨国公司大量涌现，企业规模越来越大，生产经营日趋复杂；另一方面战争中发展起来的科学技术大量转移到民用产品上去，新产品层出不穷，产品更新换代很快，竞争十分激烈。在这种情况下，企业管理者为了避免在竞争中被淘汰，力求以价廉物美的产品在市场上争取立足之地：物美，依靠新技术的发展；价廉，首先要降低成本。他们意识到要大幅度降低成本，必须在生产之前，对产品的设计、结构、工艺、生产的组织安排等进行改革，制订各种不同的方案，通过预测，选取成本最佳方案，作为经营决策的依据。为此，西方国家的会计专家，在原有的成本会计基础上，吸收了不少管理科学的理论和方法，形成了以管理为主的成本会计。

(三) 现代成本会计阶段

随着社会经济出现的新情况和现代化大生产的客观要求，现代自然科学、技术科学和社会科学的一系列成就已应用到企业管理中。如现代管理学、运筹学、系统工程和电子计算机等知识和理论在成本会计中得到运用，从而使成本会计发展到一个新的阶段，即现代成本会计阶段。在这一阶段，成本会计的主要内容包括：（1）运用成本预测理论和方法，通过建立数量化的管理技术，对未来成本发展趋势做出科学的估计和测算；运用决策理论和方法，依据各种成本数据，按照成本最优化的要求，进行各种方案的选取。（2）运用目标管理理论，实行目标成本的计算，用目标成本控制产品设计，使产品设计方案达到技术适用、经济合理的要求。（3）实施责任成本核算，将目标成本进一步分解为各级责任单位的责任成本，进行责任成本核算，使成本控制更为有效。（4）推行质量成本核算，即按产品从形成到消费的全过程，对发生的各种质量成本进行的货币形态计量的核算，它扩大了成本会计的研究领域，是质量成本管理的基础。

由此可见，现代成本会计是根据会计资料和其他有关资料，对企业生产经营活动过程中所发生的成本，按照成本最优化的要求，系统地、有组织地进行预测、决策、控制、核算、分析和考核，促使企业提高产品质量，降低成本，实现生产经营的最佳运转，不断提高企业经济效益的管理活动。

综上所述，从成本会计产生和发展来看，在早期成本会计阶段，主要强调产品成本的计算，以及存货成本和销售成本的确定；在近代成本会计阶段，主要采用标准成本和成本预算制度，为生产过程的成本控制提供了条件；在现代成本会计阶段，广泛应用管理科学成果，加强事前成本控制。

二、未来成本会计的发展趋势

进入 21 世纪知识经济时代，成本会计又有了飞速发展，主要体现在两个方面：一是成本会计技术手段与方法不断更新，会计电算化已经或正在取代手工记账，而且在企业建立内部网络的情况下，实时报告系统成为可能。成本会计电算化，不仅使计算更快更准确，而且能进行手工所不能完成的业务，增强了业务处理能力，适应了现代管理对成本会计的更高要求。二是成本会计的应用范围不断拓展，传统上对成本控制并不十分关注的行业对成本控制也投入了越来越多的精力。由于现代企业制造环境的变化和管理理论与方法的创新，成本会计正在经历着前所未有的变化，具体表现在：

(一) 新制造环境对传统成本会计的冲击

由于新制造环境下自动化与电脑化的特征，传统成本会计技术与方法已影响到产品成本计算的准确性。如机器人和电脑辅助系统在某些工作上已取代了人工，人工成本比重大幅下降，由传统制造环境下的 20%~40% 降低到 5% 以下；同时，制造费用项目与金额增多，传统的分配标准（如生产工时）已不能正确划分各种产品成本费用界限。针对这一局面，美国会计学家提出了作业成本法。它是将制造费用以作业类分别归集到不同的成本库中，然后将不同的成本库采用不同的分配标准,将制造费用分配给各种产品,从而使成本数据更加准确。

(二) 管理理论与方法的创新对成本会计的影响

随着市场竞争日趋激烈,新技术、新工艺不断涌现,成本核算和成本管理理论和方法也在不断创新,丰富和发展了成本会计的内容,如适时生产控制有效地降低了存货成本,使企业实现"零存货"成为可能;质量成本会计通过质量成本决策、最佳质量成本模型和最佳质量成本综合控制等方法进行系统管理,大幅降低了质量成本,提高了产品的社会效益、企业效益和用户效益;成本企划模式则是深入到产品成本形成过程的产品策划、开发设计、工艺准备等整个技术领域,使成本会计与工程技术、组织措施有机结合起来,在满足顾客要求的前提下,从各方面挖掘成本降低的潜力,实行成本预防性控制,以保证目标利润的实现;战略成本管理是在成本管理工作者的参与下,将竞争对手的资料进行分析,形成和评估企业发展战略,实施相应的成本管理,并随企业战略的改变及时作相应的调整,以期保持长久的竞争优势。

以上各种成本管理理论和方法,代表了未来成本会计的发展方向,我国的成本会计工作应顺应国际、国内市场环境和企业生产环境的变化,及时引进、吸收各种新的理论和方法,创立出一套适合我国国情的成本会计理论与方法。

第三节 成本会计的对象、职能与任务

一、成本会计的对象

成本会计的对象概括地讲就是指成本会计反映和监督的内容。明确成本会计的对象,对于确定成本会计的任务,研究和运用成本会计的方法,更好地发挥成本会计在经济管理中的作用,有着十分重要的意义。

(一) 制造企业成本会计的对象

制造企业的基本活动是生产和销售产品。产品生产从原材料投入生产到产成品制成,整个生产过程要发生各种各样的生产耗费。生产过程中发生的耗费,概括地讲,包括劳动资料、劳动对象等物化劳动耗费和活劳动耗费两大部分。其中,作为生产产品必需的厂房、机器设备等固定资产,随着生产活动的不断开展,其磨损价值通过计提折旧的方式,逐渐地、部分地转移到所制造的产品中,构成产品成本的一部分;而原材料等劳动对象,在生产过程中被消耗或被改变其实物形态,其价值也一次性转移到产品中,构成产品成本的一部分;另外,生产过程是劳动者借助于劳动工具对劳动对象进行加工、制造的过程,劳动者为自己劳动所创造的那部分价值,则以工资薪酬的形式支付给劳动者,用于个人消费,因此这部分工资薪酬也构成了产品成本的一部分。总的来说,产品制造过程中发生的原材料费用、固定资产折旧、直接生产人员和生产单位管理人员的工资薪酬以及其他一些支出,构成了制造企业

产品生产过程的全部生产费用,而为生产一定种类、一定数量产品发生的各种生产费用支出的总和就构成了产品的制造成本。

上述产品制造过程中各种生产费用的支出和产品生产成本的形成,就是制造企业成本会计应反映和监督的主要内容,即成本会计对象。

此外,制造企业在销售产品过程中发生的各种销售费用、在组织和管理生产经营活动中发生的各种管理费用、为筹集资金发生的一些财务费用,也应该属于成本会计反映和监督的内容,由于它们与产品生产没有直接联系,而是按发生的期间归集,直接计入当期损益,因此它们构成了企业的期间费用,也称期间成本。

(二) 其他行业企业成本会计的对象

商品流通企业、交通运输企业、施工企业、农业企业等其他行业企业的生产经营过程虽然各有其特点,但按照现行企业会计制度的有关规定,从总体上看,它们在生产经营过程中所发生的各种费用,同样是部分计入了企业的经营业务成本,部分作为期间费用直接计入了当期损益。因此,从现行企业会计制度有关规定出发,可以把成本会计的对象概括为:企业生产经营过程中的生产经营业务成本和期间费用。

二、成本会计的职能

成本会计的具体职能包括:成本预测、成本决策、成本计划、成本控制、成本核算、成本考核和成本分析等。

(一) 成本预测

成本预测是根据当前已达到的成本水平和有关经营活动的历史数据,考虑各种因素,认真分析技术经济条件和发展前景,研究可能采取的措施,运用一定的技术方法,对未来的成本水平及其变动趋势作出科学的估计和推断。成本预测可为成本决策、成本计划和成本控制提供及时有效的信息,避免决策、计划和控制的主观性、盲目性、片面性。

(二) 成本决策

成本决策是在成本预测基础上,结合其他有关资料,运用定量和定性分析的方法,选择最优的行动方案。进行成本决策、确定目标成本是编制成本计划的前提,也是实现成本的事前控制,提高经济效益的重要途径。

(三) 成本计划

成本计划是根据成本决策所确定的方案、计划期的生产任务、降低成本的要求以及有关资料,通过一定的程序,运用一定的方法,以货币形式规定计划期产品生产耗费和各种商品产品的成本水平,并提出保证成本计划顺利实现所应采取的措施。运用成本计划管理方式,可以在降低成本方面给企业提出明确的奋斗目标,推动企业加强成本管理责任制,增强企业职工的成本意识,控制生产费用,挖掘降低成本的潜力,确保企业降低成本任务目标的实现。

（四）成本控制

成本控制是根据预定的目标，对成本发生和形成过程以及影响成本的各种因素和条件施加主动的影响，以实现最低成本和保证合理成本补偿的一种行为。

从企业的经营过程来看，成本控制包括产品生产的事前控制、生产过程控制和事后控制。成本事前控制是从立项建厂、扩建、改建、技术组织措施，以及新产品设计、研制、老产品改造直到产品正式投产前所进行的一系列降低产品成本的活动。事前控制是整个成本控制活动中最重要的环节，它直接影响产品制造成本和使用成本的高低。事后成本控制是定期地对过去某一段时间成本控制的总结，反馈控制来年成本。通过成本控制，可以防止浪费，及时揭示存在的问题，消除生产损失，实现成本目标。

（五）成本核算

成本核算是根据商品产品成本核算对象，采用相适应的成本核算方法，按规定的成本项目，通过一系列生产费用的汇集与分配，正确划分各种费用界限，从而计算出各种产品的实际总成本和实际单位成本。因此，成本核算既是对产品的实际生产耗费进行如实反映的过程，也是对各种生产费用实际支出进行控制的过程。

（六）成本考核

成本考核是定期对成本计划及其有关指标实际完成情况进行总结和评价，旨在鼓励先进，鞭策后进，以监督和促使企业加强成本管理责任制，履行经济责任，提高成本管理水平。各责任者（各部门、各层次和执行人）均为成本考核的对象。根据"干什么，管什么、算什么"的原则，按责任的归属来核算和报告有关成本信息，评价工作业绩。成本考核一般应与一定的奖励制度结合起来，以调动各责任人努力实现目标成本的积极性。

（七）成本分析

成本分析是在成本核算及其他有关资料的基础上，运用一定的方法，揭示产品成本水平的变动，进一步查明影响产品成本变动的各种因素、产生的原因，以及应负责任的单位和个人，并提出积极的建议，以采取有效措施，进一步降低成本，并为新的经营决策提供依据。

上述各项成本管理活动的内容是互相配合、互相依存的一个有机整体。成本预测是成本决策的前提，成本决策既是成本预测的结果，又是成本计划的依据，是成本会计的重要环节，在成本会计中居于中心地位。成本计划是成本决策所确定目标的具体化；成本控制是对成本计划的实施进行监督，保证成本决策目标的实现；成本核算是成本会计的最基本职能，主要提供企业管理所需要的成本信息资料，同时是对成本计划预期目标是否实现的最后检验；成本分析和成本考核是实现成本决策和成本计划目标的有效手段，只有通过成本分析查明原因，制定并执行改进和完善企业管理的措施，才能调动各部门和全体职工的积极性，进行有效控制，为切实执行成本计划和实现既定目标提供动力。

三、成本会计的任务

成本会计的任务是同成本会计的职能密切联系的。一方面，能否承担某一项任务，取决于是否具有完成该项任务的职能；另一方面，职能作用的发挥程度又受制于任务完成情况的好坏。

所以，成本会计的任务不仅取决于其职能，还取决于一定时期社会环境的要求和企业的中心任务。根据我国社会主义市场经济的客观要求，成本会计的根本任务是在保证产品质量的前提下，促进企业尽可能节约产品生产经营过程中活劳动和物化劳动的消耗，不断提高经济效益。成本会计的具体任务是：

（一）正确计算产品成本，及时提供成本信息

正确计算产品成本是成本会计的基础工作。企业只有及时提供成本信息，才能保证经营成果计算和存货估价的准确性，有效地考核成本计划的完成情况，有助于成本的预测、决策的开展，以及财务报表的编制。因此，企业要对发生的各项费用进行严格审核、控制，制止各种浪费和损失，依据会计准则和企业会计制度的有关要求，按照企业特点采用适当的成本计算方法，及时核算产品成本，这是做好成本会计工作的最基本要求。

（二）加强成本预测，优化成本决策

切实做好成本预测和成本决策工作，是成本会计适应社会生产发展和现代化管理的需要而承担的新任务。加强成本预测是优化成本决策的前提，而优化成本决策是加强成本预测的结果。做好成本预测和成本决策工作，可为企业挖掘降低成本潜力、提高经济效益指明方向和途径。

（三）制定目标成本，加强成本控制

目标成本制定得正确与否对于成本控制的有效性有着重要影响。目标成本的科学制定，可充分调动职工的积极性，真正起到控制成本的作用。而成本控制又是在目标成本分解的基础上进行的，加强成本控制，必须对目标成本的分解指标进行归口分级控制，对产品成本形成的全过程进行有效控制。

（四）建立成本责任制度，加强成本考核

建立成本责任制，要把成本责任指标分解落实，使企业生产经营各部门、各层次和每个人都承担一定的责任成本，并使责权利相结合，以增强企业活力。而成本考核可以分清责任，正确评价各部门工作，鼓励先进，鞭策落后，并把成本管理的好坏同职工切身利益紧密结合起来。

第四节 成本会计工作的组织

为了发挥成本会计的职能作用，完成成本会计的任务，必须科学地组织成本会计工作。为此，必须在企业中设置成本会计机构，配备成本会计人员，并且按照与成本会计有关的各

种法规和制度进行工作。企业在组织成本会计工作时，应该考虑自身规模的大小、企业机构的设置和生产经营业务的特点等具体条件；应该在保证成本会计工作质量的前提下，尽量节约成本会计工作时间和费用，提高成本会计工作的效率。

一、成本会计机构

成本会计机构是在企业中直接从事成本会计工作的机构。建立成本会计的组织机构，必须与企业业务的特点和规模相协调；必须体现精简高效的原则；要适应成本会计工作的内容和目的，贯彻落实经济责任制，做到技术与经济相结合，有利于群众性成本会计工作的开展。

（一）成本管理工作的领导机构

根据技术与经济相结合的原则，一般企业成本管理工作的领导核心是由厂长或经理、总会计师、总工程师、总经济师组成。厂长是成本管理工作组织的领导者，并对本单位的成本管理工作负完全责任；总会计师、总工程师、总经济师相互配合从各自角度上组织成本管理工作。主要工作内容包括：(1) 制定企业成本管理工作的基本方针和政策，以及批准成本会计制度；(2) 建立健全成本管理工作的组织机构，协调各部门成本管理工作中的问题和矛盾；(3) 审定企业的目标利润和目标成本，批准企业成本计划，综合研究和决定各项重大的降低成本方案；(4) 组织和领导各项重大的成本决策；(5) 动员企业各部门、各级和职工参与成本管理。

（二）成本会计的职能机构

由于成本会计是会计工作中的一部分，因而企业的成本会计机构一般是企业会计机构的一部分。以制造企业为例，厂部成本会计机构一般设在厂部的会计部门中，一般单设成本处或成本科，或者厂部会计科的一个组。厂部供、产、销等职能部门和下属生产车间等，可以设置成本会计组，或者配备专职或兼职的成本会计或成本核算人员。这些单位的成本会计机构或人员，在业务上都应接受厂部成本会计机构的指导和监督。

成本会计机构内部的组织分工，可以按成本会计的职能分工，例如将厂部成本会计科分为成本预测决策组、成本计划控制组、成本核算和成本分析考核组。也可按成本会计的对象分工，例如分为产品成本组、经营管理费用组和专项成本组。为了科学地组织成本会计工作，还应按照分工建立成本会计岗位责任制，使每一项成本会计工作都有人负责，每一个成本会计人员都明确自己的责任。

企业内部各级成本会计机构之间的组织分工，有集中工作和非集中工作两种方式。

集中工作方式是指成本会计工作中的预测、决策、计划、控制、核算、分析和考核等各方面工作，主要由厂部成本会计机构集中进行；生产单位（分厂、车间）等其他单位和部门中的成本会计机构或人员只负责登记原始记录和填制原始凭证，对原始凭证进行初步的审核、整理和汇总，为厂部进一步工作提供资料。在这种方式下，车间等其他单位大多只配备专职或兼职的成本会计或成本核算人员。

集中工作方式的优缺点表现在：（1）厂部成本会计机构可以比较及时地掌握企业有关成本的全面信息，便于集中使用电子计算机进行成本数据处理；（2）可以减少成本会计机构的层次和成本会计人员的数量；（3）不便于实行责任成本核算；（4）不便于直接从事生产经营活动的各单位和职工及时掌握本单位的成本信息。

分散工作方式是指成本会计工作中的计划、控制、核算和分析工作，分散由生产单位（分厂、车间）和其他部门的成本会计机构或人员分别进行，成本考核工作由上一级成本会计机构对下一级成本会计机构逐级进行。厂部成本会计机构负责对部门或车间成本会计机构或成本核算人员进行业务上的指导和监督，并对全厂成本进行汇总核算工作。成本的预测和决策工作一般仍由厂部成本会计机构集中进行。

分散工作方式的优缺点与集中工作方式的优缺点恰好相反。

（三）成本归口管理部门

根据成本责任制，企业的其他职能部门都应对成本承担一定的责任：

1. 生产部门：负责生产资金定额和控制外部加工费用；编制落实生产、作业进度计划，组织均衡生产；提高工时利用率，保证完成产量、品种等计划指标；对计划指标进行分析，力求缩短生产周期，减少在产品、半成品的资金占用。
2. 技术工艺部门：负责制定物资消耗定额，从产品设计和工艺技术上保证产品质量优、成本低、适销对路，减少原材料等各种物资消耗，节约工时，讲究经济效益。
3. 质量保证部门：负责全面质量管理，提高优级品率，减少不合格产品和废品损失，并按期提出质量成本分析报告。
4. 物资供应、储运部门：负责制定物资储备定额，控制物资的消耗，合理组织物资多次采购、运输，节约物资的采购和保管费用。
5. 销售部门：负责编制产成品销售计划，合理组织产成品的销售，布置并控制销售费用预算。
6. 设备部门：负责制定设备利用定额，提高设备完好率和利用率，降低设备修理成本，减少维护保养费用。
7. 动力部门：负责水、电、气消耗定额的制定和管理，在保证生产需要的前提下，努力控制能源消耗。
8. 人力资源部门：负责劳动力的合理组织，制定定员和工时定额，提高工时利用率和劳动生产率，控制工资、福利和奖金的支出，合理使用劳动保护费。
9. 总务行政部门：负责有关管理费用预算编制、日常控制和定期分析工作等。
10. 其他部门：负责与其本身责任有关的成本工作，提高工作效率，减少费用开支。

在以上这些职能部门管理和控制的指标中，有的直接与产品成本相联系，属于成本指标；有的本身并不是成本指标，如产量、品种、废品率等，但这些指标完成情况对成本水平有着直接的影响。所以，管理和控制成本不应局限于几个成本指标，而必须同时从技术与经济、创收与节约等不同方面着手进行管理，全面提高企业的经济效益。

二、成本会计的法规和制度

成本会计的法规和制度是组织和从事成本会计工作必须遵守的规范，是会计法规和制度的重要组成部分。制定和执行成本会计的法规和制度，可以使企业的成本会计工作贯彻执行国家有关的方针、政策，保证成本会计资料真实、规范、及时、有用。

（一）制定成本会计工作制度的原则

成本会计法规和制度，应该按统一领导、分级管理的原则制定。全国性的成本会计法规和制度，应由国务院和财政部统一制定。每一个企业的成本会计制度或办法，应由企业根据国家的有关规定，结合企业的实际情况制定。

成本会计法规和制度的制定，既要满足企业成本管理和生产经营管理的要求，又要满足国家宏观经济管理的要求，还应适当简化手续，力求做到简明实用，以便贯彻执行，并节约成本会计工作的人力和费用。成本会计法规和制度也属于上层建筑，应该随着经济的发展、经济体制改革的深入，以及会计法规和制度的改革，进行相应的改革。成本会计法规和制度的改革，应该既吸收国际上有关的先进经验，与国际惯例趋同，又要考虑我国国情，从实际出发。

（二）成本会计法规和制度的种类

与成本会计有关的法规和制度，可以分为以下四类，也就是四个层次：

1. 《中华人民共和国会计法》。它是我国会计工作的基本法，各专业会计，包括成本会计的一切法规、制度，都应按照它的要求制定。用法律形式确定会计工作的地位和作用，有利于提高人们对于会计工作的认识，端正人们对待会计工作的态度。

2. 《企业会计准则》和《企业产品成本核算制度》。自 1992 年 11 月发布新中国成立以来中国第 1 号会计准则《企业会计准则》至 2006 年 2 月颁发 38 项具体准则，我国的企业会计准则体系已经形成。会计准则的制定颁布和实施，规范了中国会计实务的核算，大大改善了中国上市公司的会计信息质量和企业财务状况的透明度，是会计人员从事会计工作的规范和指南。2012 年即将发布的《企业产品成本核算制度》，是企业会计准则体系的重要组成部分，是在会计准则的基础上进一步规范产品成本核算方法，由国家统一制定的成本会计核算制度。

3. 企业内部会计制度。它是由各企业根据《企业会计准则》、企业会计的具体准则和国家制定的企业会计制度，结合本企业具体条件自行制定的会计制度。企业的成本会计工作是本企业会计工作的重要组成部分，企业的成本会计工作也应符合本企业会计制度的规定。

4. 企业成本会计制度、规程或办法。各企业为了具体规范本企业的成本会计工作，还应根据上述各种法规和制度，结合本企业生产经营特点和管理的要求，具体制定本企业的成本会计制度、规程或办法。它是企业进行成本会计工作具体的、直接的依据。

企业成本会计机构的会计人员，应按照上述各种法规和制度的规定，分工协作、互相配合，并且组织职工群众，共同做好成本会计工作，充分发挥成本会计的各种职能作用。

【本章小结】

本章主要介绍了成本和产品成本的相关概念，成本会计的产生发展历程，成本会计的对象、职能和任务，以及成本会计工作的组织。通过本章的描述，我们需要了解以下内容：

产品成本属于成本，但成本并不等于产品成本。成本包括产品成本、期间成本、变动成本、重置成本、沉没成本、差别成本、机会成本等各种具体概念。

成本的经济实质可以概括为：生产资料转移的价值和劳动者为自己劳动所创造的价值的货币表现，也就是企业在生产经营中所耗费的资金的总和。

成本的特征包括：消耗性特征、补偿性特征、目的性特征和综合性特征。

成本的作用表现在5个方面，即：成本是企业补偿生产耗费的尺度；成本可以综合反映企业的工作质量；成本是制定产品价格的重要依据；成本是企业竞争的主要手段；成本可以为企业经营决策提供重要依据。

成本会计的对象概括为：企业生产经营过程中的生产经营业务成本和期间费用。

成本会计的具体职能包括：成本预测、成本决策、成本计划、成本控制、成本核算、成本考核和成本分析等。

成本会计的具体任务是：正确计算产品成本，及时提供成本信息；加强成本预测，优化成本决策；制定目标成本，加强成本控制；建立成本责任制度，加强成本考核。

企业内部各级成本会计机构之间的组织分工，有集中工作和非集中工作两种方式。

成本会计法规和制度，应该按照统一领导、分级管理的原则制定。全国性的成本会计法规和制度，应由国务院和财政部统一制定。每一个企业的成本会计制度或办法，应由企业根据国家的有关规定，结合企业的实际情况制定。

【中英文对照专业名词及术语】

成本会计	Cost Accounting
标准成本会计制度	Standard Cost Accounting System
质量成本	Cost of Quality
成本预测	Cost Forecast
成本控制	Cost Control
成本考核	Cost Assess
成本分析	Cost Analysis
成本会计机构	Cost Accounting Mechanism
成本会计法规	Cost Accounting Regulations

复习思考题

1. 成本与产品成本的含义是什么？两者的关系如何？
2. 成本的特征有哪些？

3. 成本的作用表现在哪几方面?
4. 成本会计的产生与发展过程。
5. 成本会计的职能和任务包括哪些?
6. 如何设置成本会计机构?

第二章
成本核算的基本要求和一般程序

【本章学习目的】 通过本章的学习,应该达到以下学习目标:理解成本核算的基本要求,掌握企业成本核算中应当划分各种支出、产品成本与期间费用、各期生产经营费用、各种产品(成本核算对象)成本、完工产品成本与在产品成本等 5 个方面的费用界限;掌握生产费用的分类、生产费用要素和成本项目的内容及作用;了解成本核算的一般程序;了解主要成本账户的设置方法及账户结构和内容。

【案例导引】

2012 年 1 月小王从原来的企业跳槽应聘到一家纺织厂做成本会计主管。财务部李总监向小王介绍了企业的基本情况。该纺织厂规模较大,共有 3 个纺纱车间,两个织布车间。另外,还有若干为纺纱织布车间服务的辅助生产车间。该厂第一纺纱车间纺的纱全部对外销售,第二纺纱车间纺的纱供第一织布车间使用,第三纺纱车间纺的纱供第二织布车间使用。纺纱和织布的工序包括清花、粗纺、并条、粗纱、细纱、捻线、织布等工序。各工序生产的半成品直接供下一工序使用,不经过半成品库。该厂现行的成本计算模式是,第一纺纱车间采用品种法计算成本;第二纺纱车间和第一织布车间采用品种法计算成本,第三纺纱车间和第二织布车间采用逐步结转分步法计算成本。为了加强企业的成本管理,厂财务部对各车间生产的半成品均要进行考核;另外,主管部门还要对半成品成本情况进行评比和检查。李总监问小王,我厂成本计算方法的选择是否合理?如果不合理应如何改进?同时,李总监还让老成本会计张师傅向小王提供了本企业 3 个生产车间的生产成本资料,让小王熟悉企业的成本计算过程,并对企业现在实行的成本核算模式及核算体系提出改进意见与措施。

(资料来源:马丽君,刘静,百度文库,由编者整理)

第一节 成本核算的基本要求

成本核算是企业成本会计的一个重要环节,是成本管理工作的重要组成部分,成本核算是将企业在生产经营过程中发生的各种耗费进行核算与账务处理，以正确计算产品成本，及时提供成本信息。成本核算过程，是对企业生产经营过程中各种耗费如实反映的过程，也是为更好地实施成本管理进行成本信息反馈的过程。成本核算的正确与否，对企业的企业成本计划的实施、成本水平的控制和目标成本的实现起着至关重要的作用，同时也对企业的成本决策和经营决策的正确与否产生重大影响。为提高成本核算质量，正确及时地为企业成本管理提供有用的成本信息，在成本核算过程中，应遵循以下各项要求：

一、正确划分各种费用界限

成本的计算过程，就是正确划分各种成本费用界限的过程。为了正确地核算生产费用和期间费用，正确计算产品实际成本和企业盈亏，为成本管理提供正确的成本资料，必须正确划分下列 5 个方面的费用界限。

（一）正确划分生产经营耗费和非生产经营耗费的界限

为了正确计算产品成本和期间费用，首先应当正确划分生产经营耗费与非生产经营耗费的界限，即严格遵守国家制定的成本开支范围与相关的费用开支标准，确保企业成本费用核算的正确性、有用性。只有用于产品的生产和销售、用于组织和管理生产经营活动，以及为筹集生产经营资金等日常活动所发生的各种生产经营耗费，才应计入生产经营费用（即产品生产费用和期间费用）。企业购建固定资产、无形资产以及进行对外投资等资本性支出，固定资产盘亏或清理损失、非正常原因或自然灾害损失、企业因各种原因支付的滞纳金、罚款、违约金、赔偿金，企业的捐赠或赞助支出等营业外支出均属于非生产经营耗费，不应列入产品成本；在利润分配中发生的分配性支出已退出了企业资金的循环过程，亦不应列入产品成本。任意扩大或缩小成本、费用开支范围，会减少企业利润和国家财政税收收入，或虚增企业利润，造成超额分配，使企业生产经营管理耗费得不到补偿。

（二）正确划分生产费用与期间费用的界限

在正确划分生产经营耗费和非生产经营耗费的基础上，生产经营耗费还可以进一步划分为生产费用和期间费用。生产费用是指企业一定时期内为生产产品和提供劳务而发生的各种耗费，包括直接材料、直接人工、制造费用等成本项目，它们共同构成产品成本。产品成本要在产品销售后作为产品销售成本计入企业的损益。而当月投产的产品当月不一定完工并销售，当月完工销售的产品也不一定是当月投产的，因而本月发生的生产费用不计入当期损益。当期生产的产品不一定在当期全部售出，因此当期发生的生产费用往往不等于计入当期损益的产品销售成本。为销售产品发生的产品销售费用、为管理和组织企业生产经营活动发生的管理费用以及为筹集资金发生的财务费用等，与产品生产无直接关系，不计入生产成本，均作为期间成本直接计入当期损益，从当月利润中直接扣除。所以，如果将二者混淆，将某些产品生产费用计入期间费用，或将某些期间费用计入产品生产费用，都会影响当期产品成本和损益的计算。鉴于此，为了正确计算产品成本和期间费用，以及正确计算企业各期损益，就必须正确划分产品生产费用和期间费用的界限。在成本核算中企业必须严格执行成本开支范围，正确划分生产费用和经营管理费用的界限，要防止混淆界限乱挤成本，借以调节各会计期间成本、费用的错误做法。

（三）正确划分各个月份的成本费用界限

为了正确计算各月产品成本和损益，在正确划分上述费用界限的基础上，还应划清产品成本的生产费用和作为期间费用处理的经营管理费用各个月份的界限。按照权责发生制原则，凡是本期已经发生的费用，不论其款项是否已经支付，都应当作为本期费用入账；凡是不属于本期的费用，即使款项已经在本期支付，也不应当作为本期的费用处理。正确划分各期费用界限，是正确计算各期产品成本和各期损益的需要。为了及时反映和考核费用开支情况，需要定期分月进行成本计算。因此，应将计入产品成本的生产费用和作为期间费用处理的经营管理费用，在各个月份之间进行划分。防止利用费用人为地调节各个月份的产品成本和期间费用，人为地调节各月损益的错误做法。

（四）正确划分各种产品的费用界限

如果企业只是生产一种产品，那么全部生产成本就是这种产品的成本。但一般的企业都不止生产一种产品，为了正确计算各种产品成本，还必须将可以计入本期产品的各项费用在各种产品之间进行划分，从而计算出各种产品的成本。凡在发生时能分清应由哪种产品负担的费用，即能够直接计入该种产品成本的生产费用，应直接计入该种产品的成本。对于不能直接计入各种产品的费用，应在有关产品之间进行分配。分配时，按照受益原则，并注意选用合理的分配标准。而且，要如实反映各种产品的耗费，不能人为地抬高某种产品成本而压低其他产品成本，防止在盈利产品与亏损产品之间、可比产品与不可比产品之间任意转移生产费用，防止以盈补亏、掩盖成本超支，或虚报产品成本、掩盖利润的错误做法。

（五）正确划分完工产品与月末在产品的费用界限

通过以上费用界限的划分，确定了各种产品本期应负担的生产费用。在此基础上，为正确计算每个月份完工产品的总成本和单位成本，还应把每种产品各月负担的费用在完工产品和月末在产品之间进行分配。如果当月生产的某种产品当月全部完工，则当期发生的产品生产费用全部计入完工产品成本；如果当月生产的某种产品当月全部未完工，则当期发生的产品生产费用全部计入在产品成本；如果当月生产的某种产品部分完工，部分未完工，则当期发生的产品生产费用需要采用适当的分配方法在完工产品和期末在产品之间进行分配，以分别计算完工产品成本和月末在产品成本。在分配完工产品成本和月末在产品成本时，要防止任意提高或降低月末在产品费用，人为调节完工产品成本的错误做法。

上述5种成本费用的划分贯穿于产品成本核算的始终，费用划分的过程是费用的归集与分配的过程，也即是产品成本的计算过程。在这一过程中，应贯彻受益原则，即何者受益何者承担费用，何时受益何时承担费用；承担费用的多少应与受益程度的大小成正比。

二、正确确定财产物资的计价和价值结转方法

企业在生产经营过程中必然要消耗生产资料，它们的价值要转移到产品成本和期间费用中去。因此，为确保成本费用计算的客观真实，必须正确地确定这些财产物资的计价与价值结转方法。企业财产物资计价的错误和不合理的价值分摊方法都会影响成本计算的正确性。

企业在组织成本核算时，涉及的会计政策包括存货发出的计价方法、固定资产的折旧方法、低值易耗品的摊销方法等。其中，与流动资产有关的，如材料成本的组成内容、材料按实际成本进行核算时发出材料单位成本的计算方法（先进先出法、加权平均法、移动平均法、个别计价法等）、材料按计划成本进行核算时材料成本差异率的种类（个别差异率、分类差异率、综合差异率、本月差异率、上月差异率）等；与固定资产有关的，如固定资产原值的确定方法、折旧方法、折旧率的选择与高低、固定资产的后续支出，固定资产修理费用是否采用待摊或预提方法以及摊提期限的长短等；与固定资产和流动资产共同相关的，如固定资产与低值易耗品的划分标准、低值易耗品和包装物价值的摊销方法、摊销期限长短、摊销率高低等。企业应正确及时地计算成本和费用，会计政策的选择应合理简便，符合国家统一的会计制度、会计准则。国家没有统一规定的，根据财产物资的特点结合管理要求合理选用。方法一经确定，一般不能随意变更，不能人为地调节成本费用。要符合一贯性原则，以保证成本信息的可比性。

三、做好成本核算的基础工作

（一）原始记录制度

原始记录是按照规定的格式，对企业的生产、技术经济活动的具体事实所做的最初书面记载。原始记录的具体范围、内容凭据的格式主要取决于各企业的生产特点和成本管理要求。其中，产品生产方面的原始记录有生产任务通知书、工票、停工通知书、废品通告单、完工产品和半成品入库单、在产品转移交接单、在产品的盘存报告单等；材料物资耗费方面的原始记录有领料单、限额领料单、领料登记簿、材料退库单等。劳动工资方面的原始记录有职工考勤记录、工时记录、停工记录、工资结算单等；固定资产方面的原始记录有设备移交单、设备报废单、设备事故单等；财务会计方面的原始记录包括现金收账凭证和支付凭证、转账通知单等。总之，企业对生产过程中材料的领用、动力与工时的耗用、费用的开支、废品的发生、在产品及半成品的内部转移、产品质量检验及产成品入库等，都要有完整、准确、真实的原始记录，并按规定进行原始记录的传递和归档管理，以便正确、及时地为成本核算和其他有关方面的管理提供所需原始资料。建立和健全原始记录工作，合理设计各种凭证的传递流程，是搞好成本管理、有效地进行成本控制、加强成本核算的重要前提条件。

（二）定额管理制度

定额是企业对生产过程中消耗的人力、物力和财力规定应遵守和达到的数量标准。定额按其反映的内容不同，主要分为工时定额、产量定额、材料消耗定额、费用定额等。如原材料、燃料、动力、工具等方面的消耗定额；工时、产量等劳动方面的定额；设备单位时间生产、有效作业时间等设备利用方面的定额；以及制造费用的计划控制额，各项管理费用的计划控制额以及废品率定额等。定额是企业生产经营过程中的消耗限额，是编制成本计划、进行成本分析和考核成本水平的重要依据，也是审核成本开支、控制成本支出和评价成本耗费的数量标准，在计算产品成本时，往往还要以有关定额资料作为分配实际费用的标准。制定定额标准需根据企业当前设备条件和技术水平，充分考虑企业职工因素，据以审核各项费用是否合理，是否节约，借以控制耗费，降低成本费用。随着时间的推移，企业内外条件的改变，还应及时做好定额的修订工作，以保证定额发挥有效的作用。

（三）计量验收制度

原始记录中的各项数据是从数量上反映企业生产经营活动中各项财产物资的变动情况，而计量验收工作是确定这些变动数量的重要手段。为了正确地进行成本核算，必须做好企业生产经营过程中材料物资的收发、领退、结存的计量验收和盘点工作。材料物资的收发、领退、在产品和半成品的内部转移、产成品的入库等，均应按规定的审批手续办理，并进行计量、验收和交接，防止任意领发和转移。库存的材料、半成品和产成品以及车间正在加工还未完工的在产品等材料物资还应按照规定进行清查盘点，防止丢失、积压、毁损、变质或贪污挪用。计量验收与盘点如有必要应根据不同的计量对象配置相应的计量器具，并定期进行校准，以确定计量验收的准确性。只有这样，才能做到账实相符，保证成本核算的准确性。

（四）企业内部结算制度

为了加强成本管理上的责任制，分清内部各单位的经济责任，便于进行成本的分析和考核以及加速和简化成本核算，在管理基础较好的企业，应对原材料、半成品以及企业内部各有关单位相互提供的劳务制定内部结算价格。

内部结算制度是企业内部各部门单位之间相互提供产品和劳务进行收付结算的一种制度。因提供物资、产品或劳务相互结算或转账而需要选用的一种价格标准即称为内部结算价格。内部结算价格的制定方式通常有计划价格、市场价格、协商价格、计划成本或标准成本、实际成本或计划成本加上合理的利润等。一般来说，非独立核算的企业内部各单位，可以预计成本（预计分配率）作为内部结算价格；而独立核算的企业内部各单位，可以实际成本加利润（市场价格）作为内部结算价格。内部结算价格应尽可能接近实际并相对稳定，年度内一般不作变动。制定了内部结算价格的企业，对日常材料的领用、半成品的转移、相互之间劳务的供应等，都要先按内部结算价格进行核算。月末再采用一定的方法计算和调整价格差异，据以计算产品实际成本。

四、合理选用成本计算方法

不同的企业，其生产过程有不同的特点，其成本管理的要求也不一样。在进行成本核算时，应根据本企业的生产类型和管理的要求等具体情况，选择适合于本企业特点的产品成本计算方法。而对于同一个企业，可以根据其具体情况，采用一种产品成本计算方法或多种产品成本计算方法。而且，产品成本计算方法一经确定就不得随意变动。

第二节　费用的分类

一、费用按经济内容的分类

生产费用按经济内容划分，可分为劳动对象、劳动手段和活劳动方面的耗费，产品的生产过程，也是物化劳动（包括劳动对象和劳动手段）和活劳动的耗费过程。因而生产过程中发生的生产费用，按其经济内容分类，可划归为劳动对象方面的费用、劳动手段方面的费用和活劳动方面的费用三大类。生产费用按照经济内容分类，就是在这一划分的基础上，将生产费用划分为若干要素费用。具体可分为以下各项费用要素：

1. 外购材料，是企业为生产经营耗用而从外部购进的原材料、辅助材料、外购半成品、包装物、低值易耗品以及修理用备件等。
2. 外购燃料，是企业为生产经营耗用而从外部购进的各种燃料。
3. 外购动力，指企业为进行生产经营耗用而从外部购进的各种动力。
4. 应付职工薪酬，指企业所有应计入制造成本和期间费用的职工薪酬。
5. 折旧费，指企业按照规定方法计提的固定资产折旧费。
6. 利息费用，指企业按规定计入生产经营费用的借款利息支出减去利息收入后的金额。
7. 税金，指企业按照规定应计入管理费用的各种税费，如房产税、车船税、印花税、城镇土地使用税等。
8. 其他支出，指不属于以上各要素的费用支出。如差旅费、办公费、租赁费、保险费等。

这种分类方法的优点是可了解生产过程中物化劳动和活劳动的耗费情况，据以分析企业各个时期各种费用的构成和水平；反映了企业生产经营中外购材料和燃料动力费用以及职工薪酬的实际支出，因而可以为企业核定储备资金定额、考核储备资金的周转速度，以及编制材料采购资金计划和劳动工资计划提供资料。

但是，这种分类方法不能说明各项费用的具体用途，不便于分析各种费用是否节约、是否合理。

二、费用按经济用途的分类

费用是产品成本计算的基础。产品成本是对象化的费用。但费用涵盖的范围较宽，着重于按会计期间归集。而产品成本只包括为生产一定种类或数量的完工产品的费用，着重于按产品进行归集。产品成本是费用总额的一部分，不包括期间费用和期末未完工产品的费用等。

费用按经济用途分类是会计人员进行成本核算账务处理的依据，是将各种支出记入不同费用成本账户的标准。工业企业在生产经营中发生的费用，首先可以分为计入产品成本的生产费用和直接计入当期损益的期间费用两类。

1. 生产费用按经济用途的分类。为具体反映计入产品成本的生产费用的各种用途，提供产品成本构成情况的资料，还应将其进一步划分为若干个项目，即产品生产成本项目（简称产品成本项目或成本项目）。工业企业一般应设置以下几个成本项目：

生产费用按经济用途可分为直接材料、直接人工、制造费用。

（1）直接材料指企业在生产产品和提供劳务过程中所直接消耗的直接用于产品生产并构成产品实体的原材料、辅助材料、备品备件、外购半成品、燃料、动力、包装物、低值易耗品、运输、装卸、整理等费用。

（2）直接人工是指企业在生产产品和提供劳务过程中，直接参加产品生产人员的工资、奖金、津贴、补贴以及其他各种形式的职工报酬。

（3）制造费用是指企业为生产产品和提供劳务而发生的各项间接成本，包括：车间管理人员的工资奖金、津贴、补贴以及其他各种形式的职工报酬、车间房屋建筑物和机器设备的折旧费、租赁费、机物料消耗、水电费、车间管理部门办公费、停工损失、信息系统维护费等。

企业可根据生产特点和管理要求对上述成本项目做适当调整。对于管理上需要单独反映、控制和考核的费用，以及产品成本中比重较大的费用，应专设成本项目；否则，为了简化核算，不必专设成本项目。

2. 期间费用按经济用途的分类。工业企业的期间费用按经济用途可分为销售费用、管理费用和财务费用。

归纳如图2-1所示。

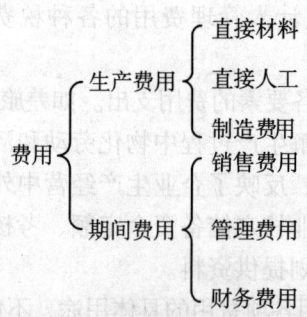

图2-1 费用按经济用途的分类

费用按经济用途分类的优点是可以了解企业产品成本的具体构成情况，便于考核成本计划的执行情况，进行成本分析，并为企业寻找降低产品成本的途径提供依据。但是这种分类方法不便于某个期间总体成本费用的比较与分析。

三、生产费用的其他分类

（一）生产费用按其与工艺过程的关系分类

生产工艺是指将原材料或半成品加工成产成品的过程和方法。生产费用按其与工艺过程的关系可分为直接生产费用和间接生产费用。

直接生产费用（基本费用）：是指由生产工艺本身引起的、直接用于产品生产的各项生产费用，例如原料费用、主要材料费用、生产工人工资、机器设备折旧费。

间接生产费用（一般费用）：是指与生产工艺没有联系，间接用于产品生产的各项生产费用，如机物料消耗、辅助工人工资、车间厂房折旧费。

（二）费用按计入产品成本的方法分类

直接计入费用（直接费用）。直接计入费用，是指可以分清哪种产品所耗用、能直接计入该产品成本的生产费用。如直接用于某种产品生产的原材料费用，就可以根据有关的领料单直接计入该种产品成本，还有生产工人的计件工资等。

间接计入费用（间接费用）。间接计入费用，一般简称为间接费用，是指不能分清哪种产品所耗用、不能直接计入某种产品成本，而必须按照一定标准分配后才能计入有关的各种产品成本的生产费用。如生产部门管理人员的薪酬，加工的几种产品共同耗用零件的生产设备折旧费等。

生产费用按与生产工艺的关系分类和按计入产品成本的方法分类之间既有联系又有区别。直接生产费用在多数情况下是直接计入费用，间接生产费用在多数情况下是间接计入费用。区别在于，在只生产一种产品的企业（或车间）中，直接生产费用和间接生产费用都是直接计入费用。在用同一种原材料同时生产几种产品的联产品生产企业（或车间）中，直接生产费用和间接生产费用都是间接计入费用。

（三）费用按与产品产量的关系分类

1. 变动费用（变动成本）。变动费用，是指费用总额随着产品产量（或业务量）的变动而成正比例变动的费用。

2. 固定费用（固定成本）。固定费用，是指费用总额不直接受产量变动的影响，产量在一定范围内变动，其总额仍能保持不变。

费用按与产品产量或业务量的关系分类的目的是要揭示成本与业务量之间的内在联系，考察当特定业务量变动时与其相应的成本是否随之变动，从而从数量上具体把握产品成本与生产能力之间的规律性联系。可以为寻找降低成本的途径提供资料。

第三节 成本核算的一般程序及账户的设置

一、成本核算的一般程序

成本核算的一般程序是指对企业在生产经营过程中发生的各项生产费用和期间费用,按照成本核算的要求,逐步进行归集和分配,最后计算出各种产品的生产成本和各项期间费用的基本过程。根据前述的成本核算要求和生产费用、期间费用的分类,可将成本核算的一般程序归纳如下:

(一) 审核和控制生产费用

对企业生产经营过程中发生的各项费用支出,应当严格遵守国家规定的费用、成本开支范围,严格按照企业内部财务会计制度和成本费用核算办法中规定的费用审核标准进行费用的审核和控制,主要是确定各项费用是否应该开支,应该开支的费用按照国家的有关规定是否应计入产品成本和期间费用,以及应计入产品成本还是期间费用。只有对所发生的费用支出进行严格的审核和控制,才可以准确确定应计入产品成本和期间费用的费用数额。

(二) 确定成本核算对象

所谓成本核算对象,就是费用归集的对象,或者说是成本归属的对象。进行成本计算,必须首先确定成本核算对象。如果成本核算对象确定得不准确或不恰当,就会大大增加成本计算的难度,计算出来的成本不能满足企业管理的需要,甚至不能完成成本计算的任务。由于不同的企业有不同的生产类型和成本管理要求,所以成本核算对象也有所不同。对工业企业而言,产品成本计算对象除了产品品种以外,还可以是产品批别或者生产步骤等。企业应根据自身的生产特点和管理要求,确定成本计算对象,并根据确定的成本计算对象开设产品成本明细账。

(三) 确定成本项目

成本项目是指生产费用要素按照经济用途划分成的若干项目。和成本计算对象一样,企业也应根据生产类型的特点和成本管理的要求,确定成本项目。通过成本项目,可以反映成本的经济构成以及产品生产过程中不同的资金耗用情况。因此,企业为了满足成本管理的需要,可在直接材料、直接人工、制造费用3个成本项目的基础上进行必要的调整。这样,既便于对成本进行控制,也便于分析产品生产中的经济效益问题和对生产部门进行考核评价。

(四) 确定成本计算期

成本计算期就是指多久计算一次成本,即成本计算的间隔期,不同生产组织的企业有不同的间隔期。一般情况下,生产批量大的产品成本计算期与会计期间相一致;生产批量小的产品成本计算期则与产品的生产周期相一致。应将产品生产费用和期间费用归属于恰当的期间。

（五）设置成本费用明细账或成本计算单

成本费用明细账是在确定成本计算对象的基础上，企业根据自身的生产经营特点和成本管理的要求，按照确定的成本计算对象分别开设产品成本明细账。工业企业一般要设置基本生产成本或辅助生产成本明细账，按成本计算对象和成本项目分别核算基本生产部门或辅助生产部门发生的生产费用；制造费用明细账，按生产部门和明细项目分别核算发生的制造费用以及库存商品、自制半成品明细账，按成本计算对象和成本项目核算产品和自制半成品成本。此外，企业还根据需要设置其他相关费用的明细账等。

（六）归集和分配生产费用

生产费用在各个成本核算对象之间进行分配和归集，实际上就是要正确划分各种产品成本的界限，以正确确定本期应计入各种产品成本的费用。为生产产品直接发生的生产费用直接作为产品成本的构成内容，应直接计入该产品成本，如直接材料、直接工资等；对于为产品生产服务发生的间接费用，期末应按有关标准，根据受益程度的大小分配计入各成本核算对象。产品成本计算的过程也就是生产费用的分配和归集过程，是生产费用在各种产品之间横向的分配和归集。归集所发生的全部费用，并按照确定的成本计算对象予以分配。

（七）计算完工产品成本和在产品成本

各成本核算对象所承担的生产费用，如果既有完工产品又有期末在产品，将该种产品的生产费用（月初在产品生产费用与本月生产费用之和），采用适应的方法在完工产品与月末在产品之间进行分配，从而计算出完工产品成本和月末在产品成本。这是生产费用在同种产品中本月完工产品与月末在产品之间纵向的分配和归集。

二、成本核算账户的设置

成本核算需要设置"生产成本"一级账户，"生产成本"账户下面分别设置"基本生产成本"和"辅助生产成本"两个二级账户，还需要设置"制造费用"、"长期待摊费用"账户以及"销售费用"、"管理费用"、"财务费用"等账户进行期间费用的核算，并根据企业具体情况做出增加或减少账户的选择。如果需要单独核算废品损失和停工损失，还应设置"废品损失"和"停工损失"账户。

1. "生产成本——基本生产成本"账户。基本生产是指为完成企业主要生产目的而进行的产品生产。为了归集基本生产所发生的各种生产费用，计算基本生产产品成本，应设置"生产成本——基本生产成本"账户。该账户为成本类账户，借方登记为生产产品所发生的直接材料、直接人工、制造费用等各项费用；贷方登记完工入库的产品成本，期末余额就是基本生产尚未完工的在产品成本，也就是基本生产在产品占用的资金。该科目按产品开设明细账。

2. "生产成本——辅助生产成本"账户。辅助生产是指为基本生产服务等而进行的产品生产和劳务供应，例如工具、模具、修理用备件等产品的生产和供水、供电、供气、修理、运输等劳务的供应。辅助生产提供的产品和劳务，有时也对外销售，但这不是它的主要目的。该账户也是成本类账户，借方登记在辅助生产车间发生的各项直接或间接费用，贷方登记分配转入基本生产车间和其他部门的辅助生产费用，期末一般没有余额。其明细账一般按辅助生产车间名称开设。

3. "制造费用"账户。制造费用是指直接用于产品生产，但不便于直接计入产品成本，因而没有专设成本项目的费用（例如机器设备折旧费用），以及间接用于产品生产的各项费用（例如机物料消耗、车间厂房折旧费用等）。该账户属于成本类账户，借方登记费用的发生额，贷方登记转入"生产成本"的数额。除季节性生产企业外，该科目月末应无余额。该账户下应按车间、部门设置明细账，账内按费用项目设专栏进行明细登记。

4. "废品损失"账户。需要单独核算废品损失的企业，应设置"废品损失"账户。该账户的借方登记不可修复废品的生产成本和可修复废品的修复费用；贷方登记废品残料回收的价值、应收的赔款以及转出的废品净损失；该账户期末应无余额。"废品损失"账户应按车间设置明细账，账内按产品品种分设专户，并按成本项目设置专栏，进行明细登记。

5. "停工损失"账户。需要单独核算停工损失的企业，应设置"停工损失"账户。该账户借方登记生产车间或车间内某个班组在停工期内发生的各项费用；贷方登记应收的赔款以及转出的停工净损失；该账户期末无余额。

6. "长期待摊费用"账户。"长期待摊费用"属于资产类账户，用来核算企业已经支出，但应由本期和以后各期分别负担的分摊期限在1年以上的各项费用。

7. "管理费用"、"销售费用"、"财务费用"账户。为了归集和结转期间费用，还应该分别设立"管理费用"、"销售费用"、"财务费用"账户。

管理费用是指企业为组织和管理生产经营活动所发生的费用，包括企业的董事会和行政管理部门在企业的经营管理中发生的，或者应由企业统一负担的公司经费（包括行政管理部门职工工资、修理费、物料消耗、低值易耗品摊销、办公费和差旅费等）、工会经费、待业保险费、劳动保险费、董事会费（包括董事会成员津贴、会议费和差旅费等）、聘请中介机构费、咨询费（含顾问费）、诉讼费、业务招待费、房产税、车船税、土地使用税、印花税、技术转让费、矿产资源补偿费、无形资产摊销、职工教育经费、研究与开发费、排污费、存货盘亏或盘盈（不包括应计入营业外支出的存货损失）、计提的坏账准备和存货跌价准备等。可以按照其中的费用类别设立二级科目。

销售费用是指企业在销售商品、提供劳务和让渡资产使用权过程中发生的各项费用以及专设销售机构的各项经费。包括运输费、装卸费、包装费、保险费、展览费、广告费、租赁费（不包括融资租赁费），以及为销售本企业商品而专设的销售机构（含销售网点、售后服务网点等）的职工工资及福利费、类似工资性质的费用、业务费等经营费用。可以按照其中的费用类别设立二级科目。

财务费用是指企业为筹集生产经营所需资金等而发生的费用，包括应作为期间费用的利息支出（减利息收入）、汇兑损失（减汇兑收益）、金融机构手续费以及筹集生产经营资金发生的其他费用等。可以按照其中的费用类别设立二级科目。

成本核算的账务处理程序如图2-2所示。

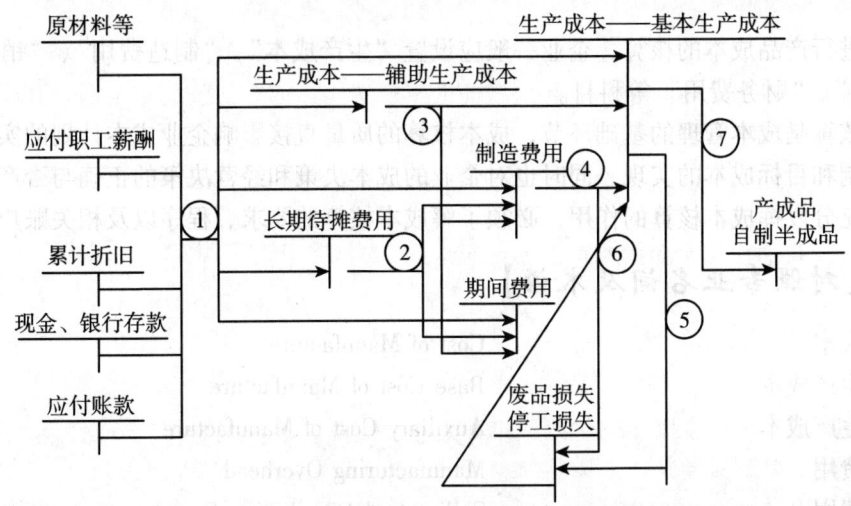

注：①要素费用的归集与分配；②长期待摊费用的分配；③辅助生产成本的分配；④制造费用的分配；⑤结转不可修复废品损失；⑥分配废品、停工损失；⑦结转产成品、自制半成品成本。

图2-2 成本核算的主要账户处理程序

【本章小结】

成本核算是对支出的核算，各种界限的划分非常重要，关系能否提供正确的成本资料。成本的计算过程，就是正确划分各种成本费用界限的过程。为了正确地核算生产费用和期间费用，正确计算产品实际成本和企业盈亏，必须正确划分5个方面的费用界限。

企业的生产经营过程，也是物化劳动（劳动对象和劳动手段）和活劳动的耗费过程，因而生产经营过程中发生的费用，按其经济内容分类，可划归为劳动对象方面的费用、劳动手段方面的费用和活劳动方面的费用三大类。这3类可以称为费用的三大要素。为了具体反映各种费用的构成和水平，还应在此基础上，将其进一步划分为9个费用要素。

费用是产品成本计算的基础。产品成本是对象化的费用。但费用涵盖范围较宽，着重于按会计期间归集。而产品成本只包括为生产一定种类或数量的完工产品的费用，着重于按产品进行归集。产品成本是费用总额的一部分，不包括期间费用和期末未完工产品的费用等。

期间费用按经济用途可以分为销售费用、管理费用和财务费用；生产费用按经济用途分类，形成产品成本项目。制造企业一般应设置"直接材料"、"直接人工"、"制造费用"等成本项目。企业可以根据情况适当调整成本项目。对于管理上需要单独反映、控制和考核的费用，以及产品成本中比重比较大的费用，应该专设成本项目，否则，为了简化核算工作，不必专设成本项目。

生产费用按计入产品生产成本的方法，可以分为直接计入费用和间接计入费用。成本核算的一般程序是：审核和控制生产费用，确定成本计算对象，确定成本项目，确定成本计算期，设置成本费用明细账或成本计算单，归集和分配生产费用，计算完工产品成本和在产品成本。

为了进行产品成本的核算，企业一般应设置"生产成本"、"制造费用"、"销售费用"、"管理费用"、"财务费用"等科目。

成本核算是成本管理的基础环节，成本核算的质量直接影响企业成本计划的实施、成本水平的控制和目标成本的实现，同时也对企业的成本决策和经营决策的正确与否产生重大影响。为了充分发挥成本核算的作用，必须了解成本核算的要求、程序以及相关账户的设置。

【中英文对照专业名词及术语】

生产成本	Cost of Manufacture
基本生产成本	Base Cost of Manufacture
辅助生产成本	Auxiliary Cost of Manufacture
制造费用	Manufacturing Overhead
销售费用	Selling and Distribution Expense
管理费用	Administrative Expense
财务费用	Financial Expense

复习思考题

1. 正确计算产品成本应划分哪几种费用界限？
2. 企业费用要素和产品生产成本项目包括哪些内容？两者之间的关系如何？
3. 企业的生产类型有哪些？
4. 生产经营特点和成本管理特点对成本计算对象的选择有哪些影响？
5. 成本计算方法中有哪些基本方法和辅助方法？
6. 简述产品成本核算的一般程序。
7. 简述产品成本核算的主要账户设置。

第三章
工业企业生产经营费用的核算

【本章学习目的】通过本章的学习，应该达到以下学习目的：了解各项生产费用的归集和分配方法；了解损失性费用的核算方法；掌握辅助生产费用归集和分配的方法；熟悉基本生产制造费用归集和分配的特点。

【案例导引】

鸿达制造厂生产甲、乙、丙3种产品，其中甲、乙产品为盈利产品，丙产品为亏损产品。然而，经过预测分析，丙产品虽然亏损但不应停产，因为丙产品曾经是企业的核心产品，所占销售比重较大，对于企业的固定成本有很大的分摊和支撑作用。该厂新来的财务主管小赵发现，企业的制造费用是采用平均的方法分配到各种产品成本中去的，但是观察制造费用明细项目，有些费用的分配不太合理，比如，用于丙产品的机器设备有90%已提足折旧，应分摊较少的折旧费，而用于生产甲、乙产品的机器设备大多为新购置的，应分摊较多的折旧费。如果采用平均分配的方法，势必增加丙产品负担的生产费用，这也是导致丙产品亏损的主要原因之一。于是小赵向主管领导做了汇报和说明，建议改变制造费用的分配方法，领导采纳他的建议了吗？

（资料来源：李玲. 成本会计禁忌100例. 北京：电子工业出版社，由编者整理）

第一节　各项要素费用的核算

一、材料费用的核算

材料费用包括企业生产经营过程中耗费原材料、燃料、低值易耗品、包装物等而发生的费用。企业耗用的材料，无论是外购材料，还是自制材料，都应根据审核后的领、退料凭证，按照材料的用途进行分配，将材料费用计入产品成本或期间费用。其中，直接耗用于基本生产产品的材料费用，应记入"生产成本——基本生产成本"及其明细账的有关成本项目，如原材料或燃料项目。直接用于辅助生产的材料费用应记入"生产成本——辅助生产成本"账户及其明细账的有关成本项目。生产车间一般耗用的材料,应记入"制造费用"账户。属于期间费用的,应分别记入"销售费用"、"管理费用"账户及其明细账的有关费用项目。

(一) 原材料费用的核算

记入生产成本——基本生产成本和生产成本——辅助生产成本明细账即产品成本计算单的原材料费用,是用于构成产品实体的原材料及主要材料、外购半成品和有助于产品形成的辅助材料,应列入直接材料项目。属于直接计入费用的,可根据领料凭证直接计入各种产品成本的直接材料项目;属于间接计入费用的,应选择恰当的分配标准,在几种产品之间计算分配后,才能计入各种产品成本的原材料项目。原材料费用分配标准很多,一般可以按照产品的重量、体积等分配。在材料消耗定额比较准确的情况下,通常采用的分配方法是材料定额消耗量比例法和材料定额费用比例法。

1. 材料定额消耗量比例法。这种方法的计算步骤是:首先,计算某种产品材料定额消耗量;其次,计算单位原材料定额消耗量应分配原材料实际消耗量(原材料消耗量分配率);然后,计算出某种产品应分摊的材料数量;最后,计算出某种产品应分摊的材料费用。其计算公式如下:

$$某种产品材料定额消耗量 = 某种产品实际产量 \times 单位产品材料消耗定额$$

$$材料消耗量分配率 = \frac{材料实际消耗总量}{各种产品材料定额消耗量之和}$$

$$某种产品应分摊的材料数量 = 该种产品材料定额消耗量 \times 材料消耗量分配率$$

$$某种产品应分摊的材料费用 = 该种产品应分摊的材料数量 \times 材料单价$$

【例3-1】某企业生产A、B两种产品,共同耗用某种材料2 700千克,材料实际单价3元/千克,其中,A产品实际生产700件,B产品实际生产250件,A产品单位消耗定额为2.5千克/件,B产品单位消耗定额为3千克/件。按产品的原材料定额消耗量比例进行分配,分配结果如下:

A产品原材料定额消耗量 = $700 \times 2.5 = 1\,750$(千克)

B产品原材料定额消耗量 = $250 \times 3 = 750$(千克)

原材料消耗量分配率 = $\frac{2\,700}{1\,750 + 750} = 1.08$

A产品应分配的材料数量 = $1\,750 \times 1.08 = 1\,890$(千克)

B产品应分配的材料数量 = $750 \times 1.08 = 810$(千克)

A产品应分配的材料费用 = $1\,890 \times 3 = 5\,670$(元)

B产品应分配的材料费用 = $810 \times 3 = 2\,430$(元)

这种方法能够考核原材料消耗定额的执行情况,有利于加强原材料消耗的实物管理,但是计算比较繁琐。为了简化核算工作,也可以采用定额消耗量的比例直接分配材料费用的方法。仍以[例3–1]资料为例,其分配结果如下:

$$原材料费用分配率 = \frac{原材料实际费用}{各种产品原材料定额消耗量之和}$$

$$= \frac{2\,700 \times 3}{1\,750 + 750} = 3.24$$

A产品应分配的原材料费用 = 1 750 × 3.24 = 5 670(元)
B产品应分配的原材料费用 = 750 × 3.24 = 2 430(元)

2. 材料定额费用比例法。在几种产品共同耗用原材料的种类比较多的情况下,为简化分配计算工作,也可以按照各种材料的定额费用的比例分配原材料实际费用,计算公式如下:

$$某种产品原材料定额费用 = 实际产量 \times 单位产品原材料费用定额$$

$$原材料费用分配率 = \frac{各种产品原材料实际费用总额}{各种产品原材料定额费用之和}$$

$$某种产品应分配的实际原材料费用 = 该种产品原材料定额费用 \times 原材料费用分配率$$

【例3–2】某企业生产甲、乙两种产品,共同耗用两种主要材料,共计3 762元。本月生产甲产品15件,乙产品12件。甲方产品原材料消耗定额:A材料6千克/件,B材料8千克/件;乙产品原材料消耗定额:A材料9千克/件,B材料5千克/件。材料计划单价:A材料10元/千克,B材料8元/千克。分配结果如下:

(1)甲、乙产品原材料定额费用。

甲产品:A材料定额费用 = 15 × 6 × 10 = 900(元)
　　　　B材料定额费用 = 15 × 8 × 8 = 960(元)
甲产品定额费用合计:1 860(元)

乙产品:A材料定额费用 = 12 × 9 × 10 = 1 080(元)
　　　　B材料定额费用 = 12 × 5 × 8 = 480(元)
乙产品定额费用合计:1 560(元)

(2)材料费用分配率。

$$材料费用分配率 = \frac{3\,762}{1\,860 + 1\,560} = 1.1$$

(3)甲、乙产品应分配材料实际费用。

甲产品:1 860 × 1.1 = 2 046(元)
乙产品:1 560 × 1.1 = 1 716(元)

原材料费用的分配,是通过"原材料费用分配表"进行的。根据原材料费用分配表即可编制原材料费用分配的会计分录,并登记有关账簿。依［例3-1］原材料费用分配结果,编制原材料费用分配表,如表3-1所示。

表3-1　　　　　　　　　　原材料费用分配表

201×年×月　　　　　　　　　　　　　　　单位:元

应借账户	成本项目	间接计入（分配率：3.24）		直接计入	合计
		定额消耗量（千克）	分配金额		
基本生产成本	A产品 B产品 小计	原材料 原材料	1 750 750 2 500	5 670 2 430 8 100	23 000 12 400 35 400	28 670 14 830 43 500
辅助生产成本	锅炉车间 机修车间 小计	消耗材料 消耗材料			900 450 1 350	900 450 1 350
制造费用	基本生产车间	消耗材料			140	140
销售费用		消耗材料			200	200
管理费用		消耗材料			80	80
合计				8 100	37 170	45 270

在表3-1中,构成产品实体和有助于产品形成的原材料费用43 500元,其中23 000元和12 400元为A、B两种产品分别发生的直接计入费用,8 100元为A、B两种产品共同消耗的间接计入费用。根据［例3-1］分配结果,A产品负担5 670元,B产品负担2 430元。因此,A产品耗用全部原材料费用合计28 670元,B产品耗用原材料费用合计14 830元。此例假设辅助生产的制造费用不通过"制造费用"账户单独核算,产品销售机构和行政管理部门消耗的材料费用,分别在"销售费用"、"管理费用"账户归集。

根据表3-1编制的会计分录为：

借：生产成本——基本生产成本——A产品　　　　　　28 670
　　　　　　　　　　　　　　——B产品　　　　　　14 830
　　生产成本——辅助生产成本——锅炉车间　　　　　900
　　　　　　　　　　　　　　——机修车间　　　　　450
　　制造费用——基本生产车间　　　　　　　　　　　140
　　销售费用　　　　　　　　　　　　　　　　　　　200
　　管理费用　　　　　　　　　　　　　　　　　　　 80
　　贷：原材料　　　　　　　　　　　　　　　　　45 270

（二）燃料费用的核算

燃料费用的分配也应编制燃料费用分配表，再根据燃料费用分配表编制会计分录，并据以登记有关账簿。如果燃料费用在产品成本中比重较大时，可以与动力费用一起专设"燃料和动力"成本项目。直接用于产品生产的燃料费用，如热处理、烘干、溶解等所耗的燃料费用，分别直接记入或间接分配记入各种产品的"燃料和动力"成本项目。辅助生产所耗燃料费用，以及基本生产车间、行政管理部门取暖等耗用的燃料费用，则需分别在"生产成本——辅助生产成本"、"制造费用"和"管理费用"等账户中进行归集。如果燃料费用在产品成本中比重很小，则合并在制造费用中进行核算。燃料费用分配表与原材料费用分配表基本相同，其分配方法可采用与原材料费用分配相同的方法，在此不再赘述。

假设在单独设置"燃料和动力"成本项目的情况下，只有锅炉车间耗用燃料 9 000 元，编制如下会计分录：

借：生产成本——辅助生产成本——锅炉车间　　　　　　　　　9 000
　　贷：燃料　　　　　　　　　　　　　　　　　　　　　　　　　9 000

（三）周转材料的核算

低值易耗品费用的分配，应结合其摊销方法进行，当需要一次摊销时，其费用应全部计入当月产品成本或期间费用，并按费用的用途分别归集于"生产成本——辅助生产成本"和"制造费用"、"销售费用"、"管理费用"等账户。当需要分期摊销时，则应将低值易耗品费用先记入"待摊费用"账户，摊销时再记入"生产成本——辅助生产成本"和"制造费用"、"销售费用"、"管理费用"等账户。低值易耗品费用分配表在此予以省略。现将两种方法举例如下：

1. 一次摊销时，其会计分录为：

借：生产成本——辅助生产成本——锅炉车间　　　　　　　　　120
　　　　　　　　　　　　　　　——机修车间　　　　　　　　　300
　　制造费用——基本生产车间　　　　　　　　　　　　　　　　400
　　销售费用　　　　　　　　　　　　　　　　　　　　　　　　180
　　管理费用　　　　　　　　　　　　　　　　　　　　　　　　200
　　贷：低值易耗品　　　　　　　　　　　　　　　　　　　　　1 200

2. 分期摊销的会计分录：

假设生产车间某月领用低值易耗品价值 6 000 元，则

（1）领用时：

借：待摊费用　　　　　　　　　　　　　　　　　　　　　　　6 000
　　贷：低值易耗品　　　　　　　　　　　　　　　　　　　　　6 000

（2）按受益期（6 个月）分月摊销时：

借：制造费用——基本生产车间　　　　　　　　　　　　　　　1 000
　　贷：待摊费用　　　　　　　　　　　　　　　　　　　　　　1 000

二、外购动力费用的核算

外购电力、热力等外购动力费，有些直接用于产品生产，也有些用于照明取暖等。外购动力费用分配表应按用途和使用部门分别编制，并编制会计分录，分别记入"生产成本——基本生产成本"、"生产成本——辅助生产成本"、"制造费用"、"管理费用"等账户及其明细账。其中，产品生产直接耗用的动力费直接计入或间接计入各种产品成本的"燃料和动力"成本项目。如果未专设"燃料和动力"成本项目，则记入"制造费用"账户进行归集。外购动力费用的分配，在有仪表记录的情况下，应根据各部门、车间耗用动力的数量以及动力的单价计算；在没有仪表记录的情况下，可按生产工时、机器小时或定额消耗量的比例进行分配。按照权责发生制要求，在当月所耗动力与当月实际支付不一致的情况下，当月应付外购动力费通过"应付账款"账户核算。分配外购动力费时，贷记该账户；实际支付动力费用时，借记该账户。该账户月末借方余额，表示企业预付（或多付）的外购动力费；期末贷方余额，表示企业应付未付的外购动力费。

下面列出外购动力费用分配表（见表3-2），并据以编制会计分录。表内应付动力费在各部门之间按耗用数量的比例分配；基本生产车间产品生产耗用动力费按产品的生产工时的比例分配。

表3-2　　　　　　　　　外购动力费（电费）分配表

201×年×月

应借账户	成本项目 （费用项目）	生产工时 （小时）	分配率	耗电数 （千瓦时）	分配率	金额（元）
基本生产 成本	A产品 B产品 小计	3 000 2 000 5 000	0.32	4 000		960 640 1 600
辅助生产 成本	锅炉车间 机修车间 小计			750 1 375 2 125	0.4	300 550 850
制造费用	基本生产车间			625		250
管理费用	水电费			750		300
合计	水电费			7 500		3 000

根据表3-2编制如下会计分录：
　　借：生产成本——基本生产成本——A产品　　　　　　　　　960
　　　　　　　　　　　　　　　　　——B产品　　　　　　　　640

```
    生产成本——辅助生产成本——锅炉车间              300
                       ——机修车间              550
    制造费用——基本生产车间                      250
    管理费用                                  300
        贷:应付账款                                3 000
```

三、职工薪酬的核算

职工薪酬,是指企业为获得职工提供的服务而给予各种形式的报酬以及其他相关支出,包括职工在职期间和离职后提供给职工的全部货币性薪酬和非货币性福利。企业提供给职工配偶、子女或其他被赡养人的福利等,也属于职工薪酬。

(一) 职工薪酬的范围

职工薪酬包括:

(1) 职工工资、奖金、津贴和补贴;
(2) 职工福利费;
(3) 医疗保险费、养老保险费、失业保险费、工伤保险费和生育保险费等社会保险费;
(4) 住房公积金;
(5) 工会经费和职工教育经费;
(6) 非货币性福利;
(7) 辞退福利(因解除与职工的劳动关系给予的补偿);
(8) 股份支付(其他与获得职工提供的服务相关的支出)。

离休、退休、退职人员的支出,创造发明奖、自然科学奖、科技进步奖、合理建议及技术改进奖等不属于工资总额的内容。

按照国家统计局规定,工资总额的组成包括下列6个部分:

(1) 计时工资;
(2) 计件工资;
(3) 奖金;
(4) 津贴和补贴;
(5) 加班加点工资;
(6) 特殊情况下支付的工资。

(二) 货币性职工薪酬的计量

对于货币性薪酬,在确定应付职工薪酬和应当计入成本费用的职工薪酬金额时,应区分两种情况:

一是具有明确计提标准的货币性薪酬。对于国务院有关部门、省、自治区、直辖市人民政府或经批准的企业年金计划规定了计提基础和计提比例的职工薪酬项目,企业应当按照规定的计提标准计量计入成本费用的职工薪酬。其中:(1)"五险一金",应当按照国务院、所在地政府或企业年金计划规定的标准计算应计入成本费用的职工薪酬的金额。（2）工会经费和职工教育经费，应当按照职工工资总额的2%和1.5%的计提标准，计算应计入成本费用的职工薪酬的金额；从业人员技术要求高、培训任务重、经济效益好的企业，则可按职工工资总额的2.5%计提应计入成本费用的职工薪酬的金额。

二是没有明确计提标准的货币性薪酬。对于国家（包括省、自治区、直辖市人民政府）相关法律法规没有明确规定计提基础和计提比例的职工薪酬，企业应当根据历史经验数据和自身实际情况，计算确定应计入成本费用的职工薪酬金额。

（三）货币性职工薪酬费用的分配

企业在生产经营管理中发生的职工薪酬，需要按用途及发生地点进行归集和分配。归集时，分别借记"生产成本——基本生产成本"、"生产成本——辅助生产成本"、"制造费用"、"销售费用"、"管理费用"等账户，贷记"应付职工薪酬"。货币性薪酬费用核算的基础是工资费用的核算，其他货币性职工薪酬费用，均是按照职工薪酬的一定比例计提的，在分配时可与工资费用合并编制分配表，并进行账务处理。

对于基本生产单位（部门）生产工人的工资及其他货币性职工薪酬费用，在记入基本生产成本明细账时，如果属于直接计入费用的，例如产品的计件工资或只生产一种产品的计时工资，应直接记入各种产品成本的"直接人工"成本项目；如果属于间接计入费用的，例如生产多种产品的计时工资，应选择合理的分配标准进行计算分配，然后分别记入各种产品成本的"直接人工"成本项目。分配时，一般可按生产工时的比例进行分配，采用这种方法能使产品工资及其他货币性职工薪酬费用与劳动生产率的水平联系起来。劳动生产率提高，使单位产品消耗工时减少，分配职工薪酬的就少；反之，单位产品分配的职工薪酬就多。如果企业定额管理制度健全，在工时定额较为准确的情况下，也可以按各种产品定额工时比例分配。

企业其他单位（部门）发生的工资及其他货币性职工薪酬费用，可直接记入"生产成本——辅助生产成本"、"制造费用"、"销售费用"、"管理费用"等账户。

下面根据某企业工资及职工福利费的核算凭证，编制职工薪酬费用分配表（见表3-3），并进行相应的账务处理。

根据表3-3编制如下会计分录：

借：生产成本——基本生产成本——A产品　　　　　　　　　6 732
　　　　　　　　　　　　　　——B产品　　　　　　　　　4 488
　　生产成本——辅助生产成本——锅炉车间　　　　　　　　1 485
　　　　　　　　　　　　　　——机修车间　　　　　　　　1 650
　　制造费用——基本生产车间　　　　　　　　　　　　　　990
　　销售费用　　　　　　　　　　　　　　　　　　　　　　880
　　管理费用　　　　　　　　　　　　　　　　　　　　　3 960
　　　贷：应付职工薪酬——工资　　　　　　　　　　　　18 350
　　　　　　　　　　　——职工福利　　　　　　　　　　 1 835

表 3-3　　　　　　　　　　　　职工薪酬费用分配表
　　　　　　　　　　　　　　　　201×年×月　　　　　　　　　　　　　　　　单位：元

应借账户	项目类别 成本项目（费用项目）	生产工时（小时）	分配率	工资费用	职工福利费（计提比例10%）	合计
生产成本——基本生产成本	A产品　直接人工	3 000	2.04	6 120	612	6 732
	B产品　直接人工	2 000		4 080	408	4 488
	小计	5 000		10 200	1 020	11 220
生产成本——辅助生产成本	锅炉车间　职工薪酬			1 350	135	1 485
	机修车间　职工薪酬			1 500	150	1 650
	小计			2 850	285	3 135
制造费用	基本生产车间　职工薪酬			900	90	990
销售费用	职工薪酬			800	80	880
管理费用	职工薪酬			3 600	360	3 960
合计				18 350	1 835	20 185

四、折旧费和修理费的核算

固定资产虽然有些是直接用于单一产品生产的，但实际中通常用于多种产品的生产。因此，对固定资产折旧费一般不单设成本项目，应按使用部门分别记入"辅助生产"、"制造费用"、"管理费用"、"销售费用"账户及其明细账，而不直接记入"生产成本——基本生产成本"账户。

固定资产的日常修理费用、大修理费用等支出只是确保固定资产的正常工作状况，一般不产生未来的经济利益。因此，通常不符合固定资产的确认条件，在发生时应直接计入当期损益。企业生产车间（部门）和行政管理部门等发生的固定资产修理费用等后续支出，记入"管理费用"；企业专设销售机构发生的与专设销售机构相关的固定资产修理费用等后续支出，记入"销售费用"。

折旧费及修理费用分配表在此省略。

企业本月计提折旧费9 500元，其中：基本生产车间4 000元，锅炉车间1 000元，机修车间2 000元，行政管理部门2 000元，专设销售机构500元，编制会计分录如下：

```
借：辅助生产成本——锅炉车间                1 000
            ——机修车间                2 000
    制造费用——基本生产车间              4 000
    管理费用                              2 000
    销售费用                                500
```

>   贷：累计折旧   9 500

企业本月发生修理费用5 000元，其中：基本生产车间2 000元，锅炉车间550元，机修车间850元，行政管理部门600元，专设销售机构1 000元，编制会计分录如下：

>   借：管理费用   4 000
>   销售费用   1 000
>   贷：银行存款   5 000

五、利息费用、税费和其他费用的核算

企业为筹集资金而发生的利息费用，作为财务费用，属于期间费用的范围，其在期末直接计入当期损益。若利息数额较大，为了正确划分各月的期间费用，可采用预提方法处理。各月预提利息费时，借记"财务费用"账户，贷记"预提费用"账户。实际支付利息时，借记"预提费用"账户，贷记"银行存款"账户。如果数额不大，可在利息支付时，直接借记"财务费用"账户，贷记"银行存款"账户。

企业按规定计算的应缴房产税、车船使用税、印花税和土地使用税，应作为管理费用列入期间费用。

应缴房产税根据房产固定资产账面原值或租出房屋的租金收入，按一定方法和规定的税率计算。

应缴车船使用税按照车船种类、数量、吨位等和规定的征收定额计算。

应缴土地使用税因用地所在地区市政建设状况、经济繁荣程度等条件不同，按用地面积和不同等级的计税标准计算。

以上各税应按规定计算应缴税金，借记"管理费用"账户，贷记"应交税费"账户。

印花税是对书立、购销、加工、租赁、借款等合同和营业账簿等凭证行为征收的税款，根据不同征税项目的性质分别按比例税率或计税定额计算。根据会计制度规定，企业缴纳的印花税不通过"应交税费"账户核算。购买印花税票，并且当金额较小时，借记"管理费用"账户，贷记"银行存款"账户。若一次购买金额较大时，可通过"待摊费用"账户核算，根据使用情况和合理负担的原则，分摊到当月和以后各月的管理费用中。上述应缴税金编制的会计分录如下：

>   借：管理费用   780
>   贷：应交税费——应交房产税   350
>   ——应交车船使用税   110
>   ——应交土地使用税   280
>   银行存款——印花税   40

除以上各项之外的其他费用，如邮电费、租赁费、外部加工费、无形资产摊销，以及工会经费、上级管理费等，一般均不单设成本项目。在费用发生时，根据有关付款凭证，按其用途和发生地点编制会计分录，分别记入"辅助生产成本"、"制造费用"、"管理费用"等账户及其明细账。其他费用分配编制的会计分录如下：

>   借：生产成本——辅助生产成本——机修车间   210
>   制造费用——基本生产车间   360

　　　　销售费用　　　　　　　　　　　　　　　　　　　　　　　300
　　　　管理费用　　　　　　　　　　　　　　　　　　　　　　 1 560
　　　　　贷：银行存款　　　　　　　　　　　　　　　　　　　 2 430
　　通过上述分配，各项要素费用按其用途分别在"生产成本——基本生产成本"、"生产成本——辅助生产成本"、"制造费用"、"管理费用"、"销售费用"、"财务费用"等账户的借方进行归集。

第二节　辅助生产费用的核算

　　工业企业的辅助生产，是指为基本生产车间、企业行政管理部门等单位服务而进行的产品生产和劳务供应，如工具、模具、修理用备件等产品的生产以及供水、供电、供气、机械等产品的生产和劳务的供应。其中，有的只生产一种产品或提供一种劳务，如供电、供水、供风、供气等辅助生产；有的则生产多种产品或提供多种劳务，如从事工具、模具、修理用备件的制造等辅助生产。辅助生产产品和劳务成本的高低，影响到企业产品成本和期间费用的水平。因此，正确、及时组织辅助生产费用的归集和分配，对于节约费用、降低成本有着重要的意义。

一、辅助生产费用归集的核算

　　辅助生产费用的归集和分配是通过"生产成本——辅助生产成本"账户进行的。一般应按车间以及产品或劳务的种类设置明细账，账内按照成本项目或费用项目设置专栏，进行明细核算，在辅助生产费用的归集过程中，因辅助生产车间规模大小，制造费用多少不同，管理要求也不同，对其制造费用是否也依照基本车间的制造费用通过"制造费用"账户核算，存在着两种不同的核算方法，即不通过"制造费用"账户和通过"制造费用"账户的核算。
　　如果辅助生产车间规模较小，制造费用金额较小，又不对外提供产品和劳务，其制造费用可以与其他辅助生产费用一样直接记入"生产成本——辅助生产成本"账户，不需要单独设置"制造费用"明细账户来反映。因此，辅助生产明细账可按成本项目与制造费用的费用项目合并后的项目设置专栏；如果辅助生产车间规模较大，制造费用较多，或者也对外提供产品和劳务，管理上要求单独归集辅助生产车间的制造费用，并按规定成本项目计算成本，则辅助生产车间的制造费用应通过"制造费用"账户归集。对于直接用于辅助生产产品或劳务的费用，直接记入或间接记入"生产成本——辅助生产成本"账户的借方。对于辅助生产车间发生的其他费用，则先在"制造费用——辅助生产车间"账户的借方进行归集，然后从"制造费用——辅助生产车间"账户的贷方，直接转入或分配转入相应的"生产成本——辅助生产成本"账户的借方。
　　实际工作中通常采用不通过"制造费用"账户的核算方法。上述第一节中有关各项要素费用的分配，即是采用这种简化的方法进行辅助生产费用的归集，并在此基础上进行辅助生产费用的分配。辅助生产费用明细账的格式见表3-4、表3-5。

表3-4　　　　　　　　　　　　　辅助生产成本明细账

名称：锅炉车间　　　　　　　　　　　　　　　　　　　　　　　　　　　　　　　　　　　单位：元

日期	摘要	燃料费	动力费	工资	福利费	折旧费	修理费	机物料	其他	合计	转出	余额
略	据材料费用分配表							900		900		
	据燃料费用分配表	9 000								9 000		
	据低值易耗品分配表						120			120		
	据外购动力费分配表		300							300		
	据薪酬费用分配表			1 350	135					1 485		
	据折旧费用分配表					1 000				1 000		
	合计	9 000	300	1 350	135	1 000	120	900	0	12 805	12 805	—
	分配转出	9 000	300	1 350	135	1 000	120	900	0	12 805	12 805	—

注：表中加框的数字为红字转出的成本，后同。

表3-5　　　　　　　　　　　　　辅助生产成本明细账

名称：机修车间　　　　　　　　　　　　　　　　　　　　　　　　　　　　　　　　　　　单位：元

日期	摘要	燃料费	动力费	工资	福利费	折旧费	工具费	机物料	其他	合计	转出	余额
略	据材料费用分配表	450								450		
	据低值易耗品分配表						300			300		
	据外购动力费分配表		550							550		

续表

日期	摘要	燃料费	动力费	工资	福利费	折旧费	工具费	机物料	其他	合计	转出	余额
	据薪酬费用分配表			1 500	150					1 650		
	据折旧费用分配表					2 000				2 000		
	据其他费用分配表								210	210		
	合计	450	550	1 500	150	2 000	300	0	210	5 160	5 160	—
	分配转出	450	550	1 500	150	2 000	300	0	210	5 160	5 160	—

至此，辅助生产车间所发生的全部费用已在"生产成本——辅助生产成本"账户的借方归集完毕，即可进行辅助生产费用的分配。

二、辅助生产费用分配的核算

归集在"生产成本——辅助生产成本"账户及其明细账借方的辅助生产费用汇总完毕后，应将其进行分配。由于辅助生产提供的产品和劳务，主要是为基本生产车间等服务的，在实际工作中，存在某些辅助生产车间也有相互提供产品和劳务的情况。如供水车间向供电车间提供水；供电车间也向供水车间提供电力。为了计算供水成本，就要确定电力的成本；如要计算电力成本，同样也要确定供水成本。为了正确计算辅助生产产品和劳务的成本，在分配辅助生产费用时，应首先在各辅助生产车间之间进行费用的相互分配，然后再对辅助生产车间以外的各受益单位分配费用。

辅助生产费用的分配，通常采用的分配方法有：直接分配法、交互分配法、代数分配法、计划成本分配法。

(一) 直接分配法

它是指各辅助生产车间的实际费用，只是在各基本生产车间和管理部门之间按其受益数量进行分配。对于各辅助生产车间之间相互提供的产品和劳务，则不进行分配。

【例3-3】某厂设供水、供电两个辅助生产车间，在为基本生产提供产品的同时也相互提供产品。本月供水车间发生费用2 000元，供水量25 000立方米，其中供电车间耗用5 000立方米；供电车间发生费用3 500元，供电量14 000千瓦时，其中供水车间耗用4 000千瓦时。该厂辅助生产车间的制造费用不通过"制造费用"账户核算。采用直接分配法分配辅助生产费用，其分配结果如表3-6所示。

表 3-6 辅助生产费用分配表
（直接分配法）
201×年×月　　　　　　　　　　　　　　　　　单位：元

供应车间	分配费用	供应量	分配率	基本生产		制造费用		管理费用	
				数量	金额	数量	金额	数量	金额
供水车间	2 000	20 000	0.10	18 500	1 850	500	50	1 000	100
供电车间	3 500	10 000	0.35	7 000	2 450	1 000	350	2 000	700
合计	5 500				4 300		400		800

根据表 3-6 编制如下会计分录：
　　借：生产成本——基本生产成本　　　　　　　　　　　　　　　4 300
　　　　制造费用——基本生产车间　　　　　　　　　　　　　　　　400
　　　　管理费用　　　　　　　　　　　　　　　　　　　　　　　　800
　　　　贷：生产成本——辅助生产成本——供水车间　　　　　　　2 000
　　　　　　　　　　　　　　　　　　——供电车间　　　　　　　3 500

采用此种方法分配辅助生产费用，计算比较简单。但这种方法是以辅助生产车间生产的产品或劳务，全部为基本生产和管理部门所耗用为假设前提的。实际上大多数企业并非如此。只有在各辅助生产车间相互提供产品和劳务数量较少的情况下才可采用这种方法。

（二）交互分配法

这种方法是对辅助生产费用进行两次分配。第一次分配，是先根据各辅助生产车间、部门相互提供劳务的数量和交互分配前的费用分配率，进行一次交互分配；第二次分配，是将各辅助生产车间、部门交互分配后的实际费用，即交互分配前的费用加上交互分配转入的费用，减去交互分配转出的费用，再按提供劳务的数量，在辅助生产车间、部门以外的各受益单位之间进行分配。

【例3-4】仍以［例3-3］的资料为例，采用交互分配法分配辅助生产费用，其分配结果如表 3-7 所示。

表 3-7 辅助生产费用分配表
（交互分配法）
201×年×月　　　　　　　　　　　　　　　　　单位：元

项目	待分配费用	供应量	分配率	应借账户									应贷账户
				辅助生产成本				基本生产成本		制造费用		管理费用	辅助生产成本
				供水车间		供电车间							
				数量	金额	数量	金额	数量	金额	数量	金额	数量	金额	
交互分配														

续表

项目	待分配费用	供应量	分配率	应借账户									应贷账户
				辅助生产成本				基本生产成本		制造费用		管理费用	
				供水车间		供电车间							辅助生产成本
				数量	金额	数量	金额	数量	金额	数量	金额	数量	金额	
供水车间	2 000	25 000	0.08			5 000	400							400
供电车间	3 500	14 000	0.25	4 000	1 000									1 000
合计	5 500				1 000		400							1 400
对外分配														
供水车间	2 600	20 000	0.13					18 500	2 405	500	65	1 000	130	2 600
供电车间	2 900	1 000	0.29					7 000	2 030	1 000	290	2 000	580	2 900
合计	5 500				1 000		400		4 435		355		710	5 500

在表 3-7 中，辅助生产费用分配过程如下：

（1）一次交互分配：

供水车间：交互分配率 = $\frac{2\,000}{25\,000}$ = 0.08（元/立方米）

供电车间：交互分配率 = $\frac{3\,500}{1\,400}$ = 0.25（元/千瓦时）

根据表 3-7 中交互分配的计算结果，编制的会计分录如下：
借：生产成本——辅助生产成本——供电车间　　　　　　　　400
　　贷：生产成本——辅助生产成本——供水车间　　　　　　　　400
借：生产成本——辅助生产成本——供水车间　　　　　　　1 000
　　贷：生产成本——辅助生产成本——供电车间　　　　　　　1 000

（2）对外分配：

供水车间对外待分配费用 = 2 000 + 1 000 - 400 = 2 600（元）

供电车间对外待分配费用 = 3 500 + 400 - 1 000 = 2 900（元）

供水车间：对外分配率 = $\frac{2\,600}{20\,000}$ = 0.13（元/立方米）

供电车间：对外分配率 = $\frac{2\ 900}{10\ 000}$ = 0.29（元/千瓦时）

根据表3-7中对外分配的计算结果，编制的会计分录如下：

借：生产成本——基本生产成本　　　　　　　　　　　　　　　4 435
　　制造费用——基本生产车间　　　　　　　　　　　　　　　　355
　　管理费用　　　　　　　　　　　　　　　　　　　　　　　　710
　贷：生产成本——辅助生产成本——供水　　　　　　　　　　2 600
　　　　　　　　　　　　　　　　　——供电　　　　　　　　　2 900

采用交互分配方法，由于辅助生产内部相互提供劳务（或产品）进行了交互分配，因而提高了分配结果的正确性。但由于各种辅助生产费用均要计算两个费用分配率，进行两次分配，为此计算工作量有所增加。又由于交互分配的费用分配率是根据交互分配前的待分配费用计算的，不是各该辅助生产的实际单位成本，因而分配结果也不很正确。

（三）代数分配法

这种分配方法是应用代数中的解联立方程式的原理，来计算确定辅助生产车间提供产品或劳务的单位成本，然后再按各个受益部门耗用产品或劳务的数量，进行辅助生产费用的分配。

【例3-5】仍以［例3-3］资料为例，采用代数分配法的有关假设和计算如下：
设 x = 每立方米水的成本
　　y = 每千瓦时电的成本
列联立方程式如下：
$2\ 000 + 4\ 000y = 25\ 000x$　　　　　　　　　　　　　　　　　　　①
$3\ 500 + 5\ 000x = 14\ 000y$　　　　　　　　　　　　　　　　　　　②
将①式移项：$4\ 000y = 25\ 000x - 2\ 000$
$y = \frac{25\ 000x}{4\ 000} - \frac{2\ 000}{4\ 000} = 6.25x - 0.5$　　　　　　　　　　　　　　　③
将③式代入②式得：x = 0.12727
将 x = 0.12727 代入③式得：y = 0.29545
解得结果：每立方米水的成本为 0.12727 元；每千瓦时电的成本为 0.29545 元。

根据各受益单位的耗用量和上述计算的单位成本，即可编制辅助生产费用分配表（见表3-8），在全部受益单位（包括辅助生产车间）之间进行分配辅助生产费用。

借：生产成本——辅助生产成本——供电车间　　　　　　　　　636.50
　　　　　　　　　　　　　　　——供水车间　　　　　　　　1 182
　　生产成本——基本生产成本　　　　　　　　　　　　　　　4 423.55
　　制造费用——基本生产车间　　　　　　　　　　　　　　　　359.15
　　管理费用　　　　　　　　　　　　　　　　　　　　　　　　717.30

贷：生产成本——辅助生产成本——供水车间　　　　　　　　　　3 182
　　　　　　　　　　　　　　　　——供电车间　　　　　　　　　　4 136.50

表3-8　　　　　　　　　　　　辅助生产费用分配表
　　　　　　　　　　　　　　　　（代数分配法）
　　　　　　　　　　　　　　　　201×年×月　　　　　　　　　　　　　　　　单位：元

项目	单位成本	供水车间		供电车间		基本车间		制造费用		管理费用		合计
		数量	金额	数量	金额	数量	金额	数量	金额	数量	金额	
供水车间	0.1273			5 000	636.50	18 500	2 355.05	500	63.65	1 000	126.80	3 182
供电车间	0.2955	4 000	1 182			7 000	2 068.50	1 000	295.50	2 000	590.50	4 136.50
合计			1 182		636.50		4 423.55		359.15		717.30	7 318.50

注：① 供水、供电车间有分配计算尾差的调减管理费用；
　　② 5 500 = 4 423.55 + 359.15 + 717.3。

　　代数分配法分配辅助生产费用分配结果最正确，但在分配以前要解联立方程，如果辅助生产车间部门较多，则未知数较多，计算工作比较复杂。因此，这种方法适宜实行会计电算化的企业采用。

（四）计划成本分配法

　　这是按辅助生产产品或劳务的计划单位成本分配辅助生产费用的一种方法。其内容是分配费用时，对其他辅助生产车间和各基本生产车间，管理费用一律按实际耗用数量和计划单位成本计算分配。但由于向各个受益部门分配的费用是计划成本，还需计算其分配额合计与实际费用之间的成本差异。

　　辅助生产成本差异，可以按各基本生产车间、管理部门耗用该种辅助生产数量或分摊计划成本的比例，在基本生产车间、管理部门之间再次进行分配。为简化核算工作，通常将辅助生产成本差异合计数转入管理费用，超支增加管理费用，节约冲减管理费用。

　　【例3-6】仍以［例3-3］资料为例，编制辅助生产费用分配表（见表3-9），并据以编制会计分录，登记有关账簿。该企业供水车间计划单位成本为0.11元/立方米，供电车间计划单位成本为0.30元/千瓦时。

表 3-9 　　　　　　　　　　　　　　　**辅助生产费用分配表**
（计划成本分配法）
201×年×月　　　　　　　　　　　　　　　　　　　　　　单位：元

辅助生产车间	本月费用	供应量	计划单位成本	受益单位										按计划成本分配金额合计	辅助生产实际成本	成本差异
				供水车间		供电车间		基本生产		制造费用		管理费用				
				数量	金额	数量	金额	数量	金额	数量	金额	数量	金额			
供水车间	2 000	25 000	0.11			5 000	550	18 500	2 035	500	55	1 000	110	2 750	3 200	+450
供电车间	3 500	14 000	0.30	4 000	1 200			7 000	2 100	1 000	300	2 000	600	4 200	4 050	-150
合计	5 500				1 200		550		4 135		355		710	6 950	7 250	+300

在表 3-9 中，辅助生产实际成本是根据各辅助生产分配前的费用加上本车间消耗其他辅助生产车间提供的劳务应转入的费用之和。具体计算如下：

供水车间实际成本 = 2 000 + 1 200 = 3 200（元）

供电车间实际成本 = 3 500 + 550 = 4 050（元）

根据表 3-9 编制如下会计分录：

（1）按计划成本分配的会计分录为：

借：生产成本——辅助生产成本——供电车间　　　　　　　　550
　　　　　　　　　　　　　　——供水车间　　　　　　　　1 200
　　生产成本——基本生产成本　　　　　　　　　　　　　　4 135
　　制造费用——基本生产车间　　　　　　　　　　　　　　355
　　管理费用　　　　　　　　　　　　　　　　　　　　　　710
　　贷：生产成本——辅助生产成本——供水车间　　　　　　2 750
　　　　　　　　　　　　　　——供电车间　　　　　　　　4 200

（2）差异结转分录为：

借：管理费用　　　　　　　　　　　　　　　　　　　　　300
　　贷：生产成本——辅助生产成本——供水　　　　　　　　450
　　　　　　　　　　　　　　——供电　　　　　　　　　　150

采用按计划成本分配法，各种辅助生产费用只分配一次，而且劳务的计划单位成本事前确定，因而简化了计算工作。通过辅助生产成本的计算，还能反映和考核辅助生产成本计划的执行情况。由于辅助生产的成本差异都计入管理费用，使各受益单位负担的费用均不包括辅助生产成本差异因素，因而便于分析和考核各受益单位的成本，有利于分清企业内部各单位的经济责任。但是采用这种分配方法，应力求所采用的计划单位成本比较准确，以使分配结果尽量合理。

通过辅助生产费用的分配,应计入本月产品成本的生产费用、期间费用,都已分别归集在"生产成本——基本生产成本"账户、"制造费用——基本生产车间"、"销售费用"、"管理费用"等账户的总账户及其所属明细账的借方。其中,记入"基本生产成本"账户借方的费用,已在各产品成本计算单本月发生额中按有关成本项目反映。

第三节 制造费用的核算

企业在产品生产过程中,除了直接用于产品生产的各种材料费用、人工费用和其他直接费用外,还会发生各种制造费用。制造费用是指工业企业为生产产品(或提供劳务)而发生的,应计入产品成本,但没有专设成本项目的各项生产费用。本节着重说明基本生产车间制造费用的核算。

一、制造费用归集的核算

基本生产的制造费用是指基本生产车间为组织和管理生产而发生的应该计入产品成本,但没有专设成本项目的各项生产费用。通过前述有关费用的分配,基本生产车间的制造费用主要归集了以下几个方面的费用:

1. 间接用于产品生产的各种费用。例如,机物料消耗、辅助工人工资及福利费,车间生产用房屋及建筑物的折旧费、修理费、租赁费和保险费,车间生产用的照明费、取暖费、运输费、劳保费,以及季节性停工和生产用固定资产修理期间的停工损失费等。

2. 直接用于产品生产,但管理上不要求或核算上不便于单独核算,因而没有专设成本项目的各项费用。例如,机器设备的折旧费、修理费、生产工具摊销、产品生产耗用燃料和动力等各项费用。

3. 基本生产车间为组织和管理生产而发生的费用。例如,车间管理人员的工资及福利费、车间管理用房屋及建筑物的折旧费、修理费、车间管理用具的摊销、车间管理用的照明费、水费、取暖费、办公费等。

制造费用的内容比较复杂。为了简化核算工作,可将上述性质相同的费用合并设立相应的费用项目。如将上述3个方面中固定资产折旧费,统一设立一个"折旧费"项目。制造费用的核算,是通过"制造费用"账户进行归集和分配的,按车间设置明细账,账内按照费用项目设专栏,分别反映各车间或部门各项制造费用的支出情况。经过前述各项费用的分配,基本生产车间发生的制造费用已在"制造费用"账户及明细账的借方归集完毕,在月末应采用一定标准分配计入各产品成本。

【例3-7】据前两节中有关各项要素费用的分配表和辅助生产费用分配表,进行制造费用的归集,制造费用明细账的格式见表3-10。

表3-10　　　　　　　　　　　基本生产车间制造费用明细账

201×年×月　　　　　　　　　　　　　　　　　　单位：元

日期	摘要	机物料费	外购动力费	工资及福利费	折旧费	工具费	水电费	办公费	其他	合计	转出	余额
略	据原材料费用分配表	140								140		
	据低值易耗品分配表					400				400		
	据外购动力费用分配表		250							250		
	据职工薪酬费用分配表			990						990		
	据折旧费用分配表				4 000					4 000		
	其他支出								360	360		
	据辅助生产费用分配表						355			355		
	合　计	140	250	990	4 000	400	355	0	360	6 495	6 495	—
	分配转出	140	250	990	4 000	400	355	0	360	6 495	6 495	—

二、制造费用分配的核算

为了正确计算产品成本，必须合理地分配制造费用。在基本生产车间只生产一种产品的情况下，其归集的制造费用则属于直接计入费用，应直接计入该种产品生产成本；如果是生产多种产品的情况下，则属于间接计入费用，应采用适当的分配方法，分别计入各产品生产成本中。制造费用分配方法主要包括以下几种：

（一）生产工时比例法

生产工时比例法是按照各种产品所用生产工人工时的比例分配制造费用的一种方法。计算公式如下：

$$\text{制造费用分配率} = \frac{\text{制造费用总额}}{\text{车间产品生产工时总额}}$$

$$\text{某种产品应分配的制造费用} = \text{该种产品生产工时} \times \text{制造费用分配率}$$

按生产工时比例分配制造费用，可使产品负担制造费用的多少与劳动生产率的高低联系起来。如劳动生产率提高，则单位产品生产工时减少，所负担的制造费用也就降低。因此，这是一种常用的、合理的方法。如果企业产品的工时定额比较准确，上述计算公式也可按不同产品的定额工时的比例分配制造费用。

【例 3-8】据前例中基本生产车间制造费用明细账表 3-10，采用生产工时比例法分配制造费用（见表 3-11）。

表 3-11　　　　　　　　　制造费用分配表

产品名称	生产工时（小时）	分配率	分配额（元）
A 产品	3 000		3 897
B 产品	2 000		2 598
合　计	5 000	1.299	6 495

根据表 3-11 编制如下会计分录：
　　借：生产成本——基本生产成本——A 产品　　　　　　　　3 897
　　　　　　　　　　　　　　　　——B 产品　　　　　　　　2 598
　　　贷：制造费用——基本生产车间　　　　　　　　　　　　　6 495

（二）生产工人工资比例法

生产工人工资比例法按照计入各种产品成本的生产工人实际工资的比例分配制造费用的方法。由于工资费用分配表中有着现成的生产工人工资的资料，因而采用这一分配方法核算比较简单。但应注意的是，如果生产工人工资对产品来说是直接计入费用，则生产工人工资便能直接反映产品产量的多少，按此分配制造费用可使不同产品的负担比较合理；如果生产工人工资是按照生产工时比例计入各种产品的，则按生产工人工资比例分配，实际上是按生产工时的比例分配制造费用。该方法的计算程序、原理与生产工时比例法基本相同。

（三）机器工时比例法

机器工时比例法是按各种产品生产时所用机器设备运转时间的比例分配制造费用的方法。这一方法适用于产品生产的机械化程度高的车间。因为在这种车间的制造费用中与机器设备使用有关的费用比较多，如设备的折旧费、修理费等，而相应的人工费用较少。如果仍按前述两种方法进行分配，则会造成机械化程度较低的产品由于其生产工人工资及所用人工工时较多，而负担的制造费用较大。但其中绝大部分是设备的折旧费和修理费，而机械化程度较高产品，由于其工资费用和所用人工工时较小，而负担的制造费用较少的不合理分配结果。因此，在机械化程度较高的车间，其制造费用宜采用与设备运转的时间有密切关系的机器工时标准进行分配比较合理。由于制造费用是各种性质和用途的费用，因此生产各种产品的车间机械化程度是不同的。为了提高制造费用分配结果的合理性，在增加核算工作量不多的情况下，也可以将制造费用大致分为与生产机器设备使用有关的费用和为组织、管理生产而发生的费用。对于前者可采用机器工时比例分配，而对后者则可按生产工时或生产工资的比例分配。机器工时比例分配方法与按生产工时比例分配方法，计算程序和原理基本相同。

（四）年度计划分配率法

年度计划分配率法也叫预定分配率法，它是根据企业正常经营条件下的年度制造费用预算数和预计产量的定额标准数预先计算分配率，然后按此分配率分配制造费用的一种方法。这种分配方法的基本步骤是：

1. 计算年度计划分配率。年度计划分配率的计算公式为：

制造费用计划分配率 = 年度制造费用计划总额 ÷ 年度预计产量的定额标准数

年度预计产量的定额标准数可以是预计产量的生产工人工时，也可以是直接生产工人的工资，还可以是机器工时数等。

2. 按计划分配率分配制造费用。公式为：

某种产品应分配的制造费用 = 该种产品的实际产量定额标准 × 计划分配率

3. 处理分配的差异。按计划分配率分配的制造费用数额与制造费用实际数额之间一般存在着差异，对此差异的处理方法是：年末时，将其差异额按已分配的比例进行一次再分配，计入到各生产单位所生产的各产品的成本中去。实际数大于已分配数的，用蓝字补记，小于已分配数的用红字冲回。

【例3-9】某企业基本生产车间全年制造费用预算总额300 000元，全年计划产量为甲产品2 000件，乙产品1 000件。甲产品工时定额为3小时，乙产品工时定额为4小时。本月实际生产甲产品170件，乙产品90件，本月实际发生制造费用25 000元。

（1）费用分配过程：
甲产品计划产量定额工时 = 2 000 × 3 = 6 000（小时）
乙产品计划产量定额工时 = 1 000 × 4 = 4 000（小时）
年度计划分配率 = 300 000 ÷ (6 000 + 4 000) = 30
本月甲产品实际产量定额工时 = 170 × 3 = 510（小时）
本月乙产品实际产量定额工时 = 90 × 4 = 360（小时）
本月甲产品应负担的制造费用 = 510 × 30 = 15 300（元）
本月乙产品应负担的制造费用 = 360 × 30 = 10 800（元）

（2）账务处理：
借：生产成本——基本生产成本——甲产品　　　　　　　　　15 300
　　　　　　　　　　　　　　——乙产品　　　　　　　　　10 800
　　贷：制造费用——基本生产车间　　　　　　　　　　　　26 100

采用年度计划分配率分配法时，每月实际发生的制造费用与分配转出的制造费用不等，因此"制造费用"科目一般存在月末余额。"制造费用"科目的余额在平时无须调整，如果年末有余额，就是全年制造费用的实际发生额与计划分配额的差额，一般应在年末调整计入12月份的产品成本。实际发生额大于计划分配额，借记"生产成本——基本生产成本"科目，贷记"制造费用"科目；实际发生额小于计划分配额，则用红字冲减，或者借记"制造费用"科目，贷记"生产成本——基本生产成本"科目。

经过基本生产制造费用分配以后，如果企业不单独核算废品损失和停工损失，则企业成本、费用核算程序中的横向分配阶段已经结束。

第四节 废品损失和停工损失的核算

一、废品损失的核算

废品损失是指生产过程中发生的各种废品所形成的报废损失和修复费用。生产过程中的废品是指因生产操作原因，造成不符合规定的技术标准，不能按原定用途使用，或需经加工修理才能使用的在产品、半成品或产成品。而无论是在生产过程中发现的，还是在入库后发现的，都应包括在内。废品可分为不可修复废品和可修复废品两种。不可修复废品是指不能修复，或者所花费的修复费用在经济上不合算的废品；可修复废品是指经过修理可以使用，而且所花费的修复费用在经济上合算的废品。废品的报废损失，就是指不可修复废品的生产成本扣除残料价值后的损失；修复费用，则指可修复废品在返修过程中所发生的修理费用。但要注意：对于需返修而降价出售的不合格品的降价损失，产品入库后因管理不善而损坏变质的损失，均不包括在废品损失内。

为了单独核算废品损失，在会计账户中应增设"废品损失"账户，在成本计算单中增设"废品损失"成本项目。"废品损失"账户借方登记不可修复废品的生产成本和可修复废品的修复费用；贷方登记废品残料回收的价值，有关赔偿的数额和分配转出的废品损失；"废品损失"账户月末没有余额。"废品损失"账户应按生产车间及产品设置明细账。一般情况下，辅助生产车间不单独核算废品损失，不设置废品损失明细账。

（一）不可修复废品损失的核算

为了归集和分配不可修复废品损失，必须首先计算废品的生产成本，然后扣除回收的残料价值、应收赔偿款，确定废品净损失，计入该种产品成本。由于不可修复废品的成本在报废之前是与合格产品的成本一起归集在"生产成本——基本生产成本"账户内的，因此需要采用一定的方法予以确定。废品生产成本的确定方法一般有按废品所耗实际费用计算和按废品所耗定额费用计算两种。

1. 按废品所耗实际费用计算的方法。采用这一方法，就是在废品和合格品发生的全部实际费用，采用一定的分配方法在废品与合格品之间进行分配，计算出废品的实际成本。从"基本生产成本"账户贷方转入"废品损失"账户的借方。下面举例说明废品损失的核算方法。

【例3-10】基本生产车间生产A产品,根据产品产量、废品数量和工时的原始记录,本期生产合格品A产品400件,其中经验收入库发现废品10件;合格品生产工时为11 700小时,废品生产工时为300小时,全部生产工时为12 000小时。A产品成本计算单所列合格品和废品的全部生产费用为:原材料20 000元,燃料和动力费用9 600元,工资及福利费14 400元,制造费用6 000元,共计50 000元。废品残料回收价值120元,原材料是在生产开始时一次投入,原材料费用按合格品数量和废品数量的比例分配,其他费用按生产工时比例分配。根据上列资料,编制废品损失计算表,见表3-12。

表3-12　　　　　　　　　　废品损失计算表
产品名称:A产品　　　　　　　(按实际成本计算)　　　　　　　　　　　　单位:元

项目	数量(件)	原材料	生产工时(小时)	燃料和动力费用	工资及福利费	制造费用	合计
费用总额	400	20 000	12 000	9 600	14 400	6 000	50 000
费用分配率		50		0.8	1.2	0.5	
废品生产成本	10	500	300	240	360	250	1 350
减:废品残值		120					
废品损失		380		240	360	250	1 230

根据表3-12编制如下会计分录:

(1) 结转废品实际生产成本。

借:废品损失——A产品　　　　　　　　　　　　　　　　1 350
　　贷:生产成本——基本生产成本——A产品——原材料项目　　500
　　　　　　　　　　　　　　　　　　　——燃料和动力费用项目　240
　　　　　　　　　　　　　　　　　　　——工资及福利费项目　　360
　　　　　　　　　　　　　　　　　　　——制造费用项目　　　　250

(2) 回收废品残料价值。

借:原材料　　　　　　　　　　　　　　　　　　　　　　120
　　贷:废品损失——A产品　　　　　　　　　　　　　　　　　120

(3) 废品净损失转入该合格产品成本。

借:生产成本——基本生产成本——A产品——废品损失项目　　1 230
　　贷:废品损失——A产品　　　　　　　　　　　　　　　　1 230

2. 按废品所耗定额费用计算的方法。这种方法也称稳定定额成本计算方法,即按废品的数量和各项费用定额计算废品的定额成本,再将废品定额成本扣除废品残值或应收赔偿额,即为废品损失,而不考虑废品实际发生费用。现举例加以说明。

【例3-11】基本生产车间生产B产品,验收入库时发现不可修复废品4件,按定额成本计算废品成本和废品损失,该废品回收残值200元。编制废品损失计算表,计算结果如表3-13所示。

表 3-13　　　　　　　　　　　　**废品损失计算表**

产品名称：B 产品　　　　　　　　　（按定额费用计算）　　　　　　　　　　　　　单位：元

项　目	原材料	燃料和动力费用	工资及福利费	制造费用	合　计
单位定额成本	300	40	100	60	500
废品定额成本（4 件）	1 200	160	400	240	2 000
减：回收废料残值	200				200
废品损失	1 000	160	400	240	1 800

根据表 3-13 编制如下会计分录：

（1）结转废品定额成本。

借：废品损失——B 产品　　　　　　　　　　　　　　　　　2 000
　　贷：生产成本——基本生产成本——B 产品——原材料项目　　1 200
　　　　　　　　　　　　　　　　　　——燃料和动力费用项目　　160
　　　　　　　　　　　　　　　　　　——工资及福利费项目　　　400
　　　　　　　　　　　　　　　　　　——制造费用项目　　　　　240

（2）回收废品残值。

借：原材料　　　　　　　　　　　　　　　　　　　　　　　　200
　　贷：废品损失项目——B 产品　　　　　　　　　　　　　　　200

（3）结转废品损失转入合格产品成本。

借：生产成本——基本生产成本——B 产品——废品损失项目　1 800
　　贷：废品损失——B 产品　　　　　　　　　　　　　　　　1 800

（二）可修复废品损失的核算

可修复废品返修以前发生的生产费用，不必计算其废品生产成本，而应留在"生产成本——基本生产成本"总账和所属有关废品成本明细账中不必转出。在返修过程中发生的各种费用，应根据前述各种费用分配表，在"废品损失"账户借方进行归集。若有残值或应收赔款，从"废品损失"账户的贷方转入"生产成本——基本生产成本"账户及所属成本明细账中的"废品损失成本项目"。

上述废品损失的归集和分配如图 3-1 所示。

二、停工损失的核算

停工损失是指企业基本生产车间或班组因停工而发生的费用，包括停工期内所支付的生产工人工资及提取的职工福利费，所耗用的机器设备维护费、燃料和动力费，以及应负担的房屋建筑物的折旧费和管理费用等。对下列情况的停工费用，不作为"停工损失"处理：由于非常灾害引起的停工损失费用，按规定转作营业外支出的非常损失项目处理；由于某种原因造成企业主要车间连续停产 1 个月以上，或全厂连续停产 10 天以上的停工损失，按规

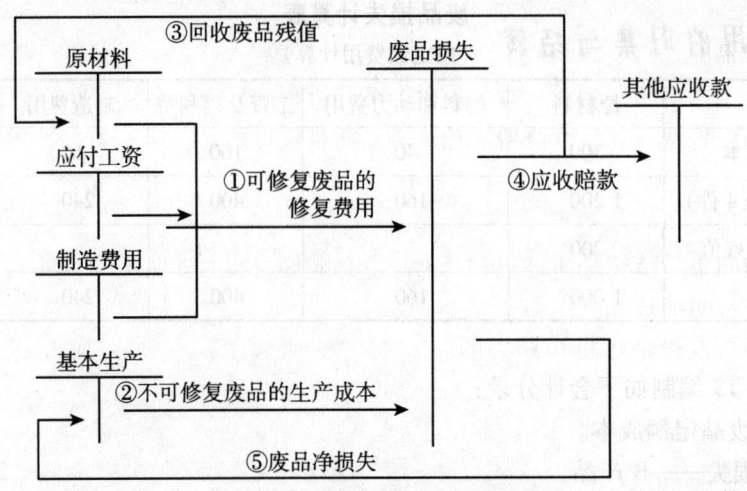

图 3-1 废品损失核算程序

定也转作营业外支出;季节性生产企业在停工期内的费用,也不作为停工损失,应采用待摊或预提的方法,由停工期内的产品成本负担。除此以外的停工损失都应计入产品成本。为了简化核算,停工不满一个工作日的一般不计算停工损失。

对应由产品成本负担的停工损失,通过设置"停工损失"账户及有关成本明细账中"停工损失"成本项目进行核算。停工期内发生的各项费用记入"停工损失"账户的借方,应由过失人或单位赔偿的款项,从"停工损失"账户贷方转出,记入"其他应收款"账户的借方。停工净损失需要在各种产品之间按一定分配方法分配记入各种产品成本明细账中"停工损失"成本项目。其分配方法可参照制造费用分配的方法。

至此,在单独核算废品损失和停工损失的企业中,也已将应计入本月产品成本的生产费用全部归集在"生产成本——基本生产成本"账户的借方,并在各产品成本明细账的本月发生费用中按"原材料"、"燃料和动力费"、"工资及福利费"、"制造费用"、"废品损失"和"停工损失"成本项目分别反映,也就是生产费用在各种产品之间横向分配和归集已经完毕。

第五节 期间费用的核算

一、期间费用及其核算内容

期间费用是企业在生产经营过程中发生的,与产品生产活动没有直接联系,属于某一时期发生的直接计入当期损益的费用。期间费用包括销售费用、管理费用、财务费用,期间费用的核算是指销售费用、管理费用、财务费用的核算。

二、销售费用的归集与结转

销售费用指企业销售商品和材料、提供劳务的过程中发生的各种费用，包括保险费、包装费、展览费和广告费、商品维修费、预计产品质量保证损失、运输费、装卸费等以及为销售本企业商品而专设的销售机构（含销售网点、售后服务网点等）的职工薪酬、业务费、折旧费等经营费用。

销售费用的归集与结转是通过"销售费用"总账科目和所属明细科目进行的。销售费用可按费用项目进行明细核算。

企业发生的与专设销售机构相关的固定资产修理费用等后续支出，也在"销售费用"科目核算。

销售费用的主要账务处理：

1. 企业在销售商品过程中发生的包装费、保险费、展览费和广告费、运输费、装卸费等费用，借记"销售费用"科目，贷记"库存现金"、"银行存款"等科目。

2. 发生的为销售本企业商品而专设的销售机构的职工薪酬、业务费等经营费用，借记"销售费用"科目，贷记"应付职工薪酬"、"银行存款"、"累计折旧"等科目。

期末，应将本科目余额转入"本年利润"科目，结转后本科目无余额。

三、管理费用的归集与结转

管理费用是企业为组织和管理企业生产经营所发生的管理费用，包括企业在筹建期间内发生的开办费、董事会和行政管理部门在企业的经营管理中发生的或者应由企业统一负担的公司经费（包括行政管理部门职工工资及福利费、物料消耗、低值易耗品摊销、办公费和差旅费等）、工会经费、董事会费（包括董事会成员津贴、会议费和差旅费等）、聘请中介机构费、咨询费（含顾问费）、诉讼费、业务招待、房产税、车船使用税、土地使用税、印花税、技术转让费、矿产资源补偿费、研究费用、排污费等。

管理费用的归集与结转是通过"管理费用"总账科目和所属明细科目进行的。管理费用可按费用项目进行明细核算。

企业生产车间（部门）和行政管理部门等发生的固定资产修理费用等后续支出，也在"管理费用"科目核算。

管理费用的主要账务处理：

1. 企业在筹建期间内发生的开办费，包括人员工资、办公费、培训费、差旅费、印刷费、注册登记费以及不计入固定资产成本的借款费用等在实际发生时，借记"管理费用"科目（开办费），贷记"银行存款"等科目。

2. 行政管理部门人员的职工薪酬，借记"管理费用"科目，贷记"应付职工薪酬"科目。

3. 行政管理部门计提的固定资产折旧，借记"管理费用"科目，贷记"累计折旧"科目。

发生的办公费、水电费、业务招待费、聘请中介机构费、咨询费、诉讼费、技术转让费、研究费用,借记"管理费用"科目,贷记"银行存款"、"研发支出"等科目。

按规定计算确定的应缴矿产资源补偿费、房产税、车船使用税、土地使用税、印花税,借记"管理费用"科目,贷记"应交税费"科目。

期末,应将"管理费用"科目的余额转入"本年利润"科目,结转后本科目无余额。

四、财务费用的归集与结转

财务费用是企业为筹集生产经营所需资金等而发生的筹资费用,包括利息支出(减利息收入)、汇兑损益以及相关的手续费、企业发生的现金折扣或收到的现金折扣等。

财务费用的归集与结转是通过"财务费用"总账科目和所属明细科目进行的。财务费用可按费用项目进行明细核算。

企业发生的财务费用,借记"财务费用"科目,贷记"银行存款"、"未确认融资费用"等科目。发生的应冲减财务费用的利息收入、汇兑损益、现金折扣,借记"银行存款"、"应付账款"等科目,贷记"财务费用"科目。

期末,应将"财务费用"科目余额转入"本年利润"科目,结转后本科目无余额。

【本章小结】

本章主要介绍了制造企业生产费用核算的基本内容。通过本章的学习,应了解以下内容:

各项要素费用的核算是产品成本核算的基础,主要包括材料费用的核算、外购动力费用的核算、职工薪酬的核算、折旧费用的核算及其他相关费用的核算。

辅助生产费用的归集和分配是通过"辅助生产成本"账户进行的。辅助生产费用的分配方法主要有直接分配法、一次交互分配法、代数分配法和计划成本分配法。

制造费用是指基本生产车间为组织和管理生产而发生的应该计入产品成本,但没有专设成本项目的各项生产费用。制造费用可采用生产工人工时比例、生产工人工资薪酬比例和机器工时比例等标准在不同的产品之间进行分配。

废品损失是指生产过程中发生的各种废品所形成的报废损失和修复费用。为了单独核算废品损失,在会计账户中应增设"废品损失"账户,在成本计算单中增设"废品损失"成本项目。停工损失是指企业基本生产车间或班组因停工而发生的费用。对应由产品成本负担的停工损失,通过设置"停工损失"账户及有关成本明细账中"停工损失"成本项目进行核算。

期间费用是企业在生产经营过程中发生的,与产品生产活动没有直接联系,属于某一时期发生的直接计入当期损益的费用。期间费用包括销售费用、管理费用、财务费用。

本章的重点是各项要素费用的核算、辅助生产费用的分配及核算、制造费用的分配及核算。

本章难点是辅助生产费用的分配方法。

【中英文对照专业名词及术语】

直接材料成本	Direct Material Cost
直接人工成本	Direct Labor Cost
定额耗用量	Quota of Consumption
定额工时	Ouota Time
废品损失	Loss On Scrap Products
季节性停工损失	Loss On Seasonality Cessation

复习思考题

1. 材料费用分配方法有哪些？如何选择分配方法？
2. 简述辅助生产费用交互分配法、计划成本分配法的基本程序。
3. 职工薪酬包括哪些内容？
4. 制造费用的分配方法有哪几种？各有什么优缺点？
5. 废品损失和停工损失的含义分别是什么？

练习题

1. 某企业生产甲、乙、丙3种产品，本期3种产品共同耗用A材料6 270千克，总金额125 400元。3种产品本月投产量分别为200件、250件、400件，3种产品原材料消耗定额分别为5千克、6千克和8千克。

要求：采用定额耗用量比例分配法分配A材料费用。

2. 某企业本月应付工资68 000元，其中产品生产工人工资40 000元，车间管理人员工资8 000元，企业管理部门人员工资20 000元。本月生产甲、乙、丙3种产品，实际生产工时分别为5 000小时、8 000小时和7 000小时。

要求：

（1）采用生产工时分配法分配生产工人工资。

（2）分别按职工工资总额的10%、12%、2%和10.5%计提医疗保险费、养老保险费、失业保险费和住房公积金；按工资总额的12%计提职工福利费；按职工工资总额的2%和1.5%计提工会经费和职工教育经费。

（3）编制分配结转职工薪酬费用的会计分录。

3. 某企业有供水和供电两个辅助生产车间。某年10月份供水车间供水9 000吨，全月发生生产费用为3 500元，每吨水计划成本0.54元；供电车间供电40 000度，全月发生的生产费用为12 400元，每度电计划成本为0.35元。水电均为一般消耗用。本月各车间，部门消耗水电情况如表1所示。

表1

耗用	单位	供水车间	供电车间	基本生产车间	管理部门	合计
水	吨		2 000	5 500	1 500	9 000
电	度	4 000		30 000	6 000	40 000

辅助生产车间制造费用不通过"制造费用"科目核算。

要求：

（1）采用直接分配法分配辅助生产费用；

（2）采用一次交互分配法分配辅助生产费用；

（3）采用代数分配法分配辅助生产费用；

（4）按计划成本分配法分配辅助生产费用；（分配率保留4位小数，分配额保留2位小数）

4. 某基本生产车间生产甲、乙、丙3种的产品，共计生产工时22 000小时，其中：甲产品7 500小时，乙产品8 500小时，丙产品6 000小时。本月发生各种间接费用如下：

（1）以银行存款支付劳动保护费1 300元；

（2）车间管理人员工资4 000元；

（3）按车间管理人员工资的14%提取应付福利费；

（4）车间消耗材料1 700元；

（5）车间计提固定资产折旧费1 600元；

（6）本月支付保险费900元；

（7）辅助生产成本转入1 200元，其中动力费800元，运输费400元；

（8）以银行存款支付办公费、水电费、邮电费及其他支出等共计1 940元；

（9）采用生产工时比例法在各种产品之间分配制造费用。

要求：根据上述业务归集、分配制造费用，并编制会计分录。

5. 某企业第二车间投产A产品2 000件，其中生产中产生废品150件，合格品1 850件。本月A产品累计生产费用为277 600元，其中直接材料费用160 000元，直接人工费用为78 400元，制造费用39 200元。A产品月初和月末均无在产品。废品生产成本的计算中，直接材料项目按合格品同等负担，直接人工费用和制造费用可折算为110件合格品，废品残料处理回收现金1 000元，过失人赔偿损失100元

要求：计算废品生产成本和净损失并编制有关会计分录。

第四章
生产费用在完工产品与在产品之间的核算

【本章学习目的】通过本章的学习，应该达到以下学习目的：理解在产品的概念及其核算对产成品成本的影响；了解在产品数量的确定方法及其意义；了解生产费用在完工产品与在产品之间分配的必要性；掌握完工产品与在产品之间费用分配的方法；熟练运用约当产量法、定额比例法进行完工产品和在产品成本的计算。

【案例导引】

　　小明毕业后到一家化工厂实习会计岗位，分配的工作是做成本的核算。该公司生产产品的设备是一个个容积很大、密封的罐体，他了解到各种原料和辅助剂都是在这些罐体中进行化学反应。月末用什么办法核算在产品的数量，并且计算出完工产品的成本呢？小明非常为难，压力非常大。带着这个疑问他开始回顾在学校学习成本会计的经历，对照教材的相关内容，经分析选择了一种在完工产品与在产品之间分配费用的方法。

　　试问：小明用什么方法核算完工产品和在产品的成本呢？

　　（资料来源：http://wenku.baidu.com，百度文库）

第一节　在产品数量的核算

一、在产品成本、完工产品成本与本月生产费用的关系

　　企业在生产过程中发生的生产费用，经过在各种产品之间进行分配和归集以后，应计入本月各种产品成本的生产费用，都已集中反映在"生产成本——基本生产成本"账户及其所属各种产品成本明细账中。如果产品已经全部完工，产品成本明细账中所归集的生产费用（如果有月初在产品，还应包括月初在产品生产费用）之和，就是该种完工产品的总成本；

如果产品全部没有完工,产品成本明细账中所归集的生产费用之和,则全部为月末在产品成本。但是,更为常见的是当月所投产的产品到月末,往往是一部分已经完工,而另一部分尚处于继续生产过程中,即完工产品与在产品共存。这样,这种产品本月所发生的生产费用与期初结存的生产费用之和,就需要采用一定的分配方法在本月完工产品与月末在产品之间进行分配。

本月完工产品成本、(月初、月末)在产品成本与本月生产费用之间的关系可以通过下列关系式表达:

月初在产品成本 + 本月生产费用 = 本月完工产品成本 + 月末在产品成本

或: 本月完工产品成本 = 月初在产品成本 + 本月生产费用 − 月末在产品成本

从上述表达式中可以看出,确定完工产品成本的方法有两类:在掌握公式前两项资料的条件下:一类是将前两项之和按一定的比例在完工产品和月末在产品之间进行分配,同时求得完工产品成本与月末在产品成本;另一类是先确定月末在产品成本,然后计算完工产品成本。但无论采取哪一类方法,需首先取得在产品增减动态和实际结存的数量资料,为此必须正确组织在产品收、发、结存的核算。

二、在产品数量的日常核算

在产品是指没有完成全部生产过程、不能作为商品销售的产品。包括正在车间加工中的在产品、需要继续加工的半成品、等待验收入库的产品、正在返修和等待返修的废品等。对外销售的自制半成品属于商品产品,虽已验收入库但不包括在在产品之内;不可修复废品不包括在在产品之内。以上在产品是从广义角度或者就整个企业来说的。从狭义角度或者只就某个车间或某一生产步骤来说,在产品只包括本车间或本生产步骤正在加工中的那部分在产品,已完工的半成品不包括在内。

在产品数量的核算,应同时具备账面核算资料和实际盘点资料,做好在产品收发结存的日常核算工作和在产品的清查工作,既可以从账面上随时掌握在产品的动态,又可以查清在产品的实存数量,以及正确计算产品成本和加强生产资金和在产品实物管理。因此,应该根据在产品实际盘存数量计算在产品成本。但由于在产品品种多、数量大,每月都要组织实地盘点确有困难,可根据在产品业务核算资料的期末结存量来计算在产品成本。

在产品日常收、发、结存的日常核算通常是通过"在产品收发结存账"进行的,由于这种记录通常是在操作的工作台上进行登记的,故称之为"台账"。在产品台账可以按车间、班组并按照零部件的名称、类别、批别设置,用以反映和记录车间、班组的在产品收入、转出、结存情况。台账还可以结合生产的类型和内部管理的需要,进一步按照加工工序、工艺流程来组织在产品数量的核算。台账应根据在产品内部转移凭证、废品返修单、产品检验凭证以及产成品、自制半成品交库单等进行登记。通过在产品台账的记录,既可以随时掌握在产品的增减动态,又便于清查核对在产品的实存数量。

在产品台账的格式,应根据企业或车间的生产特点和所采用的产量、工时记录的种类进行设计。其格式见表4-1。

表 4-1 在产品台账

零部件名称：　　　　　　　　　　　　　　　　　　　　　　　　　　车间名称：

年		摘要	收入				转出			结存		
月	日		凭证号	投料量	投料加工量	转入加工量	凭证号	合格品	废品	完工	未完工	废品

三、在产品盘盈盘亏的核算

企业在产品数量的核算，同其他材料物资的核算一样，应同时具备账面核算资料和实际盘点资料。一方面要做好在产品收发结存的日常核算工作；另一方面又要做好在产品的定期清查工作。做好这两方面的工作，既可以从账面上随时掌握在产品的动态，又可以按期查清在产品的实存数量。这不仅对正确计算产品成本，加强生产经营管理，而且对掌握生产进度，加强企业的生产管理有着重要意义。所以，为了核实在产品数量，保证在产品的安全完整，保证在产品账实相符，必须对在产品进行清查。

除了月末结账前一般需对在产品进行全面盘点清查外，还应根据在产品的具体情况加以日常盘点清查，为在产品的管理提供可靠的资料。在清查时，应动员车间职工把所有的在产品同时清点一遍，以免重计或漏计。盘点清查后，应根据盘点结果和账面资料编制在产品盘存表，填明在产品的账面数、实存数和盘盈盘亏数，以及盈亏原因和处理意见等。对于毁损的在产品，如可以收回利用，还要登记残值。对清查的结果应进行如下账务处理。

在产品发生盘盈时，应根据在产品的成本（一般按定额成本或计划成本）借记"生产成本——基本生产成本"账户，贷记"待处理财产损溢——流动资产损溢"账户。经批准予以转销时，借记"待处理财产损溢"账户，贷记"制造费用"账户。

【例 4-1】某企业在财产清查中盘盈甲在产品 2 件，每件定额成本为 200 元，共计 400 元，请根据盘存表作账务处理。

（1）盘盈时：
借：生产成本——基本生产成本——甲产品　　　　　　　　　　400
　　　贷：待处理财产损溢——流动资产损溢　　　　　　　　　　　　　400
（2）批准后转销：
借：待处理财产损溢——流动资产损溢　　　　　　　　　　　　400
　　　贷：制造费用　　　　　　　　　　　　　　　　　　　　　　　　400

在产品发生盘亏和毁损时，在审批处理之前，应按在产品成本（实际成本或定额成本），借记"待处理财产损溢——流动资产损溢"账户，贷记"生产成本——基本生产成本"账户。经审批处理之后，再区别不同的情况将损失进行有关转账。其中：应由过失人、过失部门或保险公司赔偿的损失，转入"其他应收账"账户的借方；由于意外灾害造成的非常损失，扣除了残值和保险公司赔款后的净损失，应转入"营业外支出"账户的借方；如果毁损的在产品有残值，应转入"原材料"账户的借方；对于无法收回的损失应转入"制造费用"账户的借方；按上述金额的合计数，贷记"待处理财产损溢——流动资产损溢"账户。

【例4-2】某企业在财产清查中盘亏乙在产品5件，每件在产品成本100元，共计500元。经过审批做出如下处理：由过失人赔偿的损失为100元，属于非常损失为250元，余下的损失列入制造费用。请根据盘存表记录和批准文件作账务处理。

(1) 盘亏时：

借：待处理财产损溢——流动资产损溢　　　　　　　　　　　　500
　　贷：生产成本——基本生产成本——乙产品　　　　　　　　　　　500

(2) 批准后转销：

借：其他应收款　　　　　　　　　　　　　　　　　　　　　　100
　　营业外支出　　　　　　　　　　　　　　　　　　　　　　　250
　　制造费用　　　　　　　　　　　　　　　　　　　　　　　　150
　　贷：待处理财产损溢——流动资产损溢　　　　　　　　　　　　500

如果在产品的盘亏或盘盈是由于收发错误造成的，则应补办手续，及时转账更正。

如果有关部门批准处理的金额与已处理的在产品的盘盈、盘亏和毁损的金额不一致，应当调整当期会计报表相关项目的年初数。

库存半成品的收发动态及其清查的核算，可比照材料核算进行。

辅助生产的在产品数量的核算与基本生产的在产品数量的核算类似，所不同的是，辅助生产在产品清查结果的账务处理，应通过"生产成本——辅助生产成本"账户核算，而不通过"基本生产成本"账户核算。

第二节 完工产品与在产品之间费用分配的核算

一、生产费用在完工产品与在产品之间分配的必要性

产品成本是反映企业生产技术及经营管理水平高低的一项综合性的质量指标。企业原材料、燃料和动力是否节约，设备是否利用充分，劳动生产率的高低，以及产品质量的好坏等都会直接或间接地从产品成本中体现出来。生产费用在完工产品与在产品之间的分配，还关系到在产品和完工产品计价的正确性，因而必须采用适当的方法，将生产费用在完工产品与在产品之间进行分配。

首先，生产费用在完工产品与在产品之间进行分配是企业产品成本核算的需要。具体地说，就是在对生产费用进行审核控制的基础上，看是否应该开支，开支的费用是否应该计入产品成本，并将应计入产品成本的生产费用按照经济用途合理地在各种产品及各该种产品的

完工产品与在产品之间进行合理的分配，计算出各种产品的总成本与单位成本，确保满足企业在成本管理方面对成本核算资料的需要。

其次，生产费用合理地在完工产品与在产品之间进行分配是企业成本管理的需要。合理地在完工产品与在产品之间分配生产费用，可以清楚地了解企业的产品成本水平，使企业有针对性地采取降低产品成本的措施，改进生产技术和经营管理水平，提高企业产品在市场上的竞争能力，这样不仅可以增加企业的盈利水平和国家财政收入，而且有利于提高企业职工的素质和增强企业的发展后劲儿。

此外，生产费用在完工产品与在产品之间的分配，还关系到在产品和完工产品的计价。如果费用分配不合理，或者将在产品成本作为调节完工产品成本的"蓄水池"，就会使完工产品成本被歪曲，影响企业利润总额和应缴所得税的正确计算，从而影响企业与国家及其他投资者之间的经济利益分配关系。

因此，企业必须严格按照有关规定，进行产品生产成本的核算，不得利用在产品成本随意调节、任意分摊完工产品成本。通过合理地分配生产费用，可以完整地反映和监督企业生产过程中在产品的动态，保证在产品和完工产品的财产安全，并为企业管理提供真实的资料。

二、生产费用在完工产品与在产品之间的分配方法

采用合理而又简便的方法在完工产品和在产品之间进行生产费用分配，是成本计算工作的一项重要任务。企业应根据月末在产品数量的多少，各月之间在产品数量变化的大小，各项费用在产品成本中所占比重的大小，消耗定额制定的准确性与定额管理基础工作的好坏等具体情况来选择适当的分配方法。

生产费用在完工产品与在产品之间的分配方法，常用的主要有下列几种。

（一）不计算在产品成本法

采用这种分配方法，月末虽然有在产品，但不计算在产品成本。这种方法适用于各月末在产品数量很小且变动不大的企业，其计算公式如下：

本月完工产品成本 = 本月生产费用 + 月初在产品成本 − 月末在产品成本

如果各月末在产品数量很小，那么月初和月末在产品成本的差额更小，是否计算月末在产品成本对于完工产品成本的影响不大，所以为了简化产品成本的计算工作，可以不计算在产品成本。在这种方法下，本月生产费用之和也就是本月完工产品成本。

（二）按年初数固定计算在产品成本法

采用这种分配方法时，各月末在产品的成本按年初数计算，固定不变。这种方法适用于各月末在产品数量较大，但各月末在产品数量变化不大的产品。因为各月末在产品的数量较大时，如果还不计算在产品成本，则会影响对这部分成本的管理，同时也不利于会计对这部分资产的监督。但由于各月末在产品数量变化不大，所以月初、月末在产品成本的差额就更

小，算不算在产品成本对于完工产品成本的影响不大。因此，为了简化核算，每月在产品成本按固定数计算。在这种方法下，每月发生的生产费用之和，仍然是该月完工产品的成本。但在年末，应根据实地盘点的在产品数量，调整12月月末的在产品成本，并将该成本作为下一年度各月在产品的固定成本，以便提高产品成本计算的正确性。

(三) 在产品按所耗原材料费用计价法

采用这种方法时，月末在产品成本只计算其耗用的原材料费用，不计算其所耗用的工资及福利费用等加工费用，产品的加工费用全部计入完工产品成本。这种方法适用于各月末在产品数量较大，各月末在产品数量变化也较大，且原材料费用在成本中所占的比重也较大的产品。这是因为：

(1) 如果各月末在产品数量较大，就不能不计算月末在产品成本，否则不仅不能正确地计算完工产品成本，而且也不能正确地反映在产品的资金占用。

(2) 如果各月末在产品数量变化较大，为了正确地计算完工产品成本，必须按照月末在产品数量具体计算月末在产品成本。

(3) 由于产品成本中原材料费用比重较大，工资及福利费等加工费用的比重较小，月初在产品加工费用与月末在产品加工费用的差额也不会大，算不算各月末在产品的加工费用对于完工产品成本的影响不大。为了简化成本计算工作，月末在产品可以不计算其加工费用，而只计算其原材料成本。这时，某种产品的全部生产费用，减去在产品原材料费用，就是该种完工产品的成本。

纺织、造纸和酿酒等工业企业的产品，原材料费用比重较大，都可以采用这种分配方法。

【例4-3】 某企业生产甲产品，该产品原材料费用在产品成本中所占比重较大，在产品只计算原材料费用，采用在产品按所耗原材料费用计价法。甲产品月初在产品原材料费用（即月初在产品成本）为9 200元，本月原料材料费用为25 800元，工资及福利费等加工费用共为2 600元，完工产品980件，月末在产品270件。该产品的原材料费用在生产开始时一次投入。原材料费用按完工产品和在产品的数量分配。完工产品与月末在产品费用分配计算如下：

(1) 原材料费用分配率 $= \dfrac{9\,200 + 25\,800}{980 + 270} = 28$

(2) 完工产品原材料费用 $= 980 \times 28 = 27\,440$（元）

(3) 月末在产品原材料费用（即月末在产品成本）$= 270 \times 28 = 7\,560$（元）

(4) 完工产品成本 $= 27\,440 + 2\,600 = 30\,040$（元）

或 $= 9\,200 + (25\,800 + 2\,600) - 7\,560 = 30\,040$（元）

(四) 约当产量比例法

所谓约当产量，就是将月末在产品数量按其加工程度或投料程度折合为相当于完工产品的数量。约当产量比例法就是按照完工产品产量与月末在产品的约当产量的比例分配计算完工产品费用和月末在产品费用的方法。这种方法适用于月末在产品数量较大，各月末在产品数量变化也较大，产品成本中原材料费用和工资及福利费等加工费用的比重相差不多的产品。这是因为：

第一，月末在产品数量较大，而且各月末在产品数量变化也较大，因而月末在产品成本必须计算，但又不能按固定数计算，而应该按照月末在产品数量具体计算。

第二，产品成本中的原材料费用比重与工资及福利费等各项加工费用比重相差不多，因而月末在产品不仅要计算原材料费用，还应该计算工资及福利费等各项加工费用，以提高产品成本计算的正确性。

约当产量比例法的有关计算公式如下：

$$在产品约当产量 = 在产品数量 \times 完工百分比（完工率）$$

$$某项费用分配率 = \frac{该项费用总额}{完工产品产量 + 在产品约当产量}$$

$$完工产品应分配的费用 = 完工产品产量 \times 该项费用分配率$$

$$在产品应分配的费用 = 在产品约当产量 \times 该项费用分配率$$

采用约当产量法分配完工产品和月末在产品之间的费用，必须根据材料费用的投料方式及产品的加工进度进行测算。原材料如果是在生产开始时一次投入的，完工产品与月末在产品的原材料费用按完工产品数量和在产品数量比例分配原材料费用；如果原材料随着加工进度陆续投入，原材料投入的程度与加工进度完全一致或基本一致，则这种投料方式下的原材料费用也应按约当产量比例进行分配。由于单件完工产品与单件不同加工程度的在产品所发生的加工费用不相等，因而完工产品与月末在产品的各项加工费用应按约当产量比例分配计算。由此可见，约当产量法的关键是合理确定在产品完工程度或投料程度。

（1）分配原材料费用时在产品约当产量的计算。按原材料投入的方式不同，可以分为以下4种情况：

① 原材料费用在生产开始时一次投入时，投料程度为100%，这时无论在产品完工程度如何，其单位在产品的耗用的原材料与完工产品完全相同，因此在产品可以按实际数量分配材料费用，在产品数量无须约当。

② 原材料陆续投入，其投入程度与生产工时投入程度或加工进度一致，或基本一致，原材料费用也可以按完工率分配计算。

③ 原材料不是在生产开始一次投入，而是随着生产进度分工序投入，在每道工序一开始就投入，则应分工序计算在产品投料率和约当产量。其计算公式为：

$$某工序在产品投料率 = \frac{单位在产品上道工序累计投入材料（数量）成本 + 单位在产品本工序投入材料（数量）成本}{单位完工产品材料应投入（数量）成本} \times 100\%$$

【例4-4】甲产品经两道工序加工，原材料在每道工序生产开始时一次投入，试根据每道工序原材料定额计算在产品投料程度及约当产量。

计算过程如表4-2所示。

表 4-2　　　　　　　　　在产品投料率及约当产量计算表

工序	原材料定额	投料率	在产品实际数量（件）	在产品约当产量（件）
1	70 千克	$\frac{70}{110} \times 100\% = 64\%$	50	$50 \times 64\% = 32$
2	40 千克	$\frac{70+40}{110} \times 100\% = 100\%$	60	$60 \times 100\% = 60$
合计	110 千克		—	92

④ 原材料投入程度与生产工时投入程度或加工进度不一致，为了提高原材料费用分配的正确性，应按每一工序原材料的消耗定额计算约当产量。

【例 4-5】乙产品经两道工序加工，原材料在每道工序生产开始时一次投入，其投入程度与加工进度或生产工时投入程度不一致，根据两道工序的原材料消耗定额计算的在产品投料程度及约当产量，计算过程如表 4-3 所示。

表 4-3　　　　　　　　　在产品投料程度及约当产量计算表

工序	原材料定额（千克）	投料率（%）	在产品实际数量（件）	在产品约当产量（件）
1	60	$\frac{60 \times 50\%}{100} \times 100\% = 30$	80	$80 \times 30\% = 24$
2	40	$\frac{60 + 40 \times 50\%}{100} \times 100\% = 80$	50	$50 \times 80\% = 40$
合计	100		—	64

（2）分配加工费用时在产品约当产量的计算。加工费用是指直接材料成本以外的其他成本项目，通常按完工程度计算在产品约当产量。因为，这些费用的发生往往与完工程度密切相关，它们随着加工进度加深而不断增加，产品完工程度越高，该产品负担的这部分费用也越多。在产品完工程度指在产品实耗（或定额）工时占完工产品实耗（或定额）工时的百分比。

测定在产品完工程度的方法一般有两种：

一种是平均计算，即一律按 50% 作为各工序在产品的完工程度。这是在各工序在产品数量和单位产品在各个工序的加工量都差不多的情况下，后面各个工序在产品的多加工的程度加以抵补前面各工序少加工的程度。这样，全部在产品完工程度均可按 50% 平均计算。如果不是这种情况，各工序在产品的完工程度就要按工序分别测定。

另一种是各工序分别测定完工率。为了提高成本计算的正确性，并加速成本计算工作，可以根据各工序的累计工时定额数占完工产品工时定额数的比率，事前确定各工序在产品的完工率，其计算公式为：

$$\text{某工序在产品完工率} = \frac{\text{单位在产品上道工序累计工时定额} + \text{单位在产品该道工序定时定额} \times 50\%}{\text{单位完工产品工时定额}} \times 100\%$$

在上列公式的分子中，在产品从上一道工序转入下一道工序时，其上一道工序已经完工，因而前面各道工序的工时定额应按 100% 计算。本工序（即在产品所在工序）的工时定额乘以 50%，是因为该工序中各件在产品的完工程度不同，为了简化完工率的测算工作，都按平均完工 50% 计算。

【例 4-6】某工业企业甲产品的工时定额为 25 小时，经三道工序制成，每道工序工时定额分别为 8 小时、10 小时和 7 小时，各工序月末在产品数量为：第一工序 150 件，第二工序 125 件，第三工序 130 件，试计算各工序月末在产品约当产量。

第一道工序完工率 $= \dfrac{8 \times 50\%}{25} \times 100\% = 16\%$

第一工序在产品约当产量 $= 150 \times 16\% = 24$（件）

第二道工序完工率 $= \dfrac{8 + 10 \times 50\%}{25} \times 100\% = 52\%$

第二工序在产品约当产量 $= 125 \times 52\% = 65$（件）

第三道工序完工率 $= \dfrac{8 + 10 + 7 \times 50\%}{25} \times 100\% = 86\%$

第三工序在产品约当产量 $= 130 \times 86\% = 111.8$（件）

月末在产品约当产量总数 $= 24 + 65 + 111.8 = 200.8$（件）

【例 4-7】某企业生产甲产品，本月完工 250 件，月末在产品 160 件，在产品完工程度 60%；月初在产品和本月发生的原材料费用共计为 62 972 元，工资及福利费等加工费用共为 13 148 元。原材料随着加工进度陆续投入。其原材料费用和加工费用按完工产品数量和月末在产品约当产量的比例分配。

根据上述资料，完工产品与月末在产品费用分配计算过程如下：

（1）月末在产品约当产量 $= 160 \times 60\% = 96$（件）

（2）原材料费用分配率 $= \dfrac{62\,972}{250 + 96} = 182$

完工产品原材料费用 $= 250 \times 182 = 45\,500$（元）

月末在产品原材料费用 $= 96 \times 182 = 17\,472$（元）

（3）加工费用分配率 $= \dfrac{13\,148}{250 + 96} = 38$

完工产品应分配加工费用 $= 250 \times 38 = 9\,500$（元）

月末在产品应分配加工费用 $= 96 \times 38 = 3\,648$（元）

【例 4-8】某企业生产乙产品，月初有在产品 800 件，完工程度为 50%，该月投入 1 000 件，本月完工 1 300 件，月末在产品 500 件，完工程度为 50%。本月产品投产时投料

80%，当月产品完工程度达到70%时再投其余的20%的材料。甲产品生产成本明细账中月初在产品成本为：直接材料6 180元，直接人工989元，制造费用1 236元；本月发生直接材料36 320元，直接人工5 211元，制造费用6 514元。

根据上述资料，采用约当产量法分配完工产品与月末在产品的费用，计算过程如下：
（1）分配材料费用的约当产量 = 500 × 80% = 400（件）
分配加工费用的约当产量 = 500 × 50% = 250（件）
（2）材料费用分配率 = $\frac{6\ 180 + 36\ 320}{1\ 300 + 400}$ = 25

完工产品应分配材料费用 = 1 300 × 25 = 32 500（元）
月末在产品应分配材料费用 = 400 × 25 = 10 000（元）
（3）加工费用分配率 = $\frac{989 + 5\ 211}{1\ 300 + 250}$ = 4

完工产品应分配人工费用 = 1 300 × 4 = 5 200（元）
月末在产品应分配人工费用 = 250 × 4 = 1 000（元）
（4）制造费用分配率 = $\frac{1\ 236 + 6\ 514}{1\ 300 + 250}$ = 5

完工产品应分配制造费用 = 1 300 × 5 = 6 500（元）
月末在产品应分配制造费用 = 250 × 5 = 1 250（元）
（5）完工产品总成本 = 32 500 + 5 200 + 6 500 = 44 200（元）
完工产品单位成本 = 25 + 4 + 5 = 34（元）
月末在产品总成本 = 10 000 + 1 000 + 1 250 = 12 250（元）

【例4-9】某企业生产丙产品，第一道工序工时定额为392小时，第二道工序工时定额为308小时，本月甲产品完工50件，月末在产品数量第一工序为50件，第二工序为50件。原材料在生产开始时一次投入，月初和本月发生的原材料费用共为93 000元，直接人工及其他加工费用共计12 875元（各工序在产品完工程度均为50%）。

根据上述资料，采用约当产量法分配完工产品与月末在产品的费用，计算过程如下：
（1）计算各工序在产品完工率及约当产量：

第一工序的完工率 = $\frac{392 \times 50\%}{700}$ × 100% = 28%

第一工序在产品的约当产量 = 50 × 28% = 14（件）

第二工序的完工率 = $\frac{392 + 308 \times 50\%}{700}$ × 100% = 78%

第二工序在产品的约当产量 = 50 × 78% = 39（件）
两道工序在产品的约当产量合计 = 14 + 39 = 53（件）
（2）计算各项生产费用的分配率及分配金额：

材料费用分配率 = $\frac{93\ 000}{50 + 100}$ = 620

完工产品应分配的材料费用 = 50 × 620 = 31 000（元）

月末在产品应分配的材料费用 = 100 × 620 = 62 000（元）

加工费用分配率 = $\dfrac{12\ 875}{50+53}$ = 125

完工产品应分配加工费用 = 50 × 125 = 6 250（元）

月末在产品应分配加工费用 = 53 × 125 = 6 625（元）

（3）计算完工产品及月末在产品的成本：

完工产品总成本 = 31 000 + 6 250 = 37 250（元）

完工产品单位成本 = 620 + 125 = 745（元）

月末在产品总成本 = 62 000 + 6 625 = 68 625（元）

（五）在产品按完工产品成本计算法

采用这种分配方法分配完工产品与在产品的费用时，在产品视同完工产品分配费用，也就是说按完工产品和在产品的实际产量分配生产费用。这种方法适用于月末在产品已经接近完工。例如，已经完工只是尚未包装或尚未验收入库的产品。这些产品已经接近于完工，为了简化核算，在产品视同完工产品，按二者的实际产量比例分配各项生产费用。

【例4-10】某企业生产的甲产品，本月完工1 000件，月末在产品100件，已制造完成，尚未验收入库，可以视同完工产品分配各项费用。本月月初和本月生产费用合计数为：原材料为16 500元，工资及福利费为6 600元，制造费用为4 400元。

根据以上资料，采用在产品按完工产品成本计算法分配完工产品与月末在产品的费用，计算过程如下：

（1）材料费用分配率 = $\dfrac{16\ 500}{1\ 000+100}$ = 15

完工产品应分配材料费用 = 1 000 × 15 = 15 000（元）

月末在产品应分配材料费用 = 100 × 15 = 1 500（元）

（2）工资费用分配率 = $\dfrac{6\ 600}{1\ 000+100}$ = 6

完工产品应分配人工费用 = 1 000 × 6 = 6 000（元）

月末在产品应分配人工费用 = 100 × 6 = 600（元）

（3）制造费用分配率 = $\dfrac{4\ 400}{1\ 000+100}$ = 4

完工产品应分配制造费用 = 1 000 × 4 = 4 000（元）

月末在产品应分配制造费用 = 100 × 4 = 400（元）

通过上述分析、计算可以看出，在产品按完工产品成本计算法，实际上是约当产量比例法的一种变形，在这种方法下，在产品的约当产量就是实际产量。在约当产量比例法中，原材料费用在生产开始时一次投入的情况下，分配原材料费用，就是按完工产品与在产品的实际产量比例分配的。

（六）在产品按定额成本计价法

在产品按定额成本计价法，即月末在产品成本按定额成本计算，该种产品的全部生产费用（月初在产品费用与本月发生的生产费用之和），减去按定额成本计算的月末在产品成本，余额作为完工产品成本。每月生产费用脱离定额的节约差异或超支差异全部计入当月完工产品成本。这种方法适用于各项消耗定额或费用定额比较稳定、准确，而且各月在产品数量变化不大的产品。这是因为：

（1）产品的各项消耗定额或费用定额比较准确，因而月初和月末单件在产品费用脱离定额的差异不会大，月初在产品费用脱离定额差异总额与月末在产品费用脱离定额差异总额的差额也不会大。因此，月末在产品不计算费用差异，对完工产品成本的影响不大，为了简化成本计算工作，可以这样分配费用。

（2）在修订消耗定额的月份，月末在产品就按新的定额成本计算，产品的全部生产费用减去新的定额成本计算的在产品成本以后的余额，全部作为完工产品成本。就是说，完工产品成本中包括了月末在产品按新的定额成本计价所发生的差额，这样做不利于完工产品成本的分析与考核。因此，采用在产品按定额成本计价法时，产品的各项消耗定额还必须比较稳定，也就是要求不经常修订消耗定额。

在具备上述条件的情况下，采用这种分配方法能够既较正确又较简便地解决完工产品与月末在产品之间分配费用的问题。

【例4-11】某企业生产甲产品，本月月末在产品600件，其完工程度为50%，甲产品单位工时定额为4小时，制造费用定额为每小时3元；本月期初在产品的"制造费用"项目余额为3 000元；本月"制造费用"项目发生额为5 000元。采用在产品按定额成本计价方法计算完工产品和期末在产品应负担的制造费用。

（1）期末在产品应负担的制造费用（按定额成本计算）
　　　　　= 4 × 50% × 600 × 3 = 3 600（元）

（2）本月完工产品应负担的制造费用 = 3 000 + 5 000 - 3 600 = 4 400（元）

上述举例表明：采用在产品按定额成本计价法，要先按定额成本计算出月末在产品成本，而完工产品的成本则是倒挤出来的。

【例4-12】某工厂生产甲产品由两道工序组成，采用在产品按定额成本计价法分配计算完工产品和月末在产品费用，原材料在生产开始时一次投入。假定甲产品各工序的工时定额为第一工序22小时，第二工序10小时，各工序在产品的完工率平均按50%计算。

要求：

（1）根据各道工序在产品的数量、原材料费用定额、累计工时定额和每小时的费用定额，应编制月末在产品定额成本计算表。

（2）根据在产品定额成本计算表，分配完工产品和月末在产品费用，编制甲产品生产成本明细账。

解：

（1）编制月末在产品定额成本计算表，如表4-4所示。

表 4－4　　　　　　　　　　　月末在产品定额成本计算表
201×年　　　　　　　　　　　　　　　　　　　　单位：元

产品名称	工序	在产品数量（件）	原材料费用 费用定额	原材料费用 定额费用	在产品累计工时定额（小时）	在产品定额工时（小时）	燃料及动力（每时1元）	工资及福利费（每时3元）	制造费用（每时2元）	定额成本
甲	1	200	250	50 000	11	2 200	2 200	6 600	4 400	63 200
甲	2	100	250	25 000	27	2 700	2 700	8 100	5 400	41 200
	合计	500		75 000		4 900	4 900	14 700	9 800	104 400

[表 4－4] 中，甲产品各工序的在产品数量分别乘以原材料费用定额，即为原材料定额费用。由于原材料在生产开始时一次投入，因而各工序的原材料费用定额相等。各工序在产品的累计工时定额的计算为：

第一工序在产品累计工时定额 = 22 × 50% = 11（小时）

第二工序在产品累计工时定额 = 22 + 10 × 50% = 27（小时）

（2）分配完工产品和月末在产品费用，如表 4－5 所示。

表 4－5　　　　　　　　　　　　生产成本明细账
产品名称：甲产品　　　　　　　　　　　　　　　　　　　单位：元

月	日	摘　要	成本项目 直接材料费用	直接燃料及动力	直接人工	制造费用	成本合计
5	1	月初在产品成本	77 350	3 200	5 560	4 480	90 590
5	31	原材料费用	98 280				98 280
	31	燃料费用		3 531			3 531
	31	动力费用		2 472			2 472
	31	工资费用			12 560		12 560
	31	职工福利费			1 758		1 758
	31	制造费用				12 360	12 360
	31	生产费用合计	175 630	9 203	19 878	16 840	221 551
	31	本月完工产品成本（440 件）	100 630	4 303	5 178	7 040	117 151
5	31	月末在产品成本	75 000	4 900	14 700	9 800	104 400

[例4-12]中,各工序在产品的数量乘以累计工时定额,即为各该工序在产品的定额工时;将定额工时的合计数分别乘以各项费用的每小时定额,即为在产品的各该定额费用;各项定额费用之和,即为月末在产品定额成本。将甲产品的月末在产品定额成本记入产品成本明细账,并从该账月初在产品费用与本月生产费用之和中,减去月末在产品定额成本,即可计算出该种产品的完工产品成本。

在采用这种分配方法时,如果产品成本中原材料费用所占比重较大,为了进一步简化成本计算工作,月末在产品成本也可以只按定额原材料费用计算。就是说,月末在产品的这一项费用脱离定额的差异,以及其他各项实际费用都可以计入完工产品成本。这是将在产品按所耗原材料费用计价法和按定额成本计价法两者结合应用的一种分配方法。

(七) 定额比例法

按定额比例法划分完工产品成本与在产品成本,就是以定额资料为标准,将生产费用按照完工产品与月末在产品定额消耗量或定额费用的比例进行分配。这种方法适用于企业定额管理基础较好,各项消耗定额比较健全、稳定,而且各月末在产品数量变动较大的产品。

采用这种分配方法时,产品的生产费用在完工产品与月末在产品之间按照两者的定额消耗量或定额费用比例分配。其中原材料费用,按原材料的定额消耗量或定额费用比例分配;工资及福利费、制造费用等各项加工费用,按定额工时比例分配,也可以按各该定额费用的比例分配。

采用定额比例法时,如果原材料费用按定额原材料费用比例分配,各项加工费用均按定额工时比例分配,则其分配计算的公式为:

$$费用分配率 = \frac{月初在产品费用 + 本月生产费用}{完工产品定额原材料费用或定额工时 + 月末在产品定额原材料费用或定额工时}$$

或

$$= \frac{月初在产品费用 + 本月生产费用}{月初在产品定额原材料费用或定额工时 + 本月定额原材料费用或定额工时}$$

上列以定额原材料费用为分母算出的费用分配率,是原材料费用分配率;以定额工时为分母算出的费用分配率是工资及福利费等各项加工费用的分配率。第一个公式和第二个公式的分母有区别,但可以通用。因为月初在产品定额费用(或定额工时)与本月定额费用(或定额工时)之和,等于本月完工产品定额费用(或定额工时)与月末在产品定额费用(或定额工时)之和。

完工产品应分配原材料费用 = 完工产品定额原材料费用 × 原材料费用分配率

月末在产品应分配原材料费用 = 月末在产品定额原材料费用 × 原材料费用分配率

完工产品应分配某项加工费用 = 完工产品定额工时 × 该项费用分配率

月末在产品应分配某项加工费用 = 月末在产品定额工时 × 该项费用分配率

这样，运用定额比例法在完工产品与期末在产品之间分配生产费用，由于计算定额的方法不同，在产品成本可以采用两种不同的方法。

第一种方法，通过核算月末在产品定额来核算产品成本。这种方法的主要特点是进行期末在产品盘点，通过盘点计算出月末在产品定额，然后与完工产品定额相加得出总的消耗定额，再运用上述公式计算完工产品成本和在产品成本。月末在产品定额是根据月末在产品的原材料、定额消耗量和工时定额消耗量，乘以原材料计划单价或单位小时计划工资、费用计算求得。采用这种方法核算在产品成本，必须具备健全的在产品盘存制度和在产品核算制度，以便保证在产品盘存的正确无误。采用这种核算方法，月终各基本生产车间需要进行在产品盘点，并编制在产品盘存表，报财会部门。财会部门根据在产品盘点资料核算产品成本。

【例4-13】假定某工业企业乙产品月初在产品费用为：直接材料1 500元，直接人工600元，制造费用200元；本月生产费用为：直接材料11 380元，直接人工3 240元，制造费用1 080元；完工产品原材料定额费用为12 000元，定额工时为6 000小时；月末在产品原材料定额费用为2 000元，定额工时为400小时。完工产品与月末在产品之间，原材料费用按原材料定额费用比例分配，其他费用按定额工时比例分配。各项费用分配结果见表4-6。

表4-6　　　　　　　　　　生产成本明细账

产品名称：乙　　　　　　　　　　　　　　　　　　　　　　　　　　单位：元

成本项目	月初在产品费用	本月生产费用	生产费用总额	费用分配率	完工产品费用		月末在产品费用	
					定额	实际费用	定额	实际费用
①	②	③	④=②+③	⑤=④÷[⑥+⑧]	⑥	⑦=⑥×⑤	⑧	⑨=⑧×⑤
直接材料	1 500	11 380	12 880	0.92	12 000	11 040	2 000	1 840
直接人工	600	3 240	3 840	0.6	6 000 小时	3 600	400 小时	240
制造费用	200	1 080	1 280	0.2	6 000 小时	1 200	400 小时	80
合计	2 300	15 700	18 000			15 840		2 160

第二种方法，通过计算本期投入定额，然后与期初在产品定额相加作为分配率的分母，运用上述公式，将生产费用在完工产品与月末在产品之间进行分配。运用这种方法进行产品成本核算，关键在于本期投入定额的计算。本期投入定额材料成本，在机械制造行业，通常根据每道工序投入零部件数量乘以零部件定额成本，求得零部件材料定额成本，然后相加即为本期投入材料定额成本。本期投入工时定额，根据在产品台账的定额工时统计计算。

产成品定额的计算。产成品材料定额成本，是以产品数量乘以单位产成品材料消耗定额计算求得；产成品工时定额，是以产品数量乘以单位产品工时定额计算求得。

【例 4-14】 假定丙产品月初在产品定额原材料费用为 1 000 元，定额工时 800 小时，本月投入生产的定额原材料费用 13 000 元，定额工时 5 600 小时。月初在产品实际费用：直接材料费用 1 500 元，直接人工费用 600 元，制造费用 200 元；本月实际费用为：直接材料费用 11 380 元，直接人工费用 3 240 元，制造费用 1 080 元，本月完工产品的定额原材料费用 12 000 元，定额工时 6 000 小时。完工产品与月末在产品之间，原材料费用按原材料定额费用比例分配，其他费用按定额工时比例分配。

计算过程见表 4-7。

表 4-7　　　　　　　　　　　　生产成本明细账

产品名称：丙　　　　　　　　　　　　　　　　　　　　　　　　　　　　　单位：元

成本项目	月初在产品		本月投入		合计		分配率	完工产品		月末在产品	
	定额	实际	定额	实际	定额	实际		定额	实际	定额	实际
①	②	③	④	⑤	⑥=②+④	⑦=③+⑤	⑧=⑦÷⑥	⑨	⑩=⑨×⑧	⑪=⑥-⑨	⑫=⑦-⑩
直接材料	1 000	1 500	13 000	11 380	14 000	12 880	0.92	12 000	11 040	2 000	1 840
直接人工	800 小时	600	5 600 小时	3 240	6 400 小时	3 840	0.6	6 000 小时	3 600	400 小时	240
制造费用	800 小时	200	5 600 小时	1 080	6 400 小时	1 280	0.2	6 000 小时	1 200	400 小时	80
合计		2 300		15 700		18 000			15 840		2 160

这种核算方法减少了大量的期末产品成本核算工作，加速了成本计算。但由于每月通过倒挤计算期末在产品成本，就可能出现期末在产品成本账实不符的情况，因此，应加强对在产品日常管理，并定期进行在产品的盘点工作，发现账实不符情况，应及时进行调整。

综上所述，可以看出，采用定额比例法分配完工产品与月末在产品费用，不仅分配结果比较合理，而且还便于将实际费用与定额费用相比较，分析和考核定额的执行情况。

通过以上各种分配方法，生产费用在完工产品与月末在产品之间分配以后，就可以计算出各种完工产品的实际制造成本，据以分析和考核产品制造成本计划的执行情况。

第三节　完工产品成本的结转

工业企业完工产品经产成品仓库验收入库以后，其成本应从"生产成本——基本生产成本"总账账户和所属产品成本明细账的贷方，转入"库存商品"账户借方。"生产成本"总账账户的月末余额，为月末在产品成本。"生产成本"总账账户余额应与所属各种产品成本明细账中月末在产品成本之和核对相符。

对于完工产品，应根据产品成本明细账所记完工产品（产成品）的成本和资料，编制产成品成本汇总表，汇总表的格式见表4-8。

表4-8　　　　　　　　　　　　产成品成本汇总表

201×年5月　　　　　　　　　　　　　　　单位：元

产成品名称	产量（件）	成本	原材料	燃料及动力	工资及福利费	制造费用	成本合计
甲	200	总成本	86 000	63 200	54 000	42 000	245 200
		单位成本	430	316	270	210	1 226
乙	500	总成本	98 500	54 000	65 000	59 500	277 000
		单位成本	197	108	130	119	554
总成本合计		×	184 500	117 200	119 000	101 500	522 200

根据上列产品成本总汇表，应编制下列会计分录：

借：库存商品——甲产品　　　　　　　　　　　　　245 200
　　　　　　——乙产品　　　　　　　　　　　　　277 000
　　贷：生产成本——基本生产成本——甲产品　　　245 200
　　　　　　　　　　　　　　　　——乙产品　　　277 000

【本章小结】

在前面的章节已经将各种产品的费用计入生产成本，而在每期，期初和期末因完工产品和在产品的数量不同，产品成本核算时必须考虑生产费用在完工产品和在产品之间的分配。在产品数量确立之后，经过对在产品的盘查清点，做到账实相符；然后对生产费用进行分配。当然结合不同企业不同的运作流程，分配的方式也是灵活多样的。这就是本章的逻辑和意义。

本章重点对分配的7种方法进行了介绍，尤其是处理生产和运作流程较为复杂的约当产量法进行了详细的描述。首先是原材料在不同的投放方式下在产品约当产量的计算方法；其次是加工费用发生是否均衡时在产品约当产量的计算方法；最后是将在产品约当产量与完工产品产量一起去分配生产费用的计算方法。7种方法虽然难易程度不同，但并不代表哪种方法最好，应该结合企业不同的运作过程，选择适合的方法进行核算。

【中英文对照专业名词及术语】

生产费用　　　　　　　　　　Production Expenses
产成品　　　　　　　　　　　Finished Goods
在产品　　　　　　　　　　　Work-in-process

盘盈盘亏　　　　　　　　　　Profit or Loss on Inventory
约当产量　　　　　　　　　　Equivalent Units
投料程度　　　　　　　　　　Feeding Rate
完工程度　　　　　　　　　　Finishing Rate
定额成本估计扣除　　　　　　Quota Cost Evaluation Distract
定额比例分配　　　　　　　　Quota Proportion Distribution

复习思考题

1. 试述在产品和完工产品的概念及其所包含的范围。
2. 完工产品和月末在产品之间分配费用一般采用哪几种分配方法？选用分配方法时应考虑什么因素？
3. 试述在产品按所耗原材料费用计价法的特点及其适用范围。
4. 试述约当产量法的特点及其适用范围。
5. 怎样测定在产品的约当产量？
6. 试述在产品按定额成本计价法的特点及其适用范围。
7. 试述定额比例法的特点及其适用范围。

练习题

1. 某企业生产甲产品，完工600件，月末在产品400件，直接材料费用合计为56 800元，加工费用68 600元；直接材料在生产开始时一次投入，在产品完工程度为50%。

要求：采用约当产量比例法分配直接材料费用和加工费用，并计算出完工产品总成本和单位成本。

2. 某产品连续经过3道工序，单位完工定额工时200小时，月末在产品600件。其中：第一道工序300件，单位工时为60小时；第二道工序200件，单位工时为100小时；第三道工序为100件，单位定额工时为40小时。

要求：计算各工序完工率和在产品约当产量。

3. 某企业某月份生产丙产品，本产品产量为450件，月末在产品盘存数量为100件，原材料在生产开始时一次投入，在产品完工程度为50%，期末在产品成本和本期发生的费用如表1所示。

表1　　　　　　　　　　　　　　　　　　　　　　　　　　　　　　　　　单位：元

项　　目	期初在产品成本	本期发生费用
直接材料	1 550	10 000
直接人工	1 000	3 500
制造费用	1 100	4 000
合计	3 650	17 500

要求：根据上述资料，采用约当产量法计算完工产品成本和期末在产品成本。

4. 某生产车间生产甲产品分 3 道工序加工，原材料在每道工序开始时投入，本月投入材料费用总额为 19 598.04 元。单位产品原材料消耗定额为：第一道工序 50 千克，第二道工序 30 千克，第三道工序 20 千克。月末在产品完工程度均为本工序的 50%。其他资料如表 2 所示。

表 2　　　　　　　　　　　　原材料费用分配表

工　序	项　目	产量	投料率	约当产量	材料成本
第一道	完工产品	100			
	月末在产品	20			
第二道	完工产品	90			
	月末在产品	10			
第三道	完工产品	60			
	月末在产品	30			
合　计					

要求：
（1）计算各工序投料率及约当产量；
（2）按约当产量分配各工序产品材料费用（将计算结果填入表中，写出计算过程）。

5. 某种产品月初在产品制造费用 1 512 元，本月发生制造费用 3 198 元；月初在产品定额工时 360 小时，本月投入定额工时 780 小时；本月完工 30 件，每件工时定额 18 小时；每小时制造费用定额 4 元。

要求：根据上列资料，采用在产品按定额成本计价法分配计算该种完工产品和月末在产品的制造费用（列出算式）。

6. 某种产品的月初在产品原材料费用为 1 800 元，本月发生原材料费用 9 400 元。本月完工产品 400 件，每件原材料消耗定额 5 千克，月末在产品 250 件，完工程度为 40%，原材料随产品完工程度陆续投入。

要求：按定额消耗量比例分配计算完工产品和月末在产品的实际原材料费用。

第五章
产品成本计算的品种法

【本章学习目的】 通过本章的学习，应该达到以下学习目的：了解确定产品成本计算方法的原则，了解产品成本计算方法的构成要素，掌握产品成本计算的3种基本方法的区别，理解品种法的特点、适用范围，熟练运用品种法的成本计算程序，贯通前后知识，理解各费用分配方法在整个产品成本形成过程中所处的地位和作用，重点弄清例题中各主要数据的来龙去脉及各表格间的勾稽关系。

【案例导引】

　　面粉加工企业是大量生产面粉的工业企业，其主要生产过程是对原材料小麦进行加工，得到产品——面粉。在同一生产过程中，还可得到副产品——麸皮。面粉加工企业的生产特点：一是生产过程不可间断；二是大批量生产；三是产品单一；四是月末无在产品，可不计算在产品成本。根据以上特点，面粉加工企业成本核算采用简单法。设置产品成本明细账，产品名称写"面粉"，账内设"直接材料"、"直接人工"、"制造费用"3个成本项目。由于麸皮无须加工即可对外销售，为了简化核算，可假定麸皮按固定价格对外销售，取得的收入直接冲减直接材料成本。面粉加工厂所发生的生产费用，不需要在各产品之间进行分配。面粉生产没有在产品，也不存在将生产费用在完工产品和在产品之间的分配问题。按成本项目归集起来的生产费用总额，就是面粉的总成本。总成本除以产量，就是面粉的单位成本。

第一节　产品成本计算方法概述

　　产品成本计算方法，是指将生产费用在企业生产的各种产品之间、完工产品和期末在产品之间进行分配的方法。企业应当根据产品生产过程的特点、生产经营组织的类型、产品种类的繁简和成本管理的要求，确定产品成本计算方法。企业产品成本计算方法一经确定，不得随意变动。

一、确定产品成本计算方法的原则

计算产品成本是为成本管理提供资料,应该满足成本管理对成本资料的要求。而产品成本又是在生产过程中形成的,成本管理需要哪些资料,在很大程度上受生产特点的影响。因此,企业确定产品成本计算方法的原则,一要符合生产类型的特点,二要考虑成本管理的要求。

(一) 企业生产类型

企业生产类型是企业或车间按生产工艺过程的特点和生产组织的特点所进行的分类。

1. 生产按工艺过程的特点分类。生产工艺过程是指从原材料投入到产成品产出,顺序所经过的各个生产阶段和环节。按生产工艺过程的特点划分,工业企业的生产可以分为单步骤生产和多步骤生产两种类型。

单步骤生产也称简单生产,是指工艺过程不可间断,或者工作地点不能分散的生产。前者如发电企业,后者如采掘企业。其特点是生产连续进行,没有自制半成品,通常只能由一个企业整体进行,而不能由几个企业协作进行。

多步骤生产,亦称复杂生产或多阶段生产,是指工艺过程可以间断的、由若干个生产步骤所组成的生产。其特点是生产活动可以在不同时间、不同地点进行;可以由一个企业单独生产,也可以由几个企业协作生产。多步骤生产按其产品加工方式,又可进一步分为连续式多步骤生产和装配式多步骤生产。连续式多步骤生产,是指原材料要依次经过若干连续的生产步骤才能加工成为产成品的生产,如冶金、纺织、造纸等生产。装配式多步骤生产是指先将原材料平行地投入到各个生产车间,加工制成零件、部件,再将零件、部件装配为产成品的生产,如自行车、钟表等生产。

2. 生产按生产组织的特点分类。工业企业的生产组织主要是指企业产品生产的专业化程度,即产品产量的多少、产品生产的重复性和产品品种的稳定程度。按生产组织的特点划分,工业企业的生产可以分为大量生产、成批生产和单件生产3种类型。

大量生产是指不断重复生产相同产品的生产。它的特点是产品品种少且稳定,专业化程度高。例如纺织、冶金、造纸等生产。

成批生产是指按照事先规定的产品批别和数量进行的生产。它的特点是产品品种多,每种产品产量多少不等,每隔一段时间重复生产一批。例如制药、卷烟、服装、电机等。在成批生产的企业中,其生产组织比较稳定,只有一批产品全部完工,更换投产另一批产品时,生产组织才会发生相应的变化。成批生产按照产品批量的大小,还可以分为大批生产和小批生产。大批生产的性质接近于大量生产;小批生产的性质接近于单件生产。

单件生产是指根据客户订单所要求的产品规格和数量而进行的生产。它的特点是产品品种多、产量少(1件或几件),一般很少重复生产。在单件小批生产中,产品品种经常变动,生产组织也相应发生变化。例如造船、精密仪器、重型机械、新产品试制等的生产。

综上所述,将生产工艺与生产组织结合起来,如图5-1所示。

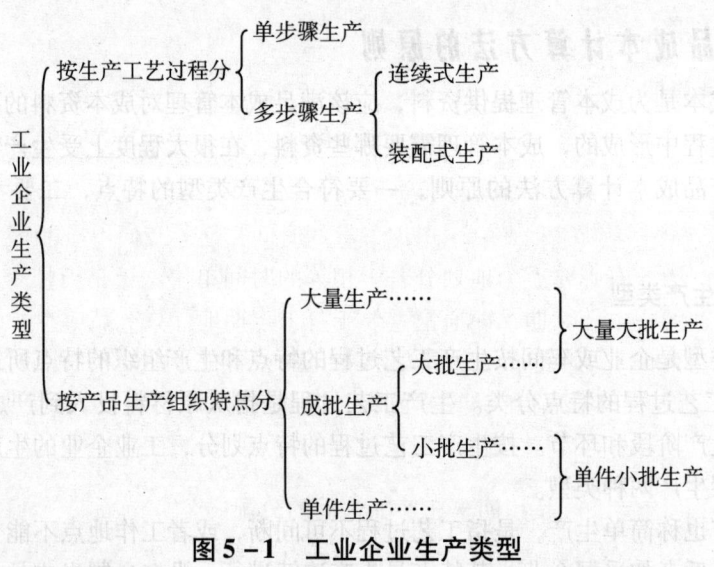

图 5-1 工业企业生产类型

（二）企业成本管理要求

确定成本计算方法除考虑产品的生产类型外，还要考虑企业成本管理的要求。成本管理要求企业在组织成本核算时，要以满足企业经营管理的需要为前提，确定成本计算方法的各个要素，分清主次，区别对待，为管理提供所需要的成本资料。如在多步骤生产企业，有的管理上要求分步骤计算成本，以提供各步骤半成品的成本资料；而有的管理上不要求分步骤计算成本，只要求提供产成品的成本资料。

二、产品成本计算方法的组成要素

产品成本计算方法的主要组成要素包括成本计算对象、成本计算期、生产费用在完工产品和期末在产品之间的分配。

（一）成本计算对象

计算产品成本必须先确定成本计算对象。成本计算对象是成本计算过程中归集和分配生产费用的对象，是生产费用的承担者。确定成本计算对象，是设置产品成本明细账、分配生产费用和计算产品成本的前提。

大量大批单步骤生产产品企业，或管理上不要求提供有关生产步骤成本信息的企业，可以按照产品品种确定成本计算对象。

小批单件生产产品的企业，可以按照每批或每件产品确定成本计算对象。

多步骤连续加工产品且管理上要求提供有关生产步骤成本信息的企业，可以按照每种产品及各生产步骤确定成本计算对象。

企业生产经营兼有分批、分步制造等特征的，可以混合采用以上方法确定成本计算对象。产品规格繁多的，可将产品结构、耗用原材料和工艺过程基本相同的各种产品，适当合并作为成本计算对象。

(二) 成本计算期

成本计算期,是指对生产费用计入产品成本所规定的起讫日期。产品的生产类型不同,成本管理的要求不同,产品成本计算期也就有所不同。在大量大批生产下,原材料不断地投入,产品不断地产出,生产过程是一个川流不息的时间长河,我们不可能等全部产品停产后再计算产品成本,因此有必要人为地划分若干相等的时间单位。于是习惯上以"日历月份"作为大量大批生产的成本计算期,即通常需要于月末定期地计算产品成本,成本计算期与会计报告期一致。在单件、小批生产情况下,各张订单或各批产品的生产周期各不相同,一般要等到一批产品全部完工之后才能计算其成本,因此通常以产品的生产周期为成本计算期。综上所述,产品成本计算期有"生产周期"和"日历月份"两种。

(三) 生产费用在完工产品和期末在产品之间的分配

单步骤生产,生产过程不能间断,生产周期也较短,一般没有期末在产品,或者在产品数量很少,因此在计算产品成本时,一般不必将生产费用在完工产品和期末在产品之间进行分配。在多步骤生产中,是否需要在完工产品与在产品之间分配费用,在很大程度上取决于生产组织的特点。在大量大批多步骤生产中,由于生产连续不断地进行,且成本计算期与生产周期不一致,在计算产品成本时,往往存在期末在产品,因而在计算成本时,就需要采用适当的方法,在完工产品和期末在产品之间分配费用。在单件小批生产中,由于成本计算期与生产周期一致,当某件或某批产品尚未完工时,产品成本明细账上所归集的生产费用就是在产品成本;当某件或某批产品完工时,产品成本明细账上所归集的生产费用为完工产品成本,因而不存在将生产费用在完工产品与在产品之间进行分配的问题。

成本计算对象、成本计算期、生产费用在完工产品和期末在产品之间的分配这 3 个方面的相互结合,就构成了各种不同的产品成本计算方法。产品成本计算的基本方法,其区别表现在成本计算对象、成本计算期以及在完工产品与期末在产品之间分配费用这 3 个方面(如表 5-1 所示)。

三、产品成本计算的基本方法

成本计算对象是产品成本计算方法的核心,是决定成本计算方法的主要因素,是区分各种基本方法的主要标志。成本计算对象有 3 种:产品的品种、产品的批别、产品及各生产步骤;相应地,就形成了以成本计算对象为标志的 3 种方法,即品种法、分批法和分步法。这 3 种方法与生产类型的特点有着直接联系,涉及成本计算对象的确定,是计算产品实际成本必不可少的方法,因而是产品成本计算的基本方法。

(一) 品种法

品种法以产品的品种作为成本计算对象,归集和分配生产费用,计算产品的实际总成本和单位成本。品种法适宜于大量大批单步骤生产企业,或者管理上不要求分步计算成本的多步骤生产企业。品种法定期按月计算成本,成本计算期与会计报告期一致,但与生产周期不一致。在采用品种法计算成本时,若月末没有在产品或在产品数量很少,则不需要在完工产品和月末在产品之间分配生产费用。若月末在产品数量很多,则需要在完工产品和月末在产品之间分配生产费用。

(二) 分批法

分批法以每批或每件产品作为成本计算对象,归集和分配生产费用,计算出各批产品的实际总成本和单位成本。分批法适用于单件小批生产企业。在分批法下,一般在该批产品全部完工以后,才计算其实际总成本和单位成本,因此不定期进行成本计算,成本计算期与产品的生产周期一致。分批法下,一般不需要将生产费用在完工产品和期末在产品之间进行分配。

(三) 分步法

分步法以产品及各生产步骤作为成本计算对象,归集和分配生产费用,计算产品的实际总成本和单位成本。分步法适宜于大量大批多步骤生产企业,如纺织、冶金、机械制造等。分步法定期按月计算成本,成本计算期与会计报告期一致,与产品生产周期不一致。分步法一般需要将生产费用在完工产品和期末在产品之间进行分配。

产品成本计算基本方法的比较,如表 5-1 所示。

表 5-1　　　　　　　　　产品成本计算基本方法的比较

产品成本计算方法		品种法	分批法	分步法
适用范围	生产类型	大量大批单步骤生产或多步骤生产	单件小批生产	大量大批多步骤生产
	管理要求	管理上不要求分步骤计算成本	管理上不要求分步骤计算成本	管理上要求分步骤计算成本
成本计算对象		产品品种	产品批别	产成品及各生产步骤的半成品
成本计算期		日历月份	生产周期	日历月份
生产费用在完工产品和在产品之间的分配		在产品数量多时需要分配	一般不需要分配	通常需要分配

在 3 种产品成本计算的基本方法中,品种法是最基本的方法。不论什么生产类型的企业,不论采用什么成本计算方法,最终都必须按照产品品种计算产品成本。按照产品品种计算成本,是产品成本计算最一般、最起码的要求。

四、产品成本计算的辅助方法

在实际工作中,除以上 3 种成本计算的基本方法外,还有分类法和定额法。由于它们与生产类型的特点没有直接联系,只要具备条件,可以在任何生产类型的企业中使用。分类法和定额法均不是一种独立的成本计算方法,必须结合品种法、分批法、分步法使用。从计算产品实际成本的角度来说,它们不是必不可少的。因此,分类法和定额法被称为辅助方法。

(一) 分类法

分类法是将生产费用先按产品的类别进行归集,计算各类产品的实际成本,然后再按照一定的方法计算类内各种品种(各种规格)产品的实际成本的方法。分类法主要是为了解决某些企业产品品种规格繁多,成本核算工作繁重,而在成本计算基本方法基础上设计的一种简化的成本计算方法。此法适用于产品品种、规格繁多,但每类产品的结构、所用原材料、生产工艺过程基本相同的企业。

(二) 定额法

定额法是以产品定额成本为基础,加上(或减去)脱离定额差异和定额变动差异,来计算产品成本的一种方法。定额法是为了加强生产费用和产品成本的定额管理,加强成本控制而采用的成本核算方法。此法适用于定额管理制度比较健全,定额管理基础工作较好,产品生产定型,消耗定额合理且稳定的企业。

需要指出的是,基本方法和辅助方法的划分,是从计算产品实际成本角度考虑的,并不是辅助方法不重要。相反,辅助方法对简化成本计算工作、加强成本管理、控制生产费用,具有重要作用。

将产品成本计算的主要方法进行归纳总结,如图5-2所示。

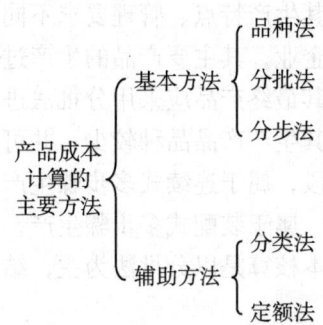

图5-2 产品成本计算方法归类

五、各种产品成本计算方法的实际应用

在实际工作中,由于情况错综复杂,各个企业实际采用的往往不只是某一种成本计算方法。一个企业的各个车间,一个车间的各种产品,由于其生产特点及管理要求并不一定相同,因而在一个企业或车间中,就有可能同时应用几种不同的产品成本计算方法。即使是一种产品,在其各个生产步骤、各种半成品或者各个成本项目之间,它们的生产类型和管理要求也不尽相同,因而计算一种产品成本时,也可能将几种成本计算方法结合起来应用。

1. 几种产品成本计算方法同时应用。在一个企业或车间中,同时采用几种成本计算方法的情况很多，归纳起来，主要包括以下几类：

基本生产车间和辅助生产车间的生产类型不同，往往采用不同的成本计算方法。例如，纺织厂的纺纱和织布等基本生产车间，属于大量大批多步骤生产，应该采用分步法计算产品成本，而厂内供电、锅炉等辅助生产车间则属于大量大批单步骤生产，应该采用品种法计算成本。即使同为基本生产车间，由于生产类型不同，也可以采用不同的成本计算方法。

一个企业的各个生产车间的生产类型相同，但管理要求不同，可以采用不同的成本计算方法。例如，企业基本生产车间的甲、乙两种产品均属于大量大批多步骤生产，但甲产品各步骤的半成品不直接出售，管理上不要求甲产品分步骤计算成本；乙产品各步骤的半成品可以直接出售，管理上要求分步骤计算乙产品成本。因此，为了简化成本计算工作，甲产品可以采用品种法或平行结转分步法计算成本，而乙产品的成本计算则要采用逐步结转分步法。

一个车间同时生产多种产品，由于各种产品的生产类型与管理要求不同，可以采用不同的成本计算方法。例如，某机械制造厂基本生产车间生产甲、乙两种产品。其中甲产品是大量大批多步骤生产的定型产品，采用分步法进行成本计算，而乙产品是小批试制的非定型产品，采用分批法计算成本。又如玻璃制品厂所产日用玻璃和玻璃仪器，前者是利用原料直接熔制而成，属于单步骤生产；后者是先将原料熔制成各种毛坯，再加工、装配成为仪器，属于多步骤生产。前者采用品种法，而后者采用分步法（如果管理上不要求提供半成品成本，为了简化计算，也可以采用品种法）计算成本。

2. 几种成本计算方法结合应用。企业在计算一种产品成本时，可以根据不同的生产特点及管理要求，结合使用几种不同的成本计算方法。

同一产品的不同生产步骤，其生产特点、管理要求不同，采用的成本计算方法不同。例如，在单件小批生产的机械制造企业，其主要产品的生产过程是由铸造、机加工、装配等相互关联的各个生产阶段所组成，其最终产品应采用分批法进行成本核算。但从各个生产阶段看则有所不同，如在铸造阶段，其生产产品品种较少，并可直接对外销售，可采用品种法进行成本核算；从铸造到机加工阶段，属于连续式多步骤生产，其成本结转可采用逐步结转分步法进行；从机加工到装配阶段，属于装配式多步骤生产，其成本结转，可采用平行结转分步法进行。就这一企业来说，成本核算是以分批法为主，结合使用品种法、分步法的某些特点加以综合应用的。

综上所述，工业企业的生产情况是复杂的，管理要求是多方面的，成本核算的方法也是多种多样的，企业应当根据其生产特点、管理要求、规模大小、管理水平高低等实际情况，将成本计算方法灵活地加以应用。

第二节　品种法概述

一、品种法的概念与类型

品种法，是以产品品种作为成本计算对象来归集生产费用、计算产品成本的方法。不论什么类型的企业，不论采用什么成本计算方法，最终都必须按照产品品种计算成本。因此，品种法是最基本的成本计算方法。

品种法有两种：一种是在大量大批单步骤生产的企业，因产品品种单一，生产过程短，又没有在产品，其成本计算比较简单：把生产过程的费用汇总，得出完工产品的总成本，总成本除以产量，就是单位成本，这种方法称为简单法，即单品种的品种法；另一种是在不要求计算半成品成本的大量大批多步骤生产企业，其成本计算要复杂一些，要分产品品种来归集生产费用，到月末有在产品，要将生产费用在完工产品和在产品之间进行分配，这种成本计算方法就是典型的品种法，即多品种的品种法。

二、品种法的适用范围

品种法在实际工作中应用较为广泛，主要适用于：

（1）大量大批单步骤生产的企业或车间，如发电、采掘、供水等。

（2）大量大批多步骤生产，如果企业规模较小，或按流水线组织生产，或车间采用封闭式生产（从原材料投入到产品产出，整个生产过程都是在一个车间内进行的），管理上不要求分步骤计算产品成本，采用品种法计算产品成本。如小型水泥厂、造纸厂、砖瓦厂、玻璃制品厂等。

三、品种法的特点

品种法的特点，主要表现在以下3个方面：

1. 以产品品种为成本计算对象，设置生产成本明细账。如果只生产一种产品，成本计算对象就是该种产品，只需要为这种产品开设一个产品成本明细账，所发生的生产费用均直接记入该产品的各成本项目。如果是生产多种产品，产品成本明细账就要按照产品品种分别设置。发生的直接计入费用可以直接计入各产品成本明细账的有关成本项目；间接计入费用则要采用适当的分配方法，在各成本计算对象之间进行分配，然后分别计入各产品成本明细账的有关成本项目。

2. 每月月末定期计算产品成本。在大量大批生产的企业，由于生产连续不断地进行，原料不断投入，产品不断产出，成本计算只能定期在每月月末进行。成本计算期与会计报告期一致，与产品生产周期不一致。

3. 生产费用在完工产品和在产品之间的分配有两种情况：

在大量大批单步骤生产企业中，月末一般没有在产品，或者在产品数量很少，因而不需要计算月末在产品成本。这样，产品成本明细账中按照成本项目归集的全部生产费用，就是该产品的总成本。总成本除以产品产量，就是该产品的单位成本。

在一些规模较小，而且管理上又不要求按照生产步骤计算成本的大量大批多步骤生产中，月末都有在产品，而且数量较多，则需要将产品成本明细账中归集的生产费用，采用适当的分配方法，在完工产品和月末在产品之间进行分配，以便计算完工产品成本和月末在产品成本。

四、品种法的成本计算程序

按照产品品种计算成本,是成本管理对于成本计算的最一般要求,成本计算的一般程序也就是品种法的成本计算程序。品种法的成本计算程序如下:

1. 按照产品品种设置产品成本明细账,账内按照成本项目设专栏。同时按照辅助生产车间或产品(劳务),设置辅助生产成本明细账;按生产单位设置制造费用明细账,制造费用明细账应当按费用项目设专栏。

2. 归集和分配要素费用。根据各项费用发生的原始凭证和其他有关资料,编制材料费用分配表、职工薪酬费用分配表、折旧费用分配表和其他费用分配表,并进行账务处理。

3. 归集和分配辅助生产费用。根据各要素费用分配表及记账凭证,登记辅助生产成本明细账。编制"辅助生产费用分配表",将辅助生产成本明细账归集的本月辅助生产费用总额,按照适当的分配方法分配给各受益对象。根据分配结果编制会计分录,然后登记产品成本明细账、期间费用明细账和基本生产车间制造费用明细账。辅助生产单位发生的制造费用,如果通过制造费用明细账归集,应在分配辅助生产费用前将制造费用明细账归集的制造费用分别转入各辅助生产成本明细账,计入该辅助生产单位本期费用(成本)总额。

4. 归集和分配基本生产车间制造费用。根据各要素费用分配表及记账凭证,登记制造费用明细账。根据各基本生产车间制造费用明细账归集的本月制造费用,按照企业确定的制造费用分配方法,分别编制"制造费用分配表"。根据分配结果编制会计分录,并登记有关产品成本明细账。

5. 计算本月完工产品实际总成本和单位成本。根据各要素费用分配表及记账凭证,登记产品成本明细账。将产品成本明细账归集的生产费用合计数(月初在产品成本加上本月生产费用),在本月完工产品和月末在产品之间进行分配,计算出本月完工产品的实际总成本和月末在产品成本。完工产品实际总成本除以其实际产量,即为该产品本月实际单位成本。

6. 结转完工产品成本。根据产品成本计算结果编制本月"完工产品成本汇总表",编制结转本月完工产品成本的会计分录,并分别记入有关产品成本明细账和库存商品明细账。

第三节 品种法核算举例

一、简单法举例

普通发电厂只生产电力产品,月末没有在产品,不需要计算在产品成本。因此,采用简单法计算电力产品成本,将生产过程中发生的费用直接计入本期的产品成本内,按成本项目归集的生产费用总额,即为电力总成本。总成本除以实际产量,就是其单位成本。

【例5-1】某小型发电厂只生产电力产品,月末没有在产品,不需要计算在产品成本。因此,采用简单法计算电力产品成本。3月份共发生生产费用601 000元,生产电力3 200千度。生产成本明细账如表5-2所示,电力成本计算单如表5-3所示。

表 5-2　　　　　　　　　　　生产成本明细账
产品名称：电力　　　　　　　　201×年 3 月　　　　　　　　　　　　　　　单位：元

摘　要	直接材料	直接人工	制造费用	合计
耗用燃料	450 000			450 000
耗用辅助材料	18 000			18 000
耗用水	1 800			1 800
分配职工薪酬		31 000		31 000
结转制造费用			100 200	100 200
合　计	469 800	31 000	100 200	601 000

表 5-3　　　　　　　　　　　电力成本计算单
　　　　　　　　　　　　　　　201×年 3 月　　　　　　　　　　　　　　　单位：元

成本项目	直接材料	直接人工	制造费用	合计
总成本	469 800	31 000	100 200	601 000
单位成本（元/千度）	146.81	9.69	31.31	187.81

二、标准品种法举例

【例 5-2】某厂大量大批生产甲、乙两种产品，采用品种法计算产品成本。该厂有一个基本生产车间，供电和运输两个辅助生产车间。企业在"生产成本"总分类账户下，设置"基本生产成本"和"辅助生产成本"二级账；同时，按照产品品种设置产品成本明细账，按"直接材料费用"、"直接人工费用"和"制造费用"3 个成本项目设置专栏。辅助生产车间不单独设"制造费用"明细账，辅助生产成本明细账按费用项目设置专栏。该厂 201×年 3 月份的生产费用资料如下：

（1）月初在产品成本资料见表 5-4。

表 5-4　　　　　　　　　　　月初在产品成本
　　　　　　　　　　　　　　　201×年 3 月　　　　　　　　　　　　　　　单位：元

产品品种	直接材料	直接人工	制造费用	合计
甲	7 510	5 290	9 860	22 660
乙	16 000	4 200	350	20 550

(2) 耗用材料情况见表 5-5。

表 5-5　　　　　　　　　　　　发出材料汇总表
201×年 3 月　　　　　　　　　　　　　　　　　单位：元

领料部门和用途	原料及主要材料	其他材料	合　计
甲产品耗用	42 000	5 000	47 000
乙产品耗用	56 000	15 300	71 300
甲、乙产品共同耗用	15 000		15 000
基本生产车间一般耗用	6 300	830	7 130
供电车间耗用	1 950		1 950
运输车间耗用	2 600		2 600
厂部管理部门耗用		2 500	2 500
合　计	123 850	23 630	147 480

甲、乙产品共同耗用的材料按定额消耗量比例分配法进行分配，甲产品的定额消耗量为 200 千克，乙产品的定额消耗量为 300 千克。

(3) 该企业根据当地政府规定，分别按照工资总额的 10%、12%、2% 和 10.5% 计提医疗保险费、养老保险费、失业保险费和住房公积金；按照工资总额的 2% 和 1.5% 计提工会经费和职工教育经费，预计应承担的职工福利费为职工工资总额的 2%。因此，计提其他职工薪酬为工资总额的 40%。有关数据见表 5-6，按生产工时比例分配生产工人薪酬费用。

表 5-6　　　　　　　　　　　　职工薪酬费用汇总表
201×年 3 月　　　　　　　　　　　　　　　　　单位：元

部门人员	工资总额	社会保险费	职工福利	住房公积金	工会经费	职工教育经费	合　计
生产车间生产工人	120 000	28 800	2 400	12 600	2 400	1 800	168 000
生产车间管理人员	15 800	3 792	316	1 659	316	237	22 120
供电车间	5 200	1 248	104	546	104	78	7 280
运输车间	6 300	1 512	126	661.5	126	94.5	8 820
行政管理人员	13 700	3 288	274	1 438.5	274	205.5	19 180
合　计	161 000	38 640	3 220	16 905	3 220	2 415	225 400

（4）产品生产工时和产量记录见表5-7。

表5-7　　　　　　　　　　生产工时和产量记录

201×年3月

产品名称	生产工时（小时）	产品数量（件）	
		完工数量	在产品数量
甲	650	1 000	100
乙	350	500	400

（5）计提固定资产折旧。基本生产车间计提折旧5 230元，供电车间计提折旧3 760元，运输车间计提折旧5 279元，行政管理部门计提折旧2 300元，共计16 569元。

（6）用银行存款支付办公费、劳保费等，见表5-8。

表5-8　　　　　　　　　　其他费用汇总表

201×年3月　　　　　　　　　　　　　　　　　　　　单位：元

部门	燃料费	办公费	劳保费	差旅费	租赁费	排污费	其他	合计
基本生产车间		360	2 180				2 380	4 920
供电车间		320	870		1 620		3 640	6 450
运输车间	1 800	150	970				1 600	4 520
行政管理部门		4 290		1 450		1 380	2 430	9 550

（7）供电车间本月提供电力39 000度，其中运输车间耗用120度，基本生产车间产品生产用电36 000度，基本生产车间一般性耗用1 200度，行政管理部门耗用1 680度。运输车间提供运输劳务7 080吨公里，其中供电车间耗用7吨公里，基本生产车间耗用7 000吨公里，行政管理部门耗用73吨公里。采用直接分配法分配电费和运输费用。产品生产用电按生产工时比例法分配。

（8）甲产品各月在产品数量变化不大，生产费用在完工产品与在产品之间的分配，采用在产品按固定成本计价法。

（9）乙产品的原材料在生产开始时一次投入，直接人工费用和制造费用均衡发生，在产品完工程度50%。生产费用在完工产品与月末在产品之间的分配采用约当产量法。

要求：根据上述业务，完成下列工作：

（1）编制各种要素费用分配表，登记有关明细账；

（2）编制辅助生产费用分配表，进行账务处理；

（3）按生产工时比例法分配制造费用，编制基本生产车间制造费用分配表，进行账务处理；

(4) 计算甲、乙两种产品成本。

解：

(1) 以甲、乙产品为成本计算对象开设产品成本明细账，如表5-19、表5-20所示，登记月初在产品成本。

(2) 根据各项生产费用发生的原始凭证和有关资料，编制各种要素费用分配表，进行账务处理。

① 根据发出材料汇总表，按用途编制材料费用分配表，如表5-9所示。

表5-9　　　　　　　　　　　　材料费用分配表

201×年3月　　　　　　　　　　　　　　单位：元

应借科目			直接计入	分配计入			金额合计
总账科目	明细科目	成本或费用项目		定额消耗量	分配率	分配金额	
生产成本	基本生产成本——甲产品	直接材料	47 000	200	30	6 000	53 000
	基本生产成本——乙产品	直接材料	71 300	300		9 000	80 300
	小　计		118 300	500		15 000	133 300
生产成本	辅助生产成本——供电车间	材料费	1 950				1 950
	辅助生产成本——运输车间	材料费	2 600				2 600
	小　计		4 550				4 550
制造费用	基本生产车间	机物料	7 130				7 130
管理费用		材料费	2 500				2 500
合　计			132 480			15 000	147 480

根据发出材料汇总表和材料费用分配表编制会计分录如下：

借：生产成本——基本生产成本——甲产品　　　　　　　　　53 000
　　　　　　　　　　　　　　　——乙产品　　　　　　　　　80 300
　　生产成本——辅助生产成本——供电车间　　　　　　　　　1 950
　　　　　　　　　　　　　　　——运输车间　　　　　　　　2 600
　　制造费用——基本生产车间　　　　　　　　　　　　　　　7 130
　　管理费用　　　　　　　　　　　　　　　　　　　　　　　2 500
　　贷：原材料　　　　　　　　　　　　　　　　　　　　　147 480

② 根据职工薪酬费用汇总表按生产工时分配生产工人工资，编制职工薪酬费用分配表，如表5-10所示。

生产工人工资分配率 = $\dfrac{120\,000}{650+350}$ = 120（元/小时）

甲产品应分配生产工人工资 = 650 × 120 = 78 000（元）

乙产品应分配生产工人工资 = 350 × 120 = 42 000（元）

表 5-10　　　　　　　　　　职工薪酬费用分配表

201×年3月　　　　　　　　　　　　　　　　　　　　单位：元

应借科目			工资	其他职工薪酬	合计
总账科目	明细科目	成本或费用项目			
生产成本	基本生产成本——甲产品	直接人工	78 000	31 200	109 200
	基本生产成本——乙产品	直接人工	42 000	16 800	58 800
	小　计		120 000	48 000	168 000
生产成本	辅助生产成本——供电车间	职工薪酬	5 200	2 080	7 280
	辅助生产成本——运输车间	职工薪酬	6 300	2 520	8 820
	小　计		11 500	4 600	16 100
制造费用	基本生产车间	职工薪酬	15 800	6 320	22 120
管理费用		职工薪酬	13 700	5 480	19 180
合　计			161 000	64 400	225 400

根据职工薪酬费用汇总表和职工薪酬费用分配表编制会计分录：

```
借：生产成本——基本生产成本——甲产品              109 200
                         ——乙产品               58 800
    生产成本——辅助生产成本——供电车间              7 280
                         ——运输车间              8 820
    制造费用                                    22 120
    管理费用                                    19 180
    贷：应付职工薪酬——工资                       161 000
                  ——职工福利                     3 220
                  ——社会保险费                   38 640
                  ——住房公积金                   16 905
                  ——工会经费                      3 220
                  ——职工教育经费                  2 415
```

③ 根据折旧情况，编制折旧费用分配表，如表 5-11 所示。

表 5 - 11　　　　　　　　　　折旧费用分配表

201×年 3 月　　　　　　　　　　　　　　单位：元

总账科目	应借科目		合 计
	明细科目	成本或费用项目	
生产成本	辅助生产成本——供电车间	折旧费	3 760
	辅助生产成本——运输车间	折旧费	5 279
	小　计		9 039
制造费用	基本生产车间	折旧费	5 230
管理费用		折旧费	2 300
	合　计		16 569

根据折旧费用分配表编制会计分录：
借：生产成本——辅助生产成本——供电车间　　　　3 760
　　　　　　　　　　　　　　　　——运输车间　　　　5 279
　　制造费用　　　　　　　　　　　　　　　　　　　　5 230
　　管理费用　　　　　　　　　　　　　　　　　　　　2 300
　　贷：累计折旧　　　　　　　　　　　　　　　　　　16 569

④ 根据其他费用付款情况，编制其他费用分配表，如表 5 - 12 所示。

表 5 - 12　　　　　　　　　　其他费用分配表

201×年 3 月　　　　　　　　　　　　　　单位：元

总账科目	应借科目		合 计
	明细科目	成本或费用项目	
生产成本	辅助生产成本——供电车间	办公费	320
		劳动保护费	870
		租赁费	1 620
		其他	3 640
	辅助生产成本——运输车间	燃料费	1 800
		办公费	150
		劳动保护费	970
		其他	1 600

— 92 —

续表

应借科目		成本或费用项目	合计
总账科目	明细科目		
制造费用	基本生产车间	办公费	360
		劳动保护费	2 180
		其他	2 380
管理费用	行政管理部门	办公费	4 290
		差旅费	1 450
		排污费	1 380
		其他	2 430
合 计			25 440

根据其他费用分配表，编制会计分录：

借：生产成本——辅助生产成本——供电车间　　　　　　　6 450
　　　　　　　　　　　　　　　——运输车间　　　　　　　4 520
　　制造费用　　　　　　　　　　　　　　　　　　　　　 4 920
　　管理费用　　　　　　　　　　　　　　　　　　　　　 9 550
　　贷：银行存款　　　　　　　　　　　　　　　　　　　25 440

(3) 归集和分配辅助生产费用。

① 登记辅助生产成本明细账，如表5－13、表5－14所示。

表5－13　　　　　　　　　　辅助生产成本明细账

车间名称：供电车间　　　　　　　201×年3月　　　　　　　　　　单位：元

201×年		凭证号数	摘要	材料费	职工薪酬	折旧费	办公费	劳保费	租赁费	其他	合计
月	日										
3	31	略	材料费用分配表	1 950							1 950
3	31	略	职工薪酬费用分配表		7 280						7 280
3	31	略	折旧费用分配表			3 760					3 760
3	31	略	其他费用分配表				320	870	1 620	3 640	6 450
3	31	略	本月发生额合计	1 950	7 280	3 760	320	870	1 620	3 640	19 440
3	31	略	分配给各受益部门	1 950	7 280	3 760	320	870	1 620	3 640	19 440

表 5-14　　　　　　　　　　　　　辅助生产成本明细账

车间名称：运输车间　　　　　　　　　201×年3月　　　　　　　　　　　　　单位：元

201×年		凭证号数	摘要	材料费	职工薪酬	折旧费	燃料费	办公费	劳保费	其他	合计
月	日										
3	31	略	材料费用分配表	2 600							2 600
3	31	略	职工薪酬费用分配表		8 820						8 820
3	31	略	折旧费用分配表			5 279					5 279
3	31	略	其他费用分配表				1 800	150	970	1 600	4 520
3	31	略	本月发生额合计	2 600	8 820	5 279	1 800	150	970	1 600	21 219
3	31	略	分配给各受益部门	2 600	8 820	5 279	1 800	150	970	1 600	21 219

② 编制辅助生产费用分配表，如表 5-15 所示。

表 5-15　　　　　　　　　　　　　辅助生产费用分配表

（直接分配法）

201×年3月　　　　　　　　　　　　　单位：元

项　目		供电车间	运输车间	合　计
待分配费用		19 440	21 219	40 659
供应辅助生产以外单位的劳务数量		38 880	7 073	
费用分配率		0.5	3	
受益对象	基本生产车间 产品耗用量	36 000		
	分配金额	18 000		18 000
	一般耗用量	1 200	7 000	
	分配金额	600	21 000	21 600
	行政管理部门 耗用数量	1 680	73	
	分配金额	840	219	1 059
合　计		19 440	21 219	40 659

表 5-16　　　　　　　　　　　　　产品用电分配表

201×年3月　　　　　　　　　　　　　单位：元

产品	生产工时	分配率	分配金额
甲产品	650	18 000/1 000 = 18	11 700
乙产品	350		6 300
合　计	1 000		18 000

根据表5-15、表5-16，编制会计分录如下：

借：生产成本——基本生产成本——甲产品（制造费用）　　　11 700
　　　　　　　　　　　　　　——乙产品（制造费用）　　　　6 300
　　制造费用——基本生产车间——水电费　　　　　　　　　21 600
　　管理费用——水电费　　　　　　　　　　　　　　　　　1 059
　　贷：生产成本——辅助生产成本——供电车间　　　　　　19 440
　　　　　　　　　　　　　　　　——运输车间　　　　　　21 219

(4) 归集和分配基本生产车间的制造费用。

① 登记制造费用明细账，如表5-17所示。

表5-17　　　　　　　　　制造费用明细账

车间名称：基本生产车间　　　　201×年3月　　　　　　　　　单位：元

201×年		凭证号数	摘要	机物料	职工薪酬	水电费	折旧费	办公费	劳保费	其他	合计
月	日										
3	31	略	材料费用分配表	7 130							7 130
3	31	略	职工薪酬费用分配表		22 120						22 120
3	31	略	折旧费用分配表				5 230				5 230
3	31	略	其他费用分配表					360	2 180	2 380	4 920
3	31	略	分配辅助生产费用			600				21 000	21 600
3	31		本期发生额合计	7 130	22 120	600	5 230	360	2 180	23 380	61 000
3	31	略	制造费用分配表	7 130	22 120	600	5 230	360	2 180	23 380	61 000

② 编制制造费用分配表，如表5-18所示。

表5-18　　　　　　基本生产车间制造费用分配表

　　　　　　　　　　201×年3月　　　　　　　　　　　　单位：元

应借科目			生产工时	分配率	分配金额
生产成本	基本生产成本	甲产品	650 小时	61 000 ÷ 1 000	39 650
		乙产品	350 小时		21 350
	合计		1 000	61	61 000

结转基本生产车间的制造费用，编制会计分录如下：

借：生产成本——基本生产成本——甲产品（制造费用）　　　39 650
　　　　　　　　　　　　　　——乙产品（制造费用）　　　21 350
　　贷：制造费用——基本生产车间　　　　　　　　　　　　61 000

(5) 计算完工产品成本和月末在产品成本。
① 登记产品成本明细账，如表5-19、表5-20所示。
② 按固定成本计价法计算甲完工产品成本，见表5-19。
③ 用约当产量法计算乙产品成本，见表5-20。

表5-19　　　　　　　　　　　　产品成本明细账

产品名称：甲产品　　　　　　　201×年3月　　　　　　　　　　单位：元

201×年		凭证号数	摘要	直接材料	直接人工	制造费用	合计
月	日						
3	1	略	月初在产品成本	7 510	5 290	9 860	22 660
3	31	略	根据材料费用分配表	53 000			53 000
3	31	略	根据职工薪酬费用分配表		109 200		109 200
3	31	略	根据辅助生产费用分配表			11 700	11 700
3	31	略	根据制造费用分配表			39 650	39 650
3	31	略	本月生产费用小计	53 000	109 200	51 350	213 550
3	31	略	生产费用累计	60 510	114 490	61 210	236 210
3	31	略	完工产品总成本	53 000	109 200	51 350	213 550
3	31	略	月末在产品成本	7 510	5 290	9 860	22 660

表5-20　　　　　　　　　　　　产品成本明细账

产品名称：乙产品　　　　　　　201×年3月　　　　　　　　　　单位：元

201×年		凭证号数	摘　要	直接材料	直接人工	制造费用	合计
月	日						
3	1	略	月初在产品成本	16 000	4 200	350	20 550
3	31	略	材料费用分配表	80 300			80 300
3	31	略	职工薪酬费用分配表		58 800		58 800
3	31	略	辅助生产费用分配表			6 300	6 300
3	31	略	制造费用分配表			21 350	21 350
3	31	略	本月生产费用小计	80 300	58 800	27 650	166 750
3	31	略	生产费用累计	96 300	63 000	28 000	187 300
3	31	略	完工产品产量	500	500	500	

续表

201×年		凭证号数	摘要	直接材料	直接人工	制造费用	合计
月	日						
3	31	略	在产品约当产量	400	200	200	
3	31	略	约当总产量	900	700	700	
3	31	略	费用分配率	107	90	40	
3	31	略	完工产品总成本	53 500	45 000	20 000	118 500
3	31	略	月末在产品成本	42 800	18 000	8 000	68 800

计算过程:

直接材料费用分配率 $= \dfrac{96\ 300}{900} = 107$

直接人工费用分配率 $= \dfrac{63\ 000}{700} = 90$

制造费用分配率 $= \dfrac{28\ 000}{700} = 40$

完工产品总成本: 直接材料费用　500×107 = 53 500 (元)
　　　　　　　　直接人工费用　500×90 = 45 000 (元)
　　　　　　　　制造费用　500×40 = 20 000 (元)

(6) 编制完工产品成本汇总表, 如表 5-21 所示

表 5-21　　　　　　　　　完工产品成本汇总表

201×年3月　　　　　　　　　　　　　　　　　　　　　　单位: 元

成本项目	甲产品		乙产品	
	总成本	单位成本	总成本	单位成本
直接材料	53 000	530	53 500	107
直接人工	109 200	1 092	45 000	90
制造费用	51 350	513.5	20 000	40
合计	213 550	213.55	118 500	237

结转完工入库产品成本, 编制会计分录如下:

借: 库存商品——甲产品　　　　　　　　　　　　　　　213 550
　　　　　　——乙产品　　　　　　　　　　　　　　　118 500
　贷: 生产成本——基本生产成本——甲产品　　　　　　213 550
　　　　　　　　　　　　　　　——乙产品　　　　　　118 500

【本章小结】

企业确定产品成本计算方法，一要符合生产类型的特点；二要考虑成本管理的要求。产品成本计算方法的主要组成要素包括成本计算对象、成本计算期、生产费用在完工产品和期末在产品之间的分配。成本计算对象是区分各种基本方法的主要标志。

品种法、分批法和分步法是产品成本计算的基本方法，它们与生产类型的特点有着直接联系，涉及成本计算对象的确定，是计算产品实际成本必不可少的方法。分类法和定额法是产品成本计算的辅助方法，与生产类型的特点没有直接联系，只要具备条件，可以在任何生产类型的企业中使用。

品种法是最基本的产品成本计算方法，在实际工作中应用较为广泛，主要适用于大量大批单一生产步骤的企业；大量大批多步骤生产，但管理上不要求分步骤计算产品成本的企业。

品种法的特点是：（1）以产品品种作为成本计算对象，开设成本计算单或设置生产成本明细账。（2）成本计算定期按月进行。（3）在单步骤生产企业中，一般不需要将生产费用在完工产品和在产品之间进行分配；在一些规模较小，而且管理上又不要求按照生产步骤计算成本的大量大批的多步骤生产中，月末都有在产品，而且在产品数量较多，则需要将产品成本明细账中所归集的生产费用，采用适当的分配方法，在完工产品和月末在产品之间进行分配，以便计算完工产品成本和月末在产品成本。

品种法的成本计算程序也就是产品成本计算的一般程序，其步骤是：（1）按照产品品种开设成本计算单或设置基本生产成本明细账；（2）归集和分配要素费用；（3）归集和分配辅助生产费用；（4）归集和分配制造费用；（5）采用适当的方法计算完工产品成本。

【中英文对照专业名词及术语】

成本计算对象	Cost Object
成本计算方法	Products-costing System
品种法	Products Costing
产品成本	Product Cost

复习思考题

1. 确定产品成本计算方法的原则是什么？
2. 简述产品成本计算方法的种类。
3. 简述品种法的特点、适用范围。
4. 简述品种法的成本计算程序。
5. 产品成本计算的3种基本方法有何区别？

练习题

某企业下设一个基本生产车间和一个辅助生产车间。基本生产车间生产甲、乙两种产品，采用品种法计算产品成本。产品成本明细账设置"直接材料费用"、"直接人工费用"和"制造用"3个成本项目。辅助生产车间的制造费用不通过"制造费用"科目进行核算。

（1）201×年1月月初在产品成本如表所示。

单元：元

产品	直接材料	直接人工	制造费用
甲	5 000	12 900	17 600
乙	8 500	4 800	1 600

（2）201×年1月份企业发生的经济业务如下：

① 基本生产车间领料100 000元，其中：直接用于甲产品的A材料40 000元，直接用于乙产品的B材料35 000元，甲、乙产品共同耗用的C材料20 000元，车间耗用的消耗性材料5 000元。辅助生产车间领料3 000元。

② 基本生产车间工人的工资40 000元，基本生产车间管理人员工资3 000元；辅助生产车间人员工资8 000元。

③ 按照工资费用的30%计提社会保险费。

④ 基本生产车间本月计提折旧3 200元；辅助生产车间计提折旧2 000元。

⑤ 基本生产车间发生其他支出5 670元；辅助生产车间发生其他支出3 150元，均通过银行办理转账结算。

⑥ 辅助生产车间提供劳务5 000小时，其中：为基本生产车间提供4 000小时，为企业管理部门提供1 000小时。

（3）产量记录：甲产品月初在产品200件，本月投产600件，本月完工产品800件，月末无在产品。乙产品月初在产品20件，本月投产500件，本月完工产品500件，月末在产品20件。

（4）其他资料及规定：

① 材料按定额消耗量比例进行分配。甲产品的定额消耗量为4 000千克，乙产品的定额消耗量为1 000千克。

② 生产工人的工资按生产工时比例进行分配。甲产品的生产工时为8 000小时，乙产品的生产工时为2 000小时。

③ 基本生产车间的制造费用按生产工时比例分配。

④ 辅助生产费用按劳务小时比例分配。

⑤ 乙产品采用在产品按固定成本计价法计算完工产品成本与月末在产品成本。

要求：

（1）编制各项要素费用分配的会计分录。

（2）编制辅助生产费用分配的会计分录。

（3）编制结转基本生产车间制造费用的会计分录。

（4）计算、填列甲、乙产品成本明细账。

（5）编制结转产成品成本的会计分录。

第六章
产品成本计算的分批法

【本章学习目的】通过本章的学习,应该达到以下学习目的:了解分批法的成本计算程序和简化分批法的账簿体系,理解分批法的特点和"批"的含义;掌握基本生产成本二级账的登记方法;掌握单件小批生产企业,跨月陆续完工产品成本的计算;熟练运用一般分批法和简化分批法计算产品成本。

【案例导引】

　　从武汉纺织大学会计学院毕业的王欣,在一家新成立的礼品制造企业从事成本会计工作。该厂生产的布艺礼品市场销路很好,需要计算产品成本。王欣在《成本会计》课程中学过:选择成本计算方法,一要考虑生产特点,二要考虑成本管理的要求。于是王欣先了解了布艺礼品的生产情况:有两个基本生产车间,按收到的订单组织批量生产,同时将生产任务通知书(或生产令号)交财务部门一份。以手工劳动为主,生产工艺比较简单,产品完工后包装好准备交货。

　　5月末生产部门提供下列资料:一车间5月生产101批号甲产品10件,月末完工10件;15日投产102批号乙产品60件,完工5件;23日投产103批号甲产品8件,月末没有完工产品。二车间5月生产A、B、C、D、E 5个批次的产品:201批次A产品上月投产,202批次B产品上月投产,203批次C产品、204批次D产品、205批次E产品均为本月投产。202批次B产品本月完工,其余4个批次均未完工。生产工时和各项费用有详细资料。每月发生的人工费用和制造费用比较均衡。

　　收到上述资料,王欣确定一车间采用一般分批法计算产品成本,按101批号甲产品、102批号乙产品和103批号甲产品,设置3张产品成本明细账,分别归集各批号产品的生产费用,计算完工产品成本。二车间采用简化分批法计算产品成本,设置基本生产成本二级账和5张产品成本明细账,5月发生的直接人工和制造费用记入基本生产成本二级账,5张产品成本明细账只登记直接材料费用和生产工时。

　　学完本章的内容,你认为王欣的做法正确吗?为什么?

第一节　分批法概述

　　分批法是以每批或每件产品作为成本核算对象归集生产费用,计算产品成本的方法。分批法下，由于企业大多根据购货单位的订单按不同批别组织生产活动，所以分批法也称为订单法。

一、分批法的适用范围

分批法主要适用于单件小批生产企业。具体有以下几种情况：

1. 按客户的订单组织生产的企业。单件小批生产的精密仪器、专用工具、专用设备等具有特定用途，要根据购买者的订单、图纸组织生产。

2. 产品种类经常变动的小规模制造企业。如不断更新产品的服装厂、小型印刷厂等。这类企业规模比较小，工人数量少，没有大型设备或生产流水线，生产组织具有较大的灵活性，常需根据市场需求的不断变化生产不同种类、规格和数量的产品。

3. 承揽修理业务的企业。如汽车修理厂。这类企业需要根据所承接业务的不同分别计算各修理业务的成本，以便向不同的客户收取修理费用。需等待修理完成后计算每次修理业务的实际成本。

4. 新产品试制车间。专门试制新产品的车间，一般不重复生产，要按每批新产品分别计算成本。

二、分批法的特点

（一）分批法以每批或每件产品作为成本计算对象

采用分批法计算产品成本时，成本计算对象就是每批或每件产品，按产品的批号和产品品种设置生产成本明细账。在小批单件生产中，产品的种类和每批产品的批量，又是根据购买单位的订单确定的，所以分批法的成本计算对象原则上说是购货单位的订单。但是，一张订单和一个批别并非同一概念。如果在一张订单中有两种以上产品，可以按照产品的品种划分批别组织生产，计算产品成本。如果在一张订单中只有一种数量较大的产品，购货单位又要求分批交货，可以分为若干批次组织生产，计算产品成本。如果在同一时期不同订单上有相同产品，而且数量不多，为了经济合理地组织生产，企业生产计划部门可以将不同订单中的相同产品合成一批组织生产，计算产品成本。在这些情况下，分批法的成本计算对象，就不是购货单位的订货单，而是企业生产计划部门签发下达的生产任务通知单，单内对每批生产任务进行编号，称为产品批号或工作令号。会计部门应根据产品批号设立产品成本明细账，按产品批别归集生产费用。

（二）分批法以每批产品的生产周期作为成本计算期

在分批法下，应按月归集各批产品本月发生的费用。产品成本的计算与生产任务通知单的签发和生产任务的完成协调一致，以保证每批产品成本计算的正确性。由于各批产品的生产周期各不相同，一般等一批产品全部完工以后才计算确定完工产品成本，因此分批法的成本计算期与产品的生产周期一致，与会计报告期不一致，产品成本计算具有不定期的性质。

（三）生产费用一般不需要在完工产品与月末在产品之间进行分配

分批法适用于单件小批生产企业。在单件生产中，产品完工前产品成本明细账所记载的生产费用是在产品成本；产品完工后，产品成本明细账所记载的生产费用累计起来，就是完工产品成本。因而不存在将生产费用在完工产品与在产品之间进行分配的问题。

在小批生产中，由于产品批量较小，批内产品一般都能同时完工，或者在相距不远的时间内全部完工。月末计算成本时，或是全部已经完工，或是全部未完工，因而一般也不存在将生产费用在完工产品与在产品之间进行分配的问题。

若批内产品存在着跨月陆续完工的情况，在月末计算产品成本时，一部分产品已完工，另一部分产品尚未完工，则需要考虑具体情况计算完工产品成本。当批内产品少量完工时，可以采用计划单位成本、定额单位成本或近期同类产品的实际单位成本作为完工产品单位成本，予以结转，也不需要在完工产品与在产品之间分配费用。

三、分批法的成本计算程序

采用分批法计算产品成本时，可按以下步骤进行：

1. 按产品的批号和产品品种设置产品成本明细账。财务部门应根据生产计划部门下达的生产任务通知单，按产品的批号和产品品种设置产品成本明细账。表头应写明批号、批量、产品名称、投产日期、完工日期、购货方、计量单位等，单内按成本项目设置专栏。

2. 按批别归集要素费用。采用分批法计算产品成本的企业，应尽可能按生产通知单的批号组织生产、领用材料、计算职工薪酬、支付相关费用。产品耗用的材料费用、人工费用以及其他费用，能直接分清批号的，可以根据原始凭证或汇总原始凭证直接计入各批产品生产成本明细账的相应的成本项目中。对于难以分清批次的，应采用一定的分配标准编制费用分配表，分配计入各批产品的生产成本明细账中。

3. 编制辅助生产费用分配表。月末根据辅助生产成本明细账所归集的各项费用，结合各批产品和各受益部门的辅助生产车间的劳动数量，再按一定的分配方法进行分配，计入各批产品生产成本明细账。

4. 编制制造费用分配表。月末根据制造费用明细账所归集的各项费用，采用一定的分配方法在各批产品之间进行分配，计入各批产品生产成本明细账。

5. 结转完工产品成本。

在一批产品同时投产、同时完工的情况下，把产品生产成本明细账上所归集的全部生产费用加总，即求出完工产品的总成本，总成本除以批量，即为该批产品的单位成本。

如果批内产品有跨月陆续完工的情况，在月末计算成本时，一部分产品已完工，另一部分产品尚未完工，需要区别对待。

如果批内产品少量完工，可以采用计划单位成本、定额单位成本或近期同类产品的实际单位成本作为完工产品单位成本，予以结转。待该批产品全部完工以后，再计算该批产品的实际总成本和单位成本。但是，已经结转的完工产品成本没有必要进行调整。

如果批内产品跨月陆续完工的情况比较多（完工产品的数量占该产品批量的比重较大），则应考虑采用适当方法在完工产品和期末在产品之间分配生产费用，如约当产量法、定额比例法等。这种情况实际上已经是大批生产了。为了减少分批出货的困难，可把订单划分成较小的内部订单，使一张成本明细账的产品在同一个月内完成。

第二节 分批法核算举例

【例6-1】假设某厂二车间根据客户订单组织生产，采用分批法计算产品成本。

1271批次生产甲产品，批量10件，4月投产，6月全部完工；

1281批次生产乙产品，批量15件，5月投产，7月完工；

1282批次生产丙产品，批量20件，6月3日投产，6月份提前完工2件。每件计划成本为：直接材料费用3 360元，直接人工费用1 700元，制造费用2 550元。7月10日丙产品全部完工。

201×年4月和5月发生的费用见各生产成本明细账，6月份的有关资料如下：

(1) 生产工时、产量及材料费用，如表6-1所示。

表6-1　　　　　生产工时、产量及材料费用汇总表　　　　　单位：元

批 次	生产工时（小时）	材料费用
1271	520	32 950
1281	860	58 130
1282	910	67 280
二车间用料		15 970

(2) 应付职工薪酬费用汇总表如表6-2所示。

表6-2　　　　　　职工薪酬费用汇总表

部 门	生产工人	管理人员
二车间	64 120	14 670
厂部		37 250

(3) 二车间折旧及其他费用汇总表如表6-3所示。

表6-3　　　　　　折旧及其他费用汇总表　　　　　单位：元

折旧费	办公费	水电费	劳保费	其他
26 000	8 310	2 872	9 630	18 728

要求：采用分批法计算产品成本。
(1) 作分配材料费用的会计分录；
(2) 采用生产工时分配法分配产品生产工人薪酬费，并编制会计分录；
(3) 登记生产车间制造费用明细账，采用生产工时分配法分配制造费用，并编制结转制造费用的会计分录；
(4) 计算、填列生产成本明细账；
(5) 编制结转完工产品成本的会计分录。

产品成本计算过程如下：
第一，按产品的批别设置产品成本明细账，见表6-7、表6-8、表6-9。
第二，按批别归集和分配要素费用。
(1) 分配材料费用，会计分录如下：

借：生产成本——基本生产成本——1271批次（甲产品）　　32 950
　　　　　　　　　　　　　　——1281批次（乙产品）　　58 130
　　　　　　　　　　　　　　——1282批次（丙产品）　　67 280
　　制造费用　　　　　　　　　　　　　　　　　　　　　15 970
　　贷：原材料　　　　　　　　　　　　　　　　　　　　　　　174 330

(2) 编制职工薪酬费用分配表。如表6-4所示。

表6-4　　　　　　　　　　职工薪酬费用分配表
201×年6月　　　　　　　　　　　　　　　　单位：元

批　次	生产工时	分配率	应分配费用
1271	520		14 560
1281	860		24 080
1282	910		25 480
合计	2 290	28	64 120

借：生产成本——基本生产成本——1271批次（甲产品）　　14 560
　　　　　　　　　　　　　　——1281批次（乙产品）　　24 080
　　　　　　　　　　　　　　——1282批次（丙产品）　　25 480
　　制造费用　　　　　　　　　　　　　　　　　　　　　14 670
　　管理费用　　　　　　　　　　　　　　　　　　　　　37 250
　　贷：应付职工薪酬　　　　　　　　　　　　　　　　　　　116 040

(3) 计提折旧费，会计分录如下：
借：制造费用　　　　　　　　　　　　　　　　　　　　　26 000
　　贷：累计折旧　　　　　　　　　　　　　　　　　　　　　　26 000

(4) 分配其他费用,会计分录如下:

借:制造费用　　　　　　　　　　　　　　　　　　　　　　39 540
　　贷:银行存款　　　　　　　　　　　　　　　　　　　　　　39 540

第三,归集和分配制造费用,如表6-5、表6-6所示。

表6-5　　　　　　　　　　　　制造费用明细账

车间名称:二车间　　　　　　　　201×年6月　　　　　　　　　　单位:元

摘　要	材料费	薪酬费	折旧费	办公费	水电费	劳保费	其他	合计
分配材料费用	15 970							15 970
职工薪酬费用分配表		14 670						14 670
计提折旧费用			26 000					26 000
分配其他费用				8 310	2 872	9 630	18 728	39 540
合计	15 970	14 670	26 000	8 310	2 872	9 630	18 728	96 180

表6-6　　　　　　　　　　　　制造费用分配表

　　　　　　　　　　　　　　　　201×年6月　　　　　　　　　　　　单位:元

批次	生产工时(小时)	分配率	应分配费用
1271	520		21 840
1281	860		36 120
1282	910		38 220
合计	2 290	42	96 180

借:生产成本——基本生产成本——1271批次(甲产品)　　　21 840
　　　　　　　　　　　　　　　——1281批次(乙产品)　　　36 120
　　　　　　　　　　　　　　　——1282批次(丙产品)　　　38 220
　　贷:制造费用　　　　　　　　　　　　　　　　　　　　　96 180

第四,计算各批次完工产品成本,如表6-7、表6-8、表6-9所示。

表6-7　　　　　　　　　　　　生产成本明细账

批次:1271　　　　　　　　产品名称:甲　　　　　　　投产日期:4月
购货方:力珞公司　　　　　批量:10件　　　　　　　　完工日期:6月　　　单位:元

月	日	摘　要	直接材料	直接人工	制造费用	合计
4	30	本月发生费用	53 210	47 850	31 462	132 522
5	31	本月发生费用	47 530	29 672	19 135	96 337

续表

月	日	摘　要	直接材料	直接人工	制造费用	合计
6	30	本月发生费用	32 950	14 560	21 840	69 350
6	30	本月止累计成本	133 690	92 082	72 437	298 209
6	30	结转完工产品成本	133 690	92 082	72 437	298 209
6	30	完工产品单位成本	13 369	9 208.2	7 243.7	29 820.9

表 6-8　　　　　　　　　　　　生产成本明细账

批次：1281　　　　　产品名称：乙　　　　　投产日期：5月
购货方：华日公司　　批量：15件　　　　　　完工日期：7月　　　　单位：元

月	日	摘　要	直接材料	直接人工	制造费用	合计
5	31	本月发生费用	76 290	38 510	46 830	161 630
6	30	本月发生费用	58 130	24 080	36 120	118 330
6	30	生产费用累计	134 420	62 590	82 950	279 960

表 6-9　　　　　　　　　　　　生产成本明细账

批次：1282　　　　　产品名称：丙　　　　　投产日期：6月
购货方：众诚公司　　批量：20件　　　　　　完工日期：6月2件　　单位：元

月	日	摘　要	直接材料费用	直接人工费用	制造费用	合计
6	30	本月发生费用	67 280	25 480	38 220	130 980
6	30	转出完工产品成本（2件）	6 720	3 400	5 100	15 220
6	30	完工产品单位成本	3 360	1 700	2 550	7 610
6	30	月末在产品成本	60 560	22 080	33 120	115 760

结转完工产品成本：
　　借：库存商品——甲产品　　　　　　　　　　　　　　　298 209
　　　　　　　　——丙产品　　　　　　　　　　　　　　　 15 220
　　　贷：生产成本——基本生产成本——1271批次（甲产品）298 209
　　　　　　　　　　　　　　　　　　——1282批次（丙产品） 15 220

【例6-2】承［例6-1］，7月继续加工1282批次丙产品，发生直接人工费用8 700元，制造费用12 740元，产品成本计算如表6-10所示。

表 6-10　　　　　　　　　　　生产成本明细账

批次：1282　　　　产品名称：丙　　　　投产日期：6月　　　　　完工日期：6月2件
购货方：众诚公司　　批量：20件　　　　完工日期：7月18件　　　单位：元

月	日	摘　要	直接材料	直接人工	制造费用	合计
6	30	本月发生费用	67 280	25 480	38 220	130 980
6	30	转出完工产品成本（2件）	6 720	3 400	5 100	15 220
6	30	完工产品单位成本	3 360	1 700	2 550	7 610
6	30	月末在产品成本	60 560	22 080	33 120	115 760
7	30	本月发生费用		8 700	12 740	21 440
7	30	完工产品成本	60 560	30 780	45 860	137 200
7	30	该批完工产品总成本	67 280	34 180	50 960	152 420
7	30	该批完工产品实际单位成本	3 364	1 709	2 548	7 621

结转完工产品成本：
　　借：库存商品——丙产品　　　　　　　　　　　　　　　　　　　　　137 200
　　　　贷：生产成本——基本生产成本——1282批次（丙产品）　　　　　137 200

在［例6-2］中，6月份提前转出的2件完工产品成本是计划成本，不是实际成本。为了正确地考核和分析该批产品成本计划的完成情况，当7月份该批产品全部完工时，还要计算整批完工产品实际总成本和实际单位成本。本例中，该批产品单位制造费用2 548元比计划降低了2元，完成了计划任务；而单位直接材料成本3 364元，比计划超支4元；单位直接人工成本1 709元，比计划超支9元，没有完成计划任务。应进一步查明原因，以便挖掘降低成本的潜力。

该批产品全部完工时，计算出的整批产品实际总成本，无须对6月和7月份已经转账的完工产品成本作账面调整。

第三节　简化的分批法

一、简化分批法的定义

简化分批法又称累计分配法或不分批计算在产品成本的分批法，是指每月发生的各项间接计入费用，不逐月在各批产品之间进行分配，而是将这些费用先分别累计起来，计入基本生产成本二级账，等到有完工产品的月份，求出累计分配率，再用累计分配率对完工产品分配间接计入费用的方法。

二、简化分批法的适用范围

简化分批法适用于在同一月份内投产的产品批数繁多而且月末未完工批数较多的单件、小批生产的企业。因为在这种情况下,如果每月把各种间接计入费用在各批产品之间进行分配,其工作量极为繁重,而且其实际意义也不大。同时该方法只宜在各月间接费用的水平相差不多的情况下采用,否则就会影响各月产品成本的正确性。

三、简化分批法的账簿体系

简化分批法账簿体系既包括按产品批别设立的产品生产成本明细账,又包括基本生产成本二级账。

1. 基本生产成本二级账所起的作用:

(1) 登记全部产品月初在产品的料、工、费和生产工时,本月发生的料、工、费和生产工时;

(2) 在有完工产品的月份,按照下列公式计算全部产品累计间接计入费用分配率。

$$全部产品某项累计间接计入费用分配率 = \frac{全部产品某项累计间接计入费用}{全部产品累计生产工时}$$

(3) 结转完工产品总成本。

$$\begin{matrix}全部完工产品应负担\\的某项间接计入费用\end{matrix} = \begin{matrix}全部完工产品\\累计生产工时\end{matrix} \times \begin{matrix}全部产品该项累计\\间接计入费用分配率\end{matrix}$$

(4) 计算月末全部在产品的料、工、费和生产工时。

2. 各批次产品生产成本明细账所起的作用:

(1) 在各批产品完工之前,账内只需按月登记直接材料和生产工时。

(2) 在有产品完工的月份(包括批内产品全部完工或部分完工),按公式计算该批次完工产品应分配的间接计入费用,并结转完工产品成本,对在产品不分配间接计入费用。

$$\begin{matrix}某批次完工产品应\\负担的间接计入费用\end{matrix} = \begin{matrix}该批次完工产品\\累计生产工时\end{matrix} \times \begin{matrix}累计间接计入\\费用分配率\end{matrix}$$

基本生产成本二级账与各批次产品成本明细账按照平行登记的原则进行登记。月末,各批次产品成本明细账中,在产品的直接材料费用之和、生产工时之和,分别等于基本生产成本二级账中在产品的直接材料费用、生产工时数额。各批次产品成本明细账中,完工产品的直接材料费用之和、直接人工费用之和、制造费用之和、生产工时之和,分别等于基本生产成本二级账中完工产品的直接材料费用、直接人工费用、制造费用、生产工时数额。

四、简化分批法的成本计算程序

简化分批法的成本计算程序一般应遵循以下几个步骤:

1. 根据"生产任务通知单"设立基本生产成本二级账和各批次产品成本明细账;根据

本月原材料费用分配表、生产工时记录,平行登记基本生产成本二级账和各批次产品成本明细账。

2. 根据工资结算单和制造费用明细账在基本生产成本二级账中汇总登记本月发生的间接计入费用(如直接人工费用和制造费用等,下同);有完工产品的月份,月终根据基本生产成本二级账的数据按公式计算全部产品累计间接计入费用分配率。基本生产成本二级账中完工产品生产工时分别乘以各项累计间接计入费用分配率计算登记完工产品的间接计入费用。

3. 有完工产品的月份,各批次产品成本明细账应根据基本生产成本二级账登记各项累计间接计入费用分配率,计算该批次完工产品的间接计入费用;累计或分配得到该批次完工产品的直接材料费用。汇总登记基本生产成本二级账中完工产品的直接材料费用和生产工时。

4. 月终,将基本生产成本二级账与各批次产品成本明细账完工产品和在产品的相关数据进行核对。

简化分批法的成本计算程序如图 6-1 所示。

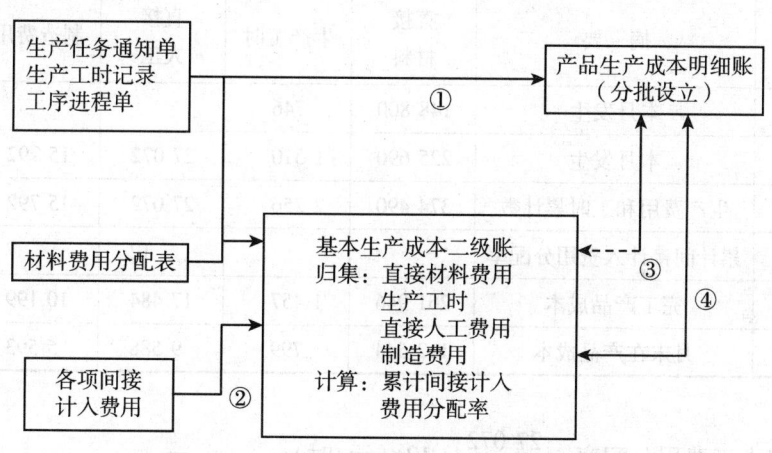

图 6-1 简化分批法的成本计算程序

【**例 6-3**】某工业企业的生产组织属于小批生产,产品批数多,而且月末有很多未完工产品,因而采用简化的分批法计算产品成本。该企业 5 月份产品有关资料如下:

(1) 生产批号:

甲产品 8 件,4 月投产,5 月 10 日全部完工,生产批号 401。4 月发生的材料费用和生产工时如表 6-12 所示。

乙产品 10 件,5 月投产,5 月完工 6 件,5 月有 4 件尚未完工;生产批号 501,材料在生产开始时一次投入,按产量比例分配直接材料费用。

丙产品 5 件,4 月投产,5 月尚未完工,生产批号 502。

丁产品 6 件,5 月投产,5 月尚未完工,生产批号 503。

(2) 各批号的原材料费用和生产工时为:

401号：原材料 53 280元，工时 158小时；
501号：原材料 135 110元，工时 1 130小时；
502号：原材料 24 100元，工时 126小时；
503号：原材料 13 200元，工时 96小时。

(3) 5月该厂全部产品的原材料费用 225 690元，工时 1 510小时，直接人工费用 27 072元，制造费用 15 792元。

(4) 5月 501号完工产品耗用工时 678小时。

(5) 该企业基本生产二级账如表 6-11所示。

要求：

(1) 登记基本生产成本二级账和各批产品成本明细账；
(2) 计算和登记累计间接费用分配率；
(3) 计算各批完工产品成本。

表 6-11 基本生产成本二级账

月	日	摘要	直接材料	生产工时	直接人工	制造费用	合计
4	30	本月发生	148 800	746			148 800
5	31	本月发生	225 690	1 510	27 072	15 792	268 554
5	31	生产费用和工时累计数	374 490	2 256	27 072	15 792	417 354
5	31	累计间接计入费用分配率			12	7	
5	31	完工产品成本	261 946	1 457	17 484	10 199	289 629
5	31	月末在产品成本	112 544	799	9 588	5 593	127 725

$$累计直接人工费用分配率 = \frac{27\ 072}{2\ 256} = 12（元/时）$$

$$累计制造费用分配率 = \frac{15\ 792}{2\ 256} = 7（元/时）$$

表 6-12 产品成本明细账

批号：401　　　　产品名称：甲　　　　投产日期：4月 2日
购货方：佳佳公司　　批量：15件　　　　完工日期：5月 10日　　　　单位：元

月	日	摘要	直接材料	生产工时	直接人工	制造费用	成本合计
4	30	本月发生	127 600	621			
5	31	本月发生	53 280	158			

续表

月	日	摘要	直接材料	生产工时	直接人工	制造费用	成本合计
5	31	生产费用和工时累计数	180 880	779			
5	31	累计间接计入费用分配率			12	7	
5	31	完工产品成本（15件）	180 880	779	9 348	5 453	195 681

表 6-13　　　　　　　　　　产品成本明细账

批号：501　　　　　　产品名称：乙　　　　投产日期：5月
购货方：万和公司　　　批量：10件　　　　完工日期：5月完工6件　　　单位：元

月	日	摘要	直接材料	生产工时	直接人工	制造费用	成本合计
5	31	本月发生	135 110	1 130			
5	31	累计间接计入费用分配率			12	7	
5	31	完工产品成本（6件）	81 066	678	8 136	4 746	93 948
5	31	月末在产品	54 044	452			

表 6-14　　　　　　　　　　产品成本明细账

批号：502　　　　　　产品名称：丙　　　　投产日期：4月
购货方：星业公司　　　批量：5件　　　　　完工日期：6月　　　　　　　单位：元

月	日	摘要	直接材料费用	生产工时	直接人工费用	制造费用	成本合计
4	30	本月发生	21 200	125			
5	31	本月发生	24 100	126			

表 6-15　　　　　　　　　　产品成本明细账

批号：503　　　　　　产品名称：丁　　　　投产日期：5月
购货方：同心公司　　　批量：6件　　　　　完工日期：7月　　　　　　　单位：元

月	日	摘要	直接材料费用	生产工时	直接人工费用	制造费用	成本合计
5	31	本月发生	13 200	96			

结转完工产品成本：
借：库存商品——甲产品   195 681
         ——乙产品   93 948
    贷：生产成本——基本生产成本——401 批次（甲产品）   195 681
                            ——501 批次（乙产品）   93 948

五、简化分批法的特点

1. 必须设置基本生产成本二级账。在简化分批法下，企业除了按产品批别设立产品成本明细账外，还必须设置基本生产成本二级账。这是简化分批法区别于一般分批法的显著标志。间接计入费用直接登记在基本生产成本二级账中。

2. 不分批计算在产品成本。产品没有完工之前，在各批次产品成本明细账上只登记直接材料和生产工时，对在产品不分配间接计入费用，所以无法反映各批次在产品成本。

3. 通过计算累计间接计入费用分配率来分配费用。分配间接计入费用的时间是有完工产品的月份。在各批完工产品之间、完工批别与月末在产品批别之间、某批产品的完工产品与月末在产品之间分配某项间接计入费用，是利用同一累计间接计入费用分配率进行的。

六、简化分批法的优缺点

采用简化分批法，由于生产费用的横向分配工作和纵向分配工作利用累计间接计入费用分配率，到产品完工时合并一次完成，因此有利于简化费用的分配，减少产品成本明细账的登记工作量。在产品批数越多，核算工作就越简化，但在各月间接计入费用水平相差悬殊的情况下，会影响产品成本计算的正确性。

【本章小结】

分批法也称为订单法，是以产品的批别作为成本核算对象归集生产费用，计算产品成本的方法，主要适用于单件小批生产企业。分批法的特点：（1）以产品批别作为成本计算对象。一个批别不等同于一张订单。（2）以每批产品的生产周期作为成本计算期。（3）生产费用一般不需要在完工产品与月末在产品之间进行分配。

在单件小批生产中，按产品批别归集的生产费用，在月末计算成本时，存在 3 种情况：（1）产品全部未完工，则产品成本明细账所记载的生产费用都是在产品成本；（2）产品全部完工，产品成本明细账所记载的生产费用，就是完工产品成本；（3）一部分产品已完工，另一部分产品尚未完工，需要考虑具体情况。如果批内产品少量完工，可以用完工产品数量乘以计划单位成本或定额单位成本或近期同类产品的实际单位成本，结转完工产品成本。如果批内完工产品的数量占该产品批量的比重较大，则应考虑采用约当产量法、定额比例法等在完工产品和期末在产品之间分配生产费用。

在同一月份内投产的产品批数繁多，月末未完工批数也较多，各月间接费用的水平相差不多的单件小批生产企业，采用简化分批法计算产品成本。简化分批法又称累计分配法或不分批计算在产品成本的分批法。其特点是：必须设置基本生产成本二级账；不分批计算在产品成本；通过计算累计间接计入费用分配率来分配费用。

在简化分批法下，基本生产成本二级账与各产品成本明细账按照平行登记的原则进行登记。月末，各产品成本明细账的数字与基本生产成本二级账对应的数字存在勾稽关系。

【中英文对照专业名词及术语】

批号	Batch Number
分批法	Job-order Costing System
简化分批法	Simple Job-order Costing System
基本生产成本二级账	Basic Production Cost Secondary Accounts
产品成本明细账	Schedule of Cost of Goods Manufactured

复习思考题

1. 分批法的特点及其适用范围是什么？
2. 分批法下，如何划分批次？
3. 在批内产品跨月陆续完工的情况下，如何核算完工产品成本和在产品成本？
4. 简化分批法有何特点？适用范围是什么？
5. 简化分批法下基本生产成本二级账有何作用？
6. 简化分批法下如何登记产品生产成本明细账？它与基本生产成本二级账之间有何关系？

练习题

某公司根据购买者订单按批量组织生产，采用分批法计算产品成本。其中 402 批号 A 产品 20 台，2 月份投产，计划 3 月完工，2 月末提前完工 2 台。每台计划成本为：直接材料费用 700 元，直接人工费用 410 元，制造费用 380 元。2 月、3 月发生的费用如表 1 所示。3 月末 A 产品全部完工。

要求：计算 402 批号全部 A 产品的实际成本。

表1

月份	直接材料费用	直接人工费用	制造费用	合计
2	14 200	7 540	7 080	28 820
3		760	400	1 160

表2　　　　　　　　　　　　　　　产品成本明细账

产品批号：402　产品名称：A　　　投产日期：2月

批量：20台　　　　　　　　　　完工日期：2月提前完工2台　　3月完工18台

月份	摘　　要	直接材料	直接人工	制造费用	合计
2	本月生产费用 完工产品成本（计划成本）（2台） 月末在产品成本				
3	本月生产费用 本批完工产品实际总成本（20台） 本批完工产品实际单位成本		—		

第七章
产品成本计算的分步法

【本章学习目的】 通过本章的学习，应该达到以下学习目的：了解分步法的含义和适用范围及分步法的特点；理解逐步结转分步法和平行结转分步法的计算程序，平行结转分步法广义在产品的含义；掌握逐步结转分步法下综合结转的成本计算方法成本还原方法，平行结转分步法中的应计入产成品成本"份额"的计算方法；熟练运用逐步结转分步法与平行结转分步法计算产品成本。

【案例导引】

　　华光纺织印染厂设有纺纱、织布和印染3个基本生产车间，大量生产38支、60支和80支棉纱，并用38支纱生产平纹布，用60支纱生产卡其布。纺纱车间生产的38支和60支纱全部转入织布车间，80支纱入库待售。织布车间生产的平纹布和卡其布全部转入印染车间，印染后经检验合格后入成品库。成本核算人员小李，根据学习过的成本会计知识和本企业生产实际，采用分步法计算产品成本。他认为分步法的特点是按照产品及其经过的生产步骤归集生产费用，计算产品成本，因此应用分步法首要确定"步骤"。他认为既然有纺纱、织布和印染3个基本生产车间，也就应分3个步骤，按生产车间设3张基本生产成本明细账，计算纺纱车间纱支、织布车间平纹布和卡其布坯布的半成品成本，然后计算印染车间完工色布的产品成本。他把这个想法告诉了会计老陈，老陈同意他的看法吗？

　　老陈回答说："产品成本计算的'分步'与实际的生产步骤不一定完全一致，为了简化成本计算工作，可以只对管理上有必要分步计算成本的生产步骤单独设立产品成本明细账，单独计算成本。对管理上不要求计算成本的生产步骤，则可以与其他生产步骤合并设立产品成本明细账，合并计算成本。"接下来，老陈又说道："根据本企业产品生产特点和成本管理要求，由于80支纱计划外销，而织布车间的半成品——平纹布和卡其布的坯布不对外销售，也不要求提供半成品的成本资料，可以把织布和印染两个车间合并为一个生产步骤，将纺纱车间作为第一步骤，设立38支、60支和80支3个半成品明细账；将织布和印染车间作为第二步骤，设立平纹布和卡其布两个半成品明细账。"

　　分步法是按照产品品种和每种产品经过的生产步骤归集生产费用，计算产品成本的一种方法，如何"分步"是正确应用分步法的关键。

　　（资料来源：李玲. 成本会计禁忌100例. 北京：电子工业出版社. 由编者整理）

第一节 分步法概述

一、分步法的含义及适用范围

(一) 分步法的含义

分步法是以产品的生产步骤作为成本计算对象来归集生产费用,计算产品成本的一种方法。

(二) 分步法的适用范围

分步法用于大量、大批、多步骤生产,并且管理上要求按生产步骤计算每个步骤的产品成本的企业。如纺织、冶金、造纸和机械制造等企业。

在这类企业中,产品生产可以分为若干个生产步骤,如纺织企业的生产可分为纺纱、织布、印染等步骤;机械制造的生产可分为铸造、加工、装配等步骤。从原材料投入生产到产成品制造完成要经过若干生产步骤,除最后一个步骤完工的产成品外,其余生产步骤完工的都是半成品。这些半成品可以用于以后的生产步骤继续加工或装配,也可以对外出售。为加强成本管理,不仅要求计算各种产成品的成本,而且要求按照生产步骤来计算成本。

二、分步法的特点

1. 以产品品种及所经过的生产步骤作为成本计算对象。如果企业只生产一种产品,成本计算对象就是该种产成品及其所经过的各生产步骤,基本生产成本明细账应该按照该产品的生产步骤开设;如果企业生产多种产品,成本计算对象则是各种产成品及其所经过的各生产步骤,基本生产成本明细账应该按照每种产品的各个生产步骤开设。

在进行成本计算、分配和归集生产费用时直接费用直接计入各明细账有关成本项目,间接费用分配计入各明细账有关成本项目。

应当指出,在实际工作中,产品成本计算的分步与产品实际生产步骤(加工步骤)不一定完全一致。在大多数多步骤生产企业中,按分步法计算成本时,一个生产步骤就是一个计算步骤,但也存在多个生产步骤为一个计算步骤或一个生产步骤分多个计算步骤的情况。

2. 成本计算一般定期按月进行。在大批、大量的多步骤生产中,生产过程较长,大都可以间断,而且往往都是跨月陆续完工,因此成本计算期难以也没必要与产品生产周期保持一致,而是按月计算产成品成本,与会计报告期保持一致。

3. 月末一般需要在完工产品和在产品之间分配生产费用。由于在大批、大量的多步骤生产中,成本计算按月进行,与产品的生产周期不一致,因而在月末计算产品成本时,各生产步骤一般都存在未完工的在产品,因此需要采用适当的分配方法,将汇集在基本生产成本明细账中的生产费用,在完工产品与在产品之间进行分配。

三、分步法的种类

因各个企业生产工艺过程的特点和成本管理的要求不同,对各生产步骤成本的计算和结转有逐步结转和平行结转两种方法,相应地,产品成本计算的分步法也就分为逐步结转分步法和平行结转分步法。

逐步结转分步法是指按生产步骤逐步计算并结转半成品成本,直到最后计算出产成品成本的方法。因这种方法必须逐步计算每一步骤的半成品成本,因此也称作计算半成品成本的分步法。

平行结转分步法是指将各生产步骤中应计入相同产成品成本的份额平行汇总,以求得产成品成本的方法。因这种方法按生产步骤归集费用时,只计算各步骤应计入产成品成本的份额,不计算和结转半成品成本,因此也称作不计算半成品成本的分步法。

采用分步法计算产品成本,一般先应按照产品品种及其生产步骤设置基本生产成本明细账,然后按照直接费用直接计入、间接费用分配计入的原则归集和分配各生产步骤的成本,再计算最终完工产品成本。

四、分步法的计算程序

由于各生产步骤成本计算和结转方式的不同,逐步结转分步法和平行结转分步法的成本计算具体程序是不相同的。

第二节 逐步结转分步法

一、逐步结转分步法的特点和核算程序

(一) 逐步结转分步法的特点

逐步结转分步法主要适用于大批量连续式多步骤生产企业,如纺织企业。这类企业各生产步骤所生产的半成品,既可以转交给下一生产步骤继续加工,也可以作为商品对外出售。如纺织企业主要包括纺纱、织布、印染等3个步骤。其第一个生产步骤生产的棉纱既可以继续加工成毛坯布,也可以对外出售;同样,其第二个生产步骤生产的毛坯布既可以继续加工成印花布,也可以对外出售。为了考核和控制半成品成本或计算半成品销售成本,就需要计算半成品成本。

逐步结转分步法实际为品种法的多次连续使用,每一步骤都需要将该步骤的生产费用在半成品和本步骤的在产品之间进行分配,因此月末在产品是指停留在每一生产步骤上正在加工的在制品,即狭义的在产品。

逐步结转分步法的半成品实物逐步转移,成本也随之逐步转移。逐步结转分步法按照半成品成本在下一步骤成本计算单中反映的方式不同,又可分为逐步综合结转分步法和逐步分项结转分步法。

1. 逐步综合结转分步法：是指将上一生产步骤的半成品成本转入下一生产步骤时，不分成本项目，全部记入下一生产步骤生产成本明细账中的"直接材料"成本项目或专设的"半成品"成本项目中，综合反映各步骤所耗上一步骤所产半成品成本。

半成品成本的综合结转可以按照上一步骤所产半成品的实际成本结转，也可以按照企业确定的半成品计划成本或定额成本结转。半成品成本按实际成本综合结转时，由于各月所产半成品的实际单位成本不同，因而所耗半成品实际单位成本可根据企业的实际情况，采用先进先出法或加权平均法确定。

2. 逐步分项结转分步法：是指将上一生产步骤的半成品成本转入下一生产步骤时，按其原始成本项目，分别记入下一生产步骤生产成本明细账中对应的成本项目中，分项反映各步骤所耗上一步骤所产半成品成本。如果半成品通过半成品库收发，自制半成品明细账也要按照成本项目分别登记。

半成品成本的分项结转一般按照上一步骤所产半成品的实际成本结转。

逐步结转分步法的重要特点就是按生产步骤逐步计算并结转半成品成本，除第一步骤外，其他生产步骤的生产费用都包括上步骤转来的费用。

（二）逐步结转分步法的计算程序

采用逐步结转分步法，其成本计算具体程序是：归集第一生产步骤发生的各种生产费用，计算第一生产步骤所产半成品成本并将其转入第二生产步骤；归集第二生产步骤发生的各种费用，加上第一生产步骤转入的半成品成本，计算第二生产步骤所产半成品成本，并将其转入第三生产步骤。依次计算直至最后生产步骤计算出完工产品成本。在设有半成品仓库的企业，还应在半成品仓库和有关生产步骤（生产半成品和领用半成品的生产步骤）之间，随着半成品实物的收入和发出，进行半成品成本的转移。

逐步结转分步法的成本计算程序示意图如图7-1所示。

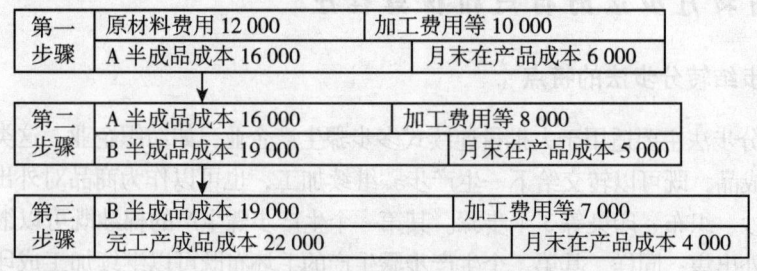

图7-1 逐步结转分步法成本计算程序

二、逐步综合结转分步法核算举例

（一）成本计算

【例7-1】宏源工厂大量生产甲产品，设有3个基本生产车间，甲产品需顺序经过3个车间加工。其中,第一车间生产的产品为甲产品的 A 半成品,A 半成品完工后全部直接交给第二车间继续加工为甲产品的 B 半成品,B 半成品完工后全部交半成品仓库;第三车间从半成品仓库领用 B 半成品继续加工为甲产品的产成品,甲产品完工后全部交产成品仓库。

该厂根据实际情况,对经过半成品仓库收发的 B 半成品增设了"自制半成品——B 半成品"明细科目,半成品仓库发出的 B 半成品成本采用加权平均法计算。该厂对产品成本按直接材料、直接人工、制造费用分设了专栏。生产甲产品的原材料在第一车间生产开始时一次投入,第二、三车间转入或领用的半成品也分别于本车间生产开始时一次投入。企业采用约当产量法分配每步骤的完工产品(半成品)和在产品成本。

该工厂第一车间 A 半成品、第二车间 B 半成品、第三车间甲产品月初在产品成本和本月发生的生产费用资料见表 7-1,本月各生产车间产量记录见表 7-2。

表 7-1　　　　　　　　　　　　生产费用资料

产品名称:甲产品　　　　　　　201×年 8 月　　　　　　　　　　单位:元

项　目	第一车间 (A 半成品)	第二车间 (B 半成品)	第三车间 (甲产品)
月初在产品成本	10 000	26 180	47 050
其中:直接材料或半成品	6 000	15 680	32 300
直接人工	2 500	7 500	8 000
制造费用	1 500	3 000	6 750
本月发生生产费用	97 920	54 600	92 500
其中:直接材料	64 750		
直接人工	23 250	32 800	50 500
制造费用	9 920	21 800	42 000

表 7-2　　　　　　　　　　　　　产量记录

产品名称:甲产品　　　　　　　201×年 8 月　　　　　　　　　　单位:件

项　目	第一车间 (A 半成品)	第二车间 (B 半成品)	第三车间 (甲产成品)
月初在产品	50	70	60
本月投产或上步骤转入	300	270	290
本月完工转入下步骤或转入半成品库	270	280	300
月末在产品	80	60	50
月末在产品完工程度	50%	50%	50%

本月半成品仓库 B 半成品收发和结存情况为：月初结存 50 件，总成本为 21 760 元，本月第二车间入库 280 件，第三车间领用 290 件。

根据上述资料，采用逐步结转分步法计算甲产品成本，成本结转方式为半成品按实际成本综合结转，具体要求如下：

（1）开设产品生产成本明细账（或成本计算单）。以甲产品及其所经过的生产步骤为成本核算对象设置第一车间 A 半成品、第二车间 B 半成品、第三车间甲产品的产品生产成本明细账（或成本计算单），见表 7-3、表 7-4、表 7-6。

（2）计算第一车间本月所产 A 半成品的实际成本。第一车间为生产甲产品的第一生产步骤，没有上步骤转入费用，只需将 A 半成品月初在产品成本和本月发生生产费用记入第一车间产品生产成本明细账后（或成本计算单），即可采用约当产量法分配 A 半成品和在产品费用，计算出 A 半成品的实际总成本。

表 7-3 第一车间产品成本计算单

产品名称：A 半成品　　　　完工产品：270 件　　在产品：80 件　　　　完工程度：50%
　　　　　　　　　　　　　　　　　201×年 8 月　　　　　　　　　　　　　　单位：元

项　目	直接材料	直接人工	制造费用	合计
月初在产品成本	6 000	2 500	1 500	10 000
本月本步骤发生生产费用	58 750	20 750	8 420	87 920
生产费用合计	**64 750**	**23 250**	**9 920**	**97 920**
本月完工产品数量	270	270	270	
月末在产品数量	80	80	80	
月末在产品完工程度	100%	50%	50%	
月末在产品约当产量	80	40	40	
约当总产量	350	310	310	
费用分配率（元/件）	185	75	32	
本月完工 A 半成品成本	49 950	20 250	8 640	78 840
月末在产品成本	14 800	3 000	1 280	19 080

根据计算结果，第一车间本月完工转入下一步骤的半成品成本为 78 840 元，作会计分录：

借：生产成本——基本生产成本——第二车间（B 半成品）　　　　78 840
　　贷：生产成本——基本生产成本——第一车间（A 半成品）　　　　78 840

（3）计算第二车间本月所产 B 半成品的实际成本。第二车间为生产甲产品的第二生产步骤，在归集本步骤生产费用时，应加上上一步骤转入的 A 半成品的成本。同样，也是采用约当产量法分配 B 半成品和在产品费用，计算出 B 半成品的实际总成本。第二车间产品生产成本计算单如表 7-4 所示。

表7-4　　　　　　　　　　　第二车间产品成本计算单

产品名称：B半成品　　　完工产品：280件　　在产品：60件　　　完工程度：50%

201×年8月　　　　　　　　　　　　　　　　　　　　　　单位：元

项　目	半成品	直接人工	制造费用	合计
月初在产品成本	15 680	7 500	3 000	26 180
本月本步骤发生生产费用		32 800	21 800	54 600
本月上步骤转入生产费用	78 840			78 840
生产费用合计	**94 520**	**40 300**	**24 800**	**159 620**
本月完工产品数量	280	280	280	
月末在产品数量	60	60	60	
月末在产品完工程度	100%	50%	50%	
月末在产品约当产量	60	30	30	
约当总产量	**340**	**310**	**310**	
费用分配率（元/件）	278	130	80	
本月完工B半成品成本	77 840	36 400	22 400	136 640
月末在产品成本	16 680	3 900	2 400	22 980

根据成本计算结果和完工半成品入库单，编制结转本月完工入库B半成品成本的会计分录如下：

借：自制半成品——B半成品　　　　　　　　　　　　　　　136 640
　　贷：生产成本——基本生产成本——第二车间（B半成品）　　136 640

（4）计算第三车间本月所产甲产品的实际成本。

① 计算第三车间本月领用B半成品成本。因第三车间从半成品仓库领用B半成品，故需先计算本月第三车间领用B半成品成本。企业采用加权平均法计算领用半成品的成本，自制半成品明细账如表7-5所示。

表7-5　　　　　　　　　　　　自制半成品明细账

产品：B半成品　　　　　　　　　201×年8月　　　　　　　　　　单位：元

| 20××年 | | 凭证号数 | 摘要 | 收入 | | 发出 | | 结存 | |
月	日			数量	金额	数量	金额	数量	金额
		略	月初余额					50	21 760
			本月入库	280	136 640				
			本月领用			290	139 200	40	19 200
			本月合计	280	136 640	290	139 200	40	19 200

表中，本月发出 B 半成品的加权平均单价和成本计算如下：

B 半成品的加权平均单价 = $\dfrac{21\ 760 + 136\ 640}{50 + 280}$ = 480（元）

本月领用 B 半成品的成本 = 290 × 480 = 139 200（元）

根据计算结果，编制结转第三车间领用 B 半成品成本的会计分录如下：

借：生产成本——基本生产成本——第三车间（甲产品）　　　　139 200
　　贷：自制半成品——B 半成品　　　　　　　　　　　　　　　　139 200

② 第三车间生产费用在完工产品和月末在产品之间的分配。第三车间为生产甲产品的最后生产步骤，在归集本步骤生产费用时，应加上从半成品仓库领用的 B 半成品的成本。同样，也是采用约当产量法分配本月完工甲产品和月末在产品费用，计算出甲产品的实际总成本。第三车间产品生产成本计算单如表 7-6 所示。

表 7-6　　　　　　　　　　第三车间产品成本计算单

产品名称：甲产品　　完工产品：300 件　　在产品：50 件　　完工程度：50%
　　　　　　　　　　　　　201×年 8 月　　　　　　　　　　　　　　单位：元

项　目	半成品	直接人工	制造费用	合计
月初在产品成本	32 300	8 000	6 750	47 050
本月本步骤发生生产费用		50 500	42 000	92 500
本月领用半成品成本	139 200			139 200
生产费用合计	**171 500**	**58 500**	**48 750**	**278 750**
本月完工产品数量	300	300	300	
月末在产品数量	50	50	50	
月末在产品完工程度	100%	50%	50%	
月末在产品约当产量	50	25	25	
约当总产量	**350**	**325**	**325**	
费用分配率（元/件）	490	180	150	
本月完工甲产品成本	147 000	54 000	45 000	246 000
月末在产品成本	24 500	4 500	3 750	32 750

根据计算结果和完工产品入库单，编制结转本月完工入库甲产品成本的会计分录如下：

借：库存商品——甲产品　　　　　　　　　　　　　　　　　　246 000
　　贷：生产成本——基本生产成本——第三车间（甲产品）　　　246 000

(二）成本还原

1. 成本还原的意义。从上例中可以看出，逐步结转分步法下综合结转半成品成本时，各步骤耗用上一步骤的半成品成本，是以"半成品"（或"直接材料"）项目综合反映在下一步骤产品生产成本明细账（或成本计算单）中，成本核算工作虽然比较简单，但不能提供按原始成本项目反映的成本资料。特别是在生产步骤较多的情况下，逐步综合结转以后，表现在产成品成本中的绝大部分费用都是"半成品"费用，而直接材料和制造费用只是最后一个步骤的费用，不能反映产品成本结构的实际情况。为了正确反映产品成本的构成，并进行成本对比和分析，就需要将产成品成本中的"半成品"项目的成本进行成本还原。

成本还原是将完工产品成本的"半成品"项目的综合成本，逆序逐步分解为原始的直接材料、直接人工和制造费用等成本项目的过程。即：从最后一个步骤开始，把各步骤所耗上一步骤半成品的综合成本，按上一步骤所产半成品的成本结构，逐步分解、还原成按原始成本项目反映的成本，再将各步骤还原后的相同成本项目加以汇总。

2. 成本还原的方法。

（1）按上步骤本月所产半成品的成本项目比重还原。

$$还原分配率 = \frac{上步骤完工半成品各成本项目的金额}{上步骤完工半成品的成本合计}$$

【例7-2】 宏源工厂本月第三车间完工入库甲产品300件，实际总成本为246 000元，其中所耗第二车间所产B半成品成本147 000元，这是一个综合成本，需要进行成本还原。计算过程如下：

第一步：对甲产品所耗B半成品进行成本项目还原。

根据第二车间所产B半成品的成本构成，对第三车间本月完工甲产品所耗B半成品成本147 000元进行成本项目还原，还原结果如表7-7所示。

表7-7 半成品成本还原计算表

半成品名称：B半成品　　　　　　　　201×年8月　　　　　　　　单位：元

项　目	B半成品	A半成品	直接人工	制造费用	合计
本月所耗B半成品综合成本	147 000				
本月所产B半成品成本		77 840	36 400	22 400	136 640
本月所产B半成品成本构成		56.97%	26.64%	16.39%	100%
本月所耗B半成品的还原成本	-147 000	83 746	39 161	24 093	

注：小数点后四舍五入，取整数。

第二步：对甲产品所耗A半成品进行成本项目还原。

从表7-7可知，对甲产品所耗B半成品进行成本项目还原后，仍有A半成品成本83 746元为综合成本，需要按本月所产A半成品的成本构成进行成本还原，还原结果如表7-8所示。

表 7-8　　　　　　　　　　半成品成本还原计算表

半成品名称：A 半成品　　　　　　　201×年 8 月　　　　　　　　　　　　单位：元

项　目	A 半成品	直接材料	直接人工	制造费用	合计
本月所耗 A 半成品综合成本	83 746				
本月所产 A 半成品成本		49 950	20 250	8 640	78 840
本月所产 A 半成品成本构成		63.36%	25.68%	10.96%	100%
本月所耗 A 半成品的还原成本	-83 746	53 061	21 506	9 179	0

注：小数点后四舍五入，取整数。

第三步：汇总还原后的各成本项目。

成本还原后，将各步骤的相同成本项目相加，就可求得甲产品按成本项目反映的总成本和单位成本，汇总结果如表 7-9 所示。

表 7-9　　　　　　　　　　产品成本还原计算表

产品名称：甲产品　　　　　　　　201×年 8 月　　　　　　　　　　　　单位：元

成本项目	还原前总成本	还原后总成本	还原后单位成本
B 半成品	147 000	0	0
直接材料		53 061 + 0 + 0 = 53 061	176.87
直接人工	54 000	39 161 + 21 506 + 54 000 = 114 667	382.22
制造费用	45 000	24 093 + 9 179 + 45 000 = 78 272	260.91
合计	246 000	246 000	820

（2）按需还原的半成品综合成本占所产该种半成品总成本的比重还原。

$$还原分配率 = \frac{需要还原的半成品综合成本}{上一步骤本月所产该种半成品的成本合计}$$

【例 7-3】续前例，对甲产品成本项目中半成品成本进行分解还原。

表 7-10　　　　　　　　　　产品成本还原计算表

产品名称：甲产品　　　　　　　　201×年 8 月　　　　　　　　　　　　单位：元

| 摘　要 | 成本还原分配率 | 成本项目 | | | | | 合计 |
		B 半成品	A 半成品	直接材料	直接人工	制造费用	
还原前总成本		147 000			54 000	45 000	246 000
本月所产 B 半成品成本			77 840		36 400	22 400	136 640
B 半成品成本还原	1.0758	-147 000	83 740		39 159	24 101	0

续表

摘 要	成本还原分配率	成本项目					合计
		B半成品	A半成品	直接材料	直接人工	制造费用	
本月所产A半成品成本				49 950	20 250	8 640	78 840
A半成品成本还原	1.0622		-83 740	53 057	21 510	9 173	0
还原后产成品总成本				53 057	114 669	78 274	246 000
还原后产成品单位成本				176.86	382.23	260.91	820

以上两种成本还原方法所得到的结果是一样的，只是计算的方法有所不同。

需要指出的是，由于以前月份所产半成品的成本结构与本月所产半成品成本结构不可能完全一致，因此在各月所产半成品的成本结构变动较大时，可按照半成品的定额成本或计划成本计算成本项目的比重，以此保证成本还原结果的准确性。

三、逐步分项结转分步法核算举例

为了与逐步综合结转分步法相比较，逐步分项结转分步法仍采用宏源工厂的资料为例。但由于上一步骤转入的半成品成本是按原始成本项目反映的，月初在产品成本中的数额与逐步综合结转分步法下的数额是不相同的。

【例7-4】在逐步分项结转分步法下，第二车间的半成品成本15 680元中，直接材料、直接人工和制造费用分别为9 210元、4 230元、2 240元；第三车间的半成品成本32 300元中，直接材料、直接人工和制造费用分别为22 000元、8 000元、2 300元。本月各车间生产费用资料如表7-11所示。

表7-11　　　　　　　　　　生产费用资料
产品：甲产品　　　　　　　　　201×年8月　　　　　　　　　　　　单位：元

项　目		第一车间（A半成品）	第二车间（B半成品）	第三车间（甲产品）
月初在产品成本		10 000	26 180	47 050
其中：直接材料	本步骤发生	6 000	0	0
	上步骤转入		9 210	21 900
直接人工	本步骤发生	2 500	7 500	8 000
	上步骤转入		4 230	7 422
制造费用	本步骤发生	1 500	3 000	6 750
	上步骤转入		2 240	2 978

续表

项目	第一车间 （A半成品）	第二车间 （B半成品）	第三车间 （甲产品）
本月发生生产费用	87 920	54 600	92 500
其中：直接材料	58 750		
直接人工	20 750	32 800	50 500
制造费用	8 420	21 800	42 000

根据上述资料和前述长江工厂资料，产品成本计算程序如下：

1. 开设产品生产成本明细账（或成本计算单）。产品生产成本明细账（或成本计算单）的开设同综合结转法。

2. 计算第一车间本月所产A半成品的实际成本。因是第一生产步骤，没有上一步骤转入费用，其计算过程与综合结转法计算过程完全相同。不同的只是需分项结转到下一生产步骤。为使分项结转计算程序完整，仍列示第一车间产品生产成本计算单，如表7-12所示。

表7-12　　　　　　　第一车间产品成本计算单

产品名称：A半成品　　　完工产品：270件　　在产品：80件　　　　完工程度：50%

201×年8月　　　　　　　　　　　　　　　　　　单位：元

项目	直接材料	直接人工	制造费用	合计
月初在产品成本	6 000	2 500	1 500	10 000
本月本步骤发生生产费用	58 750	20 750	8 420	87 920
生产费用合计	**64 750**	**23 250**	**9 920**	**97 920**
本月完工产品数量	270	270	270	
月末在产品数量	80	80	80	
月末在产品完工程度	100%	50%	50%	
月末在产品约当产量	80	40	40	
约当总产量	**350**	**310**	**310**	
费用分配率（元/件）	185	75	32	
本月完工A半成品成本	49 950	20 250	8 640	78 840
月末在产品成本	14 800	3 000	1 280	19 080

根据计算结果，第一车间本月完工转入下一步骤的半成品成本为78 840元，作会计分录：

借：生产成本——基本生产成本——第二车间（B 半成品）　　　　78 840
　　贷：生产成本——基本生产成本——第一车间（A 半成品）　　　　78 840

3. 计算第二车间本月所产 B 半成品的实际成本。采用逐步分项结转分步法时，从上一步骤转入的直接人工费用、制造费用，对本步骤而言是已全部投入的，月末在产品应与本月完工半成品同等分配，无须按在产品完工程度折合约当产量。因此，应对每一个成本项目都区分为上步骤转入和本步骤发生，以利于正确计算月末在产品成本。第二车间产品成本计算如表 7-13 所示。

表 7-13　　　　　　　　　　第二车间产品成本计算单
产品名称：B 半成品　　　　完工产品：280 件　　在产品：60 件　　　　完工程度：50%
　　　　　　　　　　　　　　201×年 8 月　　　　　　　　　　　　　　　　　　单位：元

项　目	直接材料		直接人工		制造费用		合计	
	上步转入	本步发生	上步转入	本步发生	上步转入	本步发生	上步转入	本步发生
月初在产品成本	9 210		4 230	7 500	2 240	3 000	15 680	10 500
本月本步骤发生生产费用				32 800		21 800		54 600
本月上步骤转入生产费用	49 950		20 250		8 640		78 840	
生产费用合计	59 160		24 480	40 300	10 880	24 800	94 520	65 100
本月完工产品数量	280		280	280	280	280		
月末在产品数量	60		60	60	60	60		
月末在产品完工程度	100%		100%	50%	100%	50%		
月末在产品约当产量	60		60	30	60	30		
约当总产量	340		340	310	340	310		
费用分配率（元/件）	174		72	130	32	80		
本月完工 B 半成品成本	48 720		20 160	36 400	8 960	22 400	136 640	
月末在产品成本	10 440		4 320	3 900	1 920	2 400	16 680	6 300

根据成本计算结果和完工半成品入库单，编制结转本月完工入库 B 半成品成本的会计分录仍为：

借：自制半成品——B 半成品　　　　　　　　　　　　　　　　136 640
　　贷：生产成本——基本生产成本——第二车间（B 半成品）　　　136 640

为了简化工作，如果各成本项目中不区分上步骤转入费用和本步骤发生费用，应当在考虑这两种费用投入的不同情况后，再确定月末在产品各成本项目的完工程度或已完成的定额工时等，以正确地将生产费用在本月完工半成品和月末在产品之间进行分配。

4. 计算第三车间本月所产甲产品的实际成本。

(1) 计算第三车间本月领用 B 半成品成本。因第三车间从半成品仓库领用 B 半成品,故需先计算本月第三车间领用 B 半成品成本。逐步分项结转分步法下,自制半成品明细账中的 B 半成品成本,也应当分成本项目计算。企业采用加权平均法计算领用半成品的项目成本,B 半成品期初余额 21 760 元,其中直接材料、直接人工、制造费用分别为 13 980 元、2 700 元、5 080 元。自制半成品明细账如表 7–14 所示。

表 7–14   自制半成品明细账

产品名称:B 半成品   201×年 8 月   单位:元

201×年		凭证号数	摘要	数量	金额合计	其 中		
月	日					直接材料	直接人工	制造费用
		略	月初余额	50	21 760	13 980	2 700	5 080
			本月入库	280	136 640	48 720	56 560	31 360
			本月领用	290	139 200	55 100	52 078	32 022
			月末结存	40	19 200	7 600	7 182	4 418

表中,本月发出 B 半成品的各成本项目加权平均单价和成本计算如下:

直接材料的加权平均单价 $= \dfrac{13\,980 + 48\,720}{50 + 280} = 190$(元)

本月领用 B 半成品的直接材料费用 $= 290 \times 190 = 55\,100$(元)

直接人工的加权平均单价 $= \dfrac{2\,700 + 56\,560}{50 + 280} = 179.58$(元)

本月领用 B 半成品的直接人工费用 $= 290 \times 179.58 = 52\,078$(元)

制造费用的加权平均单价 $= \dfrac{5\,080 + 31\,360}{50 + 280} = 110.42$(元)

本月领用 B 半成品的制造费用 $= 290 \times 110.42 = 32\,022$(元)

本月领用 B 半成品成本 $= 55\,100 + 52\,078 + 32\,022 = 139\,200$(元)

根据计算结果,编制结转第三车间领用 B 半成品成本的会计分录仍为:

借:生产成本——基本生产成本——第三车间(甲产品)　　139 200
　　贷:自制半成品——B 半成品　　　　　　　　　　　　　　　　139 200

(2) 第三车间生产费用在完工产品和月末在产品之间的分配。第三车间为生产甲产品的最后生产步骤,在归集本步骤生产费用时,应加上从半成品仓库领用的 B 半成品的成本。同样,也是采用约当产量法分项目、分上步骤转入和本步骤发生分配本月完工甲产品和月末在产品费用,计算出甲产品的实际总成本。第三车间产品生产成本计算单如表 7–15 所示。

表 7-15　　　　　　　　　　　　第三车间产品成本计算单

产品名称：甲产品　　　　　完工产品：300 件　　在产品：50 件　　　　　完工程度：50%
　　　　　　　　　　　　　　　　　201×年8月　　　　　　　　　　　　　　　　　单位：元

项　目	直接材料		直接人工		制造费用		合计	
	上步转入	本步发生	上步转入	本步发生	上步转入	本步发生	上步转入	本步发生
月初在产品成本	21 900		7 422	8 000	2 978	6 750	32 300	14 750
本月本步骤发生生产费用				50 500		42 000		92 500
本月上步骤转入生产费用	55 100		52 078		32 022		139 200	
生产费用合计	**77 000**		**59 500**	**58 500**	**35 000**	**48 750**	**171 500**	**107 250**
本月完工产品数量	300		300	300	300	300		
月末在产品数量	50		50	50	50	50		
月末在产品完工程度	100%		100%	50%	100%	50%		
月末在产品约当产量	50		50	25	50	25		
约当总产量	**350**		**350**	**325**	**350**	**325**		
费用分配率（元/件）	220		170	180	100	150	820	
本月完工甲产品成本	66 000		51 000	54 000	30 000	45 000	246 000	
月末在产品成本	11 000		8 500	4 500	5 000	3 750	24 500	8 250

根据计算结果和完工产品入库单，编制结转本月完工入库甲产品成本的会计分录如下：
　　借：库存商品——甲产品　　　　　　　　　　　　　　　　　　　246 000
　　　　贷：生产成本——基本生产成本——第三车间（甲产品）　　　246 000
　　从计算结果可知，逐步分项结转分步法下，本月完工甲产品 300 件的实际总成本为 246 000 元，其中，直接材料费用、直接人工费用、制造费用分别为 66 000 元、105 000 元、75 000 元。这一结果与逐步综合结转分步法下各成本项目的成本是有一定差异的，这是因为无论是进行成本还原时所依据的成本构成，还是在产品的完工程度的确定等都只是相对合理的假定。

第三节　平行结转分步法

一、平行结转分步法的特点和核算程序

（一）平行结转分步法的特点

平行结转分步法主要适用于大批大量装配式多步骤生产企业，如电子产品制造企业。这

类企业的生产过程基本是先将各种原材料平行地加工为各种零部件,然后再组装成产成品。由于在这类企业中,各生产步骤所生产的半成品的种类很多,半成品出售的情况较少,在管理上也不需要计算半成品成本,为了简化成本核算工作,可以采用平行结转分步法。在某些连续式多步骤生产企业,如果各生产步骤所产半成品仅供本企业下一步骤继续加工,不准备对外出售,也可以采用平行结转分步法。

平行结转分步法下的月末在产品为广义的在产品,既包括本步骤正在加工的在产品(狭义的在产品),又包括本步骤已经加工完成,已经转入后续各生产步骤,但尚未最终制成产成品的半成品。

平行结转分步法的半成品实物转移而其成本不转移,仍保留在产出步骤的成本明细账中,各步骤的生产费用,只是各步骤本身发生的费用,没有上一步骤转入的费用。比如,当材料是一次投料时,除第一步骤生产费用中包括所耗用的直接材料、直接人工和制造费用外,其他各步骤只有本步骤发生的直接人工和制造费用。

如何正确确定各步骤生产费用应计入产成品成本的份额,即每一步骤的生产费用如何在完工产成品和广义在产品之间进行分配,是采用这一方法的关键所在。在实际工作中,通常是采用在产品按约当产量法或定额比例法来计算分配。

运用平行结转分步法的关键就是要确定各步骤生产费用中应计入产成品成本的份额,在装配式多步骤生产企业和连续式多步骤生产企业中,计算方法略有不同。

(二)平行结转分步法的计算程序

采用平行结转分步法,其成本计算具体程序是:首先,归集各生产步骤发生的各种生产费用,但不包括上一步骤转入的半成品成本;其次,将各生产步骤所发生的费用在本月最终完工产成品与月末在产品(广义在产品)之间进行分配,确定各生产步骤应计入产成品成本的份额;最后,将各生产步骤应计入产成品成本的份额直接相加,计算出产成品成本。

平行结转分步法的成本计算程序示意如图7-2所示。

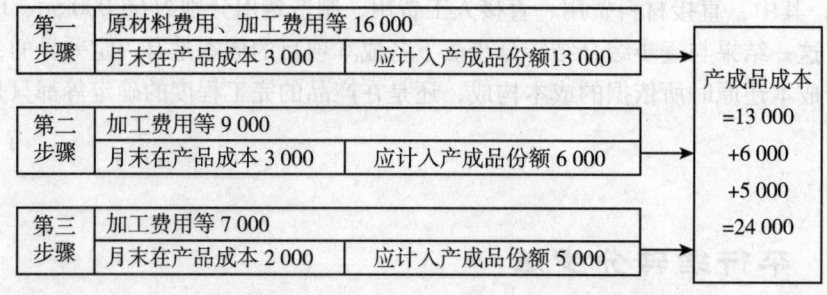

图7-2 平行结转分步法成本计算程序示意图

二、装配式多步骤生产核算举例

在装配式多步骤生产企业中,采用约当产量法计算应计入产成品成本的份额的计算公式为:

$$\begin{array}{l}\text{某步骤应计入}\\ \text{产成品成本的份额}\end{array} = \begin{array}{l}\text{产成品}\\ \text{的产量}\end{array} \times \begin{array}{l}\text{单位产成品耗用}\\ \text{该步骤半成品数量}\end{array} \times \begin{array}{l}\text{该步骤半成品}\\ \text{单位成本}\end{array}$$

上式中"该步骤半成品单位成本",按下述公式计算:

$$\begin{array}{l}\text{某步骤半成品单位}\\ \text{成本(费用分配率)}\end{array} = \frac{\text{该步骤月初在产品费用}+\text{该步骤本月发生费用}}{\text{该步骤完工半成品数量}+\text{该步骤月末在产品约当产量}}$$

【例7-5】长江工厂属于装配式多步骤生产企业,其生产的甲产品由一件A部件和两件B部件装配而成。A、B部件分别由第一、第二车间生产,然后由第三车间装配成产成品。第一、第二、第三车间分别为第一、第二、第三步骤,第一、第二生产车间的原材料均在生产开始时一次投放。企业根据生产特点,采用平行结转分步法计算甲产品成本,并采用约当产量法分配每步骤应计入完工产品(半成品)和在产品成本。本月3个车间的月初在产品成本和本月发生的生产费用见表7-16,本月各步骤产量记录见表7-17。

表7-16　　　　　　　　　　　生产费用资料
产品名称：甲产品　　　　　　　201×年8月　　　　　　　　　　　单位：元

项　目	第一车间 （A部件）	第二车间 （B部件）	第三车间 （甲产品）
月初在产品成本	16 300	18 200	9 000
其中：直接材料	7 400	8 500	—
直接人工	5 900	5 700	6 500
制造费用	3 000	4 000	2 500
本月发生生产费用	68 000	62 680	38 600
其中：直接材料	36 600	36 500	—
直接人工	21 400	16 380	24 100
制造费用	10 000	9 800	14 500

表7-17　　　　　　　　　　　产量记录
产品名称：甲产品　　　　　　　201×年8月　　　　　　　　　　　单位：件

项　目	第一车间 （A部件）	第二车间 （B部件）	第三车间 （甲产品）
月初在产品	150	250	150
本月投产	650	1 250	550
本月完工	550	1 200	600
月末在产品	250	300	100
月末在产品完工程度	40%	60%	80%

根据上述资料，产品成本计算程序如下：

(1) 开设产品生产成本明细账（或成本计算单）。

以甲产品及其所经过的生产步骤为成本核算对象设置第一步骤 A 部件、第二步骤 B 部件、第三步骤甲产品的产品生产成本明细账（或成本计算单）。

(2) 计算第一、第二、第三步骤生产成本应计入产成品的份额。

第一、第二、第三步骤生产成本计算单分别如表 7-18、表 7-19、表 7-20 所示。

表 7-18　　　　　　　　　第一车间产品成本计算单

半成品名称：A 部件　　　　完工半成品：550 件　　在产品：250 件　　　　完工程度：40%

201×年 8 月　　　　　　　　　　　　　　　　单位：元

项　目	直接材料	直接人工	制造费用	合计
月初在产品成本	7 400	5 900	3 000	16 300
本月本步骤发生生产费用	36 600	21 400	10 000	68 000
生产费用合计	**44 000**	**27 300**	**13 000**	**84 300**
本月完工半成品数量	550	550	550	
月末在产品数量	250	250	250	
月末在产品完工程度	100%	40%	40%	
月末在产品约当产量	250	100	100	
约当总产量	**800**	**650**	**650**	
费用分配率（元/件）	55	42	20	
应计入产成品成本的份额	33 000	25 200	12 000	70 200
月末在产品成本	11 000	2 100	1 000	14 100

表中，应计入产成品成本的份额计算如下：

应计入产成品的直接材料费用 = 600 × 55 = 33 000（元）

应计入产成品的直接人工费用 = 600 × 42 = 25 200（元）

应计入产成品的制造费用 = 600 × 20 = 12 000（元）

表 7-19　　　　　　　　　　　第二车间产品成本计算单

半成品名称：B 部件　　　完工产品：1 200 件　　在产品：300 件　　　　完工程度：60%
201×年8月　　　　　　　　　　　　　　　　单位：元

项　目	直接材料	直接人工	制造费用	合计
月初在产品成本	8 500	5 700	4 000	18 200
本月本步骤发生生产费用	36 500	16 380	9 800	62 680
生产费用合计	**45 000**	**22 080**	**13 800**	**80 880**
本月完工半成品数量	1 200	1 200	1 200	
月末在产品数量	300	300	300	
月末在产品完工程度	100%	60%	60%	
月末在产品约当产量	300	180	180	
约当总产量	**1 500**	**1 380**	**1 380**	
费用分配率（元/件）	30	16	10	
应计入产成品成本的份额	36 000	19 200	12 000	67 200
月末在产品成本	9 000	2 880	1 800	13 680

表中，应计入产成品成本的份额计算如下：
应计入产成品的直接材料费用 = 600 × 2 × 30 = 36 000（元）
应计入产成品的直接人工费用 = 600 × 2 × 16 = 19 200（元）
应计入产成品的制造费用 = 600 × 2 × 10 = 12 000（元）

表 7-20　　　　　　　　　　　第三车间产品成本计算单

产成品名称：甲产品　　　完工产品：600 件　　在产品：100 件　　　　完工程度：80%
201×年8月　　　　　　　　　　　　　　　　单位：元

项　目	直接材料	直接人工	制造费用	合计
月初在产品成本		6 500	2 500	9 000
本月本步骤发生生产费用		24 100	14 500	38 600
生产费用合计		**30 600**	**17 000**	**47 600**
本月完工产品数量		600	600	
月末在产品数量		100	100	
月末在产品完工程度		80%	80%	
月末在产品约当产量		80	80	
约当总产量		**680**	**680**	
费用分配率（元/件）		45	25	
应计入产成品成本的份额		27 000	15 000	42 000
月末在产品成本		3 600	2 000	5 600

表中,应计入产成品成本的份额计算如下:
应计入产成品的直接人工费用 = 600 × 45 = 27 000(元)
应计入产成品的制造费用 = 600 × 25 = 15 000(元)
(3) 根据各生产步骤生产成本计算单编制产品成本汇总计算表。
产品成本汇总计算表如表 7 - 21 所示。

表 7 - 21　　　　　　　　　产品成本汇总计算表
产品名称:甲产品　　　　产量:600 件　　　　201×年 8 月　　　　单位:元

项目	直接材料	直接人工	制造费用	合计
第一步骤计入产成品成本的份额	33 000	25 200	12 000	70 200
第二步骤计入产成品成本的份额	36 000	19 200	12 000	67 200
第三步骤计入产成品成本的份额		27 000	15 000	42 000
总成本	69 000	71 400	39 000	179 400
单位成本(元/件)	115	119	65	299

根据产品成本汇总计算表和产成品入库单,结转完工产品成本,会计分录如下:
借:库存商品——甲产品　　　　　　　　　　　　　　　　　179 400
　　贷:生产成本——基本生产成本——第一步骤(甲产品)　 70 200
　　　　　　　　　　　　　　　　　——第二步骤(甲产品)　 67 200
　　　　　　　　　　　　　　　　　——第三步骤(甲产品)　 42 000

三、连续式多步骤生产核算举例

连续式多步骤生产企业中,采用约当产量法计算应计入产成品成本的份额的计算公式为:

$$\text{某步骤应计入产成品成本的份额} = \frac{\text{产成品的产量} \times \text{单位产成品耗用该步骤半成品数量}}{} \times \text{该步骤半成品单位成本}$$

上式中"该步骤半成品单位成本",按下述公式计算:

$$\text{某步骤半成品单位成本(费用分配率)} = \frac{\text{该步骤月初在产品费用} + \text{该步骤本月发生费用}}{\text{完工产成品所耗该步骤半成品数量} + \text{该步骤月末在产品约当产量}}$$

上式中"该步骤月末广义在产品约当产量",按下述公式计算:

$$\text{某步骤月末在产品约当产量} = \text{该步骤月末狭义在产品约当产量} + \text{处于后续步骤中的在产品数量之和}$$

上式中，因只有该步骤的在产品对本步骤而言是在产品，需按投料率或完工程度折算成约当产量，而处于后续步骤的在产品对本步骤而言已为完工半成品，无须再进行折算，直接相加即可。

【例7-6】 长江工厂大量生产甲产品，设有第一、第二、第三3个基本生产车间，甲产品需顺序经过3个车间逐步加工。其中，第一车间生产的产品为甲产品的A半成品，A半成品完工后全部直接交给第二车间继续加工为甲产品的B半成品，B半成品完工后全部直接交给第三车间继续加工为甲产品产成品，甲产品完工后全部交产成品仓库。原材料在生产开始时一次投入，一件产成品耗用一件B半成品，一件B半成品耗用一件A半成品。该厂根据实际情况，采用平行结转分步法计算甲产品成本，并采用约当产量法分配每步骤应计入完工产品（半成品）和在产品成本。本月3个车间的月初在产品成本和本月发生的生产费用见表7-22，本月各步骤产量记录见表7-23。

表7-22　　　　　　　　　　　　**生产费用资料**

产品名称：甲　　　　　　　　　　201×年8月　　　　　　　　　　　　单位：元

项　目	第一车间 （A半成品）	第二车间 （B半成品）	第三车间 （甲产品）
月初在产品成本	22 200	14 300	32 000
其中：直接材料	11 000		
直接人工	7 700	10 000	18 000
制造费用	3 500	4 300	14 000
本月发生生产费用	50 000	36 400	14 200
其中：直接材料	29 000		
直接人工	13 000	25 100	8 400
制造费用	8 000	11 300	5 800

表7-23　　　　　　　　　　　　**产量记录**

产品名称：甲产品　　　　　　　　201×年8月　　　　　　　　　　　　单位：件

项　目	第一车间 （A半成品）	第二车间 （B半成品）	第三车间 （甲产成品）
月初在产品	50	70	80
本月投产或上步骤转入	300	270	280
本月完工转入下步骤或转入半成品库	270	280	300
月末在产品	80	60	60
月末在产品完工程度	50%	50%	50%

根据上述资料,产品成本计算程序如下:

(1) 开设产品生产成本明细账(或成本计算单)。以甲产品及其所经过的生产步骤为成本核算对象设置第一步骤 A 半成品、第二步骤 B 半成品、第三步骤甲产品的产品生产成本明细账(或成本计算单)。

(2) 计算第一、第二、第三步骤生产成本应计入产成品的份额。第一、第二、第三步骤生产成本计算单分别如表 7-24、表 7-25、表 7-26 所示。

表 7-24   第一车间产品成本计算单

半成品名称:A 半成品   完工产品:270 件   在产品:80 件   完工程度:50%

201×年 8 月   单位:元

项目		直接材料	直接人工	制造费用	合计
月初在产品成本		11 000	7 700	3 500	22 200
本月本步骤发生生产费用		29 000	13 000	8 000	50 000
生产费用合计		**40 000**	**20 700**	**11 500**	**72 200**
本月完工产成品数量		300	300	300	
广义在产品约当产量	本步骤在产品约当产量	80	40	40	
	后续步骤在产品数量	120	120	120	
	广义在产品约当产量	200	160	160	
约当总产量		500	460	460	
费用分配率(元/件)		80	45	25	
应计入产成品成本的份额		24 000	13 500	7 500	45 000
月末在产品成本		16 000	7 200	4 000	27 200

表中,有关数据计算如下:

本步骤在产品直接材料约当产量 = 80×100% = 80(件)

本步骤在产品直接人工、制造费用约当产量 = 80×50% = 40(件)

后续步骤在产品数量 =(第二步骤在产品约当量)60 +(第三步骤在产品约当量)60

                 = 120(件)

应计入产成品的直接材料费用 = 300×80 = 24 000(元)

应计入产成品的直接人工费用 = 300×45 = 13 500(元)

应计入产成品的制造费用 = 300×25 = 7 500(元)

表 7-25　　　　　　　　　　　　第二车间产品成本计算单

半成品名称：B 半成品　　　　　完工产品：280 件　　在产品：60 件　　　　　完工程度：50%
　　　　　　　　　　　　　　　　　201×年 8 月　　　　　　　　　　　　　　　单位：元

项　　目		直接材料	直接人工	制造费用	合计
月初在产品成本			10 000	4 300	14 300
本月本步骤发生生产费用			25 100	11 300	36 400
生产费用合计			**35 100**	**15 600**	**50 700**
本月完工产成品数量			300	300	
广义在产品约当产量	本步骤在产品约当产量		30	30	
	后续步骤在产品数量		60	60	
	广义在产品约当产量		90	90	
约当总产量			**390**	**390**	
费用分配率（元/件）			90	40	
应计入产成品成本的份额			27 000	12 000	39 000
月末在产品成本			8 100	3 600	11 700

表中，有关数据计算如下：
本步骤在产品直接材料约当产量 = 60×100% = 60（件）
本步骤在产品直接人工、制造费用约当产量 = 60×50% = 30（件）
后续步骤在产品数量 =（第三步骤在产品数量）60（件）
应计入产成品的直接人工费用 = 300×90 = 27 000（元）
应计入产成品的制造费用 = 300×40 = 12 000（元）

表 7-26　　　　　　　　　　　　第三车间产品成本计算单

产品名称：甲产品　　　　　　　完工产品：300 件　　在产品：60 件　　　　　完工程度：50%
　　　　　　　　　　　　　　　　　201×年 8 月　　　　　　　　　　　　　　　单位：元

项　　目	直接材料	直接人工	制造费用	合计
月初在产品成本		18 000	14 000	32 000
本月本步骤发生生产费用		8 400	5 800	14 200
生产费用合计		**26 400**	**19 800**	**46 200**
本月完工产成品数量		300	300	

续表

项　目		直接材料费用	直接人工费用	制造费用	合计
广义在产品约当产量	本步骤在产品约当产量		30	30	
	后续步骤在产品数量				
	广义在产品约当产量		30	30	
约当总产量			330	330	
费用分配率（元/件）			80	60	
应计入产成品成本的份额			24 000	18 000	42 000
月末在产品成本			2 400	1 800	4 200

表中，有关数据计算如下：

本步骤在产品直接材料约当产量 = 60 × 100% = 60（件）

本步骤在产品直接人工、制造费用约当产量 = 60 × 50% = 30（件）

应计入产成品的直接人工费用 = 300 × 80 = 24 000（元）

应计入产成品的制造费用 = 300 × 60 = 18 000（元）

(3) 根据各生产步骤生产成本计算单编制产品成本汇总计算表。产品成本汇总计算表如表 7-27 所示。

表 7-27　　　　　　　　　　产品成本汇总计算表

产品名称：甲产品　　　　　　产量：300 件　　201×年 8 月　　　　　　单位：元

项　目	直接材料	直接人工	制造费用	合计
第一步骤计入产成品成本的份额	24 000	13 500	7 500	45 000
第二步骤计入产成品成本的份额		27 000	12 000	39 000
第三步骤计入产成品成本的份额		24 000	18 000	42 000
总成本	24 000	64 500	37 500	126 000
单位成本（元/件）	80	215	125	420

根据产品成本汇总计算表和产成品入库单，结转完工产品成本，会计分录如下：

借：库存商品——甲产品　　　　　　　　　　　　　　　　　126 000
　　贷：生产成本——基本生产成本——第一步骤（甲产品）　　45 000
　　　　　　　　　　　　　　　　　——第二步骤（甲产品）　　39 000
　　　　　　　　　　　　　　　　　——第三步骤（甲产品）　　42 000

四、逐步结转分步法与平行结转分步法的比较

(一) 成本管理的要求不同

作为产品成本计算的分步法,平行结转分步法和逐步结转分步法都适用于管理上要求分步控制费用、计算成本的大量大批多步骤生产。但是,平行结转各生产步骤只归集本步发生费用,不计算半成品成本,适用于管理上要求分步控制费用,不要求计算半成品成本的企业;逐步结转分步法各生产步骤逐步计算和结转半成品成本,适用于管理上要求分步控制费用,且需要计算半成品成本的企业。

当企业半成品种类比较多,且不对外销售时,在管理上可以不要求计算半成品成本。当企业有自制半成品对外销售时,为了正确计算半成品的销售成本,在管理上必然要求计算半成品成本,这时应当采用逐步结转分步法。

(二) 成本计算对象不同

平行结转分步法和逐步结转分步法都需要计算产成品的成本,因此都需要以产成品的品种作为成本计算对象。但是,平行结转分步法还需要以各步骤应计入产成品成本的"份额"作为成本计算对象,而逐步结转分步法则需要以各步骤所生产的半成品作为成本计算对象。

(三) 成本计算的程序不同

平行结转分步法是先计算出各步骤应计入产成品成本的"份额",然后将其汇总,即可计算出产成品的成本;而逐步结转分步法中,产成品成本的计算是从第一步骤开始,先计算出完工半成品的成本,并将其转入第二步骤,然后再计算第二步骤完工半成品的成本,并将其转入第三步骤,依次类推,直至最后步骤计算出完工产成品的成本。

(四) 月末在产品的含义不同

平行结转分步法中,月末在产品的含义是广义的,它不仅包括月末正在本步骤中加工的产品,还包括本步骤已完工转入半成品库的半成品和已从半成品库转到以后各步骤进一步加工,尚未最后产成的在产品。而逐步结转分步法中,月末在产品的含义是狭义的,仅仅是指月末正在本步骤中加工的尚未完工的产品。

【本章小结】

本章主要介绍了成本计算分步法下逐步结转分步法和平行结转分步法的含义、适用范围、计算程序及应用举例。通过本章的描述,我们需要了解以下内容:

分步法是以产品的生产步骤作为成本计算对象来归集生产费用,计算产品成本的一种方法。分步法用于大量、大批、多步骤生产,并且管理上要求按生产步骤计算每个步骤的产品成本的企业。如纺织、冶金、造纸和机械制造等企业。

分步法的特点表现在:以产品品种及所经过的生产步骤作为成本计算对象;成本计算一

般定期按月进行；月末通常需要在完工产品和在产品之间分配生产费用。

逐步结转分步法是指按生产步骤逐步计算并结转半成品成本，直到最后计算出产成品成本的方法。因这种方法必须逐步计算每一步骤的半成品成本，因此也称作计算半成品成本的分步法。逐步结转分步法主要适用于大批量连续式多步骤生产企业。逐步结转分步法的半成品实物逐步转移，成本也随之逐步转移。逐步结转分步法按照半成品成本在下一步骤成本计算单中反映的方式不同，又可分为逐步综合结转分步法和逐步分项结转分步法。

逐步综合结转分步法下，半成品成本的综合结转可以按照上一步骤所产半成品的实际成本结转，也可以按照企业确定的半成品计划成本或定额成本结转。完工产品成本中的半成品成本项目通常需要进行成本还原。

平行结转分步法是指将各生产步骤中应计入相同产成品成本的份额平行汇总，以求得产成品成本的方法。因这种方法按生产步骤归集费用时，只计算各步骤应计入产成品成本的份额，不计算和结转半成品成本，因此也称作不计算半成品成本的分步法。

平行结转分步法下的月末在产品为广义的在产品，既包括本步骤正在加工的在产品（狭义的在产品），又包括本步骤已经加工完成，已经转入后续各生产步骤，但尚未最终制成产成品的半成品。

平行结转分步法的半成品实物转移而其成本不转移，仍保留在产出步骤的成本明细账中，各步骤的生产费用，只是各步骤本身发生的费用，没有上一步骤转入的费用。

正确确定各步骤生产费用应计入产成品成本的份额，关键在于每一步骤的生产费用如何在完工产成品和广义在产品之间进行分配，在实际工作中，通常是采用在产品按约当产量法或定额比例法来计算分配。

本章重点是逐步结转分步法和平行结转分步法的成本计算方法。

本章难点是逐步综合结转分步法下的成本还原和平行结转分步法下广义在产品的概念及各步骤生产费用应计入产成品成本的份额的计算方法。

【中英文对照专业名词及术语】

逐步结转分步法	Gradual Carry-over Processing Method
平行结转分步法	Parallel Carry-over Points Footwork
成本还原	Cost Reduction
广义在产品	Generalized in Product
狭义在产品	Special in Product

复习思考题

1. 简述分步法的特点和适用范围。
2. 简述逐步结转分步法的成本计算程序。
3. 说明半成品成本结转的形式及特点。
4. 什么是成本还原？简述成本还原的意义。
5. 简述平行结转分步法的成本计算程序。

6. 如何计算应计入产成品成本的"份额"?

练 习 题

1. 某企业有两个基本生产车间连续加工 A 产品。第一车间生产的 A 半成品转入半成品库,第二车间从半成品库中领用 A 半成品加工成 A 产成品。企业采用综合结转分步法计算成本。有关资料如下:

(1) 本月各车间产量记录如表 1 所示。

表 1   单位:元

车 间	期初结存	本月投入	本月完工	月末结存
第一车间	80	120	150	50
第二车间	120	120	210	30

(2) 各车间期初在产品成本如表 3 和表 5 "成本计算单"所示,期初库存自制半成品如表 2 所示。

(3) 第一车间生产费用按定额比例法计算,有关单位产品定额资料如表 2 所示。

表 2

项 目	定额消耗量(千克)	定额工时(小时)
完工半成品	45	20
月末在产品	45	8

(4) 第二车间生产费用按约当产量法分配,月末在产品完工程度为 50%。

要求:

(1) 完成表 3、表 5 "成本计算单"的计算填制。

(2) 登记"自制半成品"明细账(见表 4),发出半成品成本按加权平均法计算。

(3) 进行成本还原,并填制表 6。

表 3   成本计算单

第一车间   产品名称:A 产品(半成品)   完工数量:150 件   单位:元

项 目	直接材料	直接动力	直接人工	制造费用	合计
月初在产品成本	7 920	444	474	766	9 604
本月生产费用	11 880	1 664	1 770	2 872	18 186
合 计	19 800	2 108	2 244	3 638	27 790

续表

项　　目	直接材料	直接动力	直接人工	制造费用	合计
完工产品总定额					
月末在产品总定额					
分配率					
月末完工产品成本					
月末在产品成本					

表4　　　　　　　　　　　　　　　　自制半成品明细账

产品名称：A 半成品　　　　　　　　　　　　　　　　　　　　　　　　　　单位：元

摘要	收入			发出			结余		
	数量	单价	金额	数量	单价	金额	数量	单价	金额
月初结存							75	152	11 400
收入									
发出									
合计									

表5　　　　　　　　　　　　　　　　　成本计算单

第二车间：　　　　　　产品名称：A 产品（产成品）　　完工数量：210 件　　　　　单位：元

项　　目	半成品	直接动力	直接人工	制造费用	合计
月初在产品成本	18 240	674	1 012	1 204	21 130
本月费用		1 126	1 688	2 171	
合　　计		1 800	2 700	3 375	
完工产品数量					
在产品约当产量					
总约当产量					
完工产品成本					
月末在产品成本					

表6　　　　　　　　　　　　　　产品成本还原计算表　　　　　　　　　　单位：元

项目	半成品	直接材料	直接动力	直接人工	制造费用	合计
还原前成本						
本月所产半成品成本						
本月所产半成品成本构成						
本月所耗半成品的还原成本						
还原后成本						
合　计						

2. 某厂设有3个基本生产车间，第一车间生产甲半成品，交第二车间继续加工，第二车间生产乙半成品，交第三车间生产丙产成品。成本计算采用平行结转分步法。原材料在第一车间生产开始时一次投入，各步骤正在加工的在产品均按50%计算，各步骤生产费用在完工产品与在产品之间的分配采用约当产量比例法。

该企业201×年10月份有关资料如下：

（1）产量记录如表7所示。

表7

项目	第一车间	第二车间	第三车间
期初在产品	20	30	40
本期投入	100	90	80
本月完工转出	90	80	100
期末在产品	30	40	20

（2）生产费用记录如表8所示。

表8

项目	直接材料	直接人工	制造费用	合计
第一车间				
月初在产品成本	2 000	1 200	1 600	4 800
本月本步发生费用	17 000	6 850	8 900	32 750
第二车间				
月初在产品成本		880	320	1 200
本月本步发生费用		7 800	5 980	13 780
第三车间				
月初在产品成本		420	560	980
本月本步发生费用		5 960	4 060	10 020

要求：
（1）计算各步骤应计入产成品成本的份额及月末在产品成本；
（2）填制产品成本计算单（见表9~表11）及产品成本汇总表（见表12）。

表9　　　　　　　　　　　　第一车间产品成本计算单
产品名称：甲半成品　　　　　　　201×年10月　　　　　　　　　　　　单位：元

摘　　要	直接材料	直接人工	制造费用	合　计
月初在产品成本				
本月发生生产费用				
生产费用合计				
最终产成品数量				
在产品约当量　本步在产品				
已交下步未完工半成品				
约当总产量				
单位产成品成本份额				
产成品成本份额				
月末在产品成本				

表10　　　　　　　　　　　　第二车间产品成本计算单
产品名称：乙半成品　　　　　　　201×年10月　　　　　　　　　　　　单位：元

摘　　要	直接材料	直接人工	制造费用	合　计
月初在产品成本				
本月发生生产费用				
生产费用合计				
最终产成品数量				
在产品约当量　本步在产品				
已交下步未完工半成品				
约当总产量				
单位产成品成本份额				
产成品成本份额				
月末在产品成本				

表 11 **第三车间产品成本计算单**

产品名称：丙成品　　　　　　　　　　　201×年10月　　　　　　　　　　　　　　单位：元

摘　要		直接材料	直接人工	制造费用	合　计
月初在产品成本					
本月发生生产费用					
生产费用合计					
最终产成品数量					
在产品约当量	本步在产品				
	已交下步未完工半成品				
约当总产量					
单位产成品成本份额					
产成品成本份额					
月末在产品成本					

表 12　　　　　　　　　　　　　　　　**产品成本汇总表**

产品名称：丙　　　　　　　　　　　　201×年10月　　　　　　　　　　　　　产量：100 件

项　目	直接材料费用	直接人工费用	制造费用	合　计
第一车间				
第二车间				
第三车间				
产成品总成本				
产成品单位成本				

第八章
产品成本计算的辅助方法

【本章学习目的】通过本章的学习，应该达到以下学习目的：了解产品成本计算分类法和定额法的含义、特点及对每种方法的评价；熟悉分类法和定额法成本计算的基本原理及联产品和副产品的成本计算；掌握每种方法在实际工作中的运用。

【案例导引】

小李和小马是某大学会计专业大三的学生，到灯泡厂实习，财务科负责人安排他们实习成本核算的内容。他们已了解到该企业201×年6月生产15W、20W、30W、40W、60W、100W的日光灯，生产5W、8W、11W、15W、18W、20W的节能灯，生产15W、25W、40W、60W、100W、200W的白炽灯，有关生产费用的资料已经获得。财务科负责人让他们考虑该厂应用何种成本计算方法，如何设置生产成本明细账。

小李和小马开始考虑这个问题，觉得该厂应将分类法与品种法相结合进行成本计算。具体做法是：将所有产品看做一种产品——灯泡，设置生产成本明细账，把本月发生的各项生产费用分别按成本项目记入明细账中；然后将直接材料、直接人工和制造费用各成本项目以原材料定额消耗量、工时定额为分配标准，计算灯泡的完工产品成本；最后分别按日光灯、节能灯、白炽灯中的不同瓦数产品的售价比例，分配计算出各种不同瓦数产品的完工产品成本。他们的想法对吗？

（资料来源：李玲. 成本会计禁忌100例. 北京：电子工业出版社. 由编者整理）

第一节 产品成本计算的分类法

一、分类法的特点及适用范围

（一）分类法的含义

某些企业生产的产品种类、规格繁多，如果按照产品的品种、规格归集生产成本，计算各种产品的成本,其计算工作量十分繁重。为减轻核算工作量,对于可按一定标准分类的生产企业,可采用分类法计算产品成本。分类法是以产品类别为成本计算对象,归集生产费用,先计算出各类完工产品总成本,然后再按一定标准计算类内每一种产品成本的方法。分类法与品种法关系密切,可以被认为是品种法的扩展。

(二)分类法的特点

分类法是以产品类别开设生产成本明细账归集生产费用,计算每一类产品的成本,采用相关分配方法再确定类内各种产品的成本。其特点归纳如下:

1. 分类法是以产品的类别为成本计算对象,开设生产成本明细账归集该类产品的生产费用,每种产品发生的费用直接计入其所属类别后再采用一定的分配标准在所属类别内进行分配,最后计算出此种产品的成本。

2. 分类法的成本计算期要根据成本管理要求和产品生产类型进行确定,如果是小批生产,配合分批法使用,产品成本计算期就可以不固定;如果是大量生产类型,需要配合品种法或分步法进行成本计算,产品成本计算期固定。

3. 如果月末存在未完工产品,需要采用约当产量法、定额成本法或定额比例法等分配方法将生产费用在完工产品和月末在产品之间进行分配。

(三)分类法的适用范围

分类法适用于企业所生产产品的品种或规格繁多并且可以对企业的产品进行适当分类的企业。具体包括以下类型:

1. 用同样原材料,经过同样工艺过程生产出来的不同规格的产品。如制鞋厂生产不同尺寸的鞋。

2. 几种主要产品是用同一种原材料进行加工而同时制造出,即联产品。如石油冶炼行业投入原油,加工出润滑油、机油、汽油、柴油、沥青等。

3. 生产主要产品的生产过程中,附带生产的非主要产品即副产品,如食用油厂在油脂精炼后的副产品油脚、皂脚等。将主副产品归为一类作为成本计算对象,然后将副产成本按有关方法确定后从总成本中扣除,余额即为主产品成本。

二、分类法核算举例

分类法的计算程序如下:

1. 根据产品所用原材料和工艺技术过程的不同,将产品划分为若干类,按照产品类别开设成本明细账,按类归集产品的生产费用,计算各类产品的成本。

2. 选择合理的标准,将每类产品的成本,在类内的各种产品之间进行分配,计算每类产品类内各种产品的成本。

类内各种产品之间的分配是以类别总成本为标准的。这里要注意分配标准与成本之间要联系紧密,否则会影响类内各种产品成本计算的正确性。可以根据相关依据与产品成本的关系是否密切,采用价值指标(如销售价格、计划成本、定额成本等)或技术指标(如长度、重量、体积等），也可按成本项目进行划分，如直接材料费用可以按材料消耗重量比例分配，直接人工费用和制造费用按工时比例分配。在实际工作中，常常采用系数分配法。以系数为标准将类别总成本在类内各产品之间进行分配时，首先在类内产品中选择标准产品，如产量大、生产稳定的产品，将其系数确定为1，其他产品的料、工、费等成本项目，按其与标准产品的关系来确定为一定的系数；将各种产品的产量按其系数折算为标准产品产量（这有些类似于约当产量法）。根据类别总成本与标准计算出费用分配率，即可计算出类内各种产品的实际总成本和单位总成本。

系数分配法的有关计算公式如下：

某产品系数＝该产品售价（或定额消耗量、体积）÷标准产品售价（或定额消耗量、体积）

某种产品总系数（标准产量）＝该产品实际产量×该产品系数

费用分配率＝应分配成本总额÷类内各种产品系数之和

某种产品应负担费用＝该产品系数×费用分配率

【例8-1】大明工厂为大量大批单步骤小型生产企业，设有一个基本生产车间，大量生产5种规格不同的电子元件，根据产品结构特点和耗用的原材料及工艺技术过程的不同，可以将这5种产品划为一类（甲类），甲类产品包括101、102、103、104、105等5种不同规格的产品。根据该厂产品生产的特点和成本管理要求，可先采用品种法的基本原理计算出甲类产品本月完工产品的实际总成本，然后采用系数分配法将本类产品的总成本分配于类内各种规格的产品。本月生产的甲类产品的成本已经按照品种法的基本原理进行归集和分配，甲类产品的成本计算单如表8-1所示。本类产品的生产费用在本月完工产品和月末在产品之间的分配采用定额比例法。甲类产品中各种产品的消耗定额如表8-2所示。

要求：计算甲类产品中各种产品的成本。

表8-1　　　　　　　　　　产品成本计算单

产品：甲类　　　　　　　　　　201×年6月　　　　　　　　　　单位：元

项目	直接材料	直接人工	制造费用	合计
月初在产品成本	24 000	4 800	3 600	32 400
本月生产费用	120 000	36 000	26 400	182 400
生产费用合计	144 000	40 800	30 000	214 800
本月完工产品总成本	120 000	38 250	28 050	186 300
月末在产品成本	24 000	2 550	1 950	28 500

表 8-2　　　　　　　　　　　甲类产品的材料和工时消耗定额
产品：甲类　　　　　　　　　　　201×年度使用　　　　　　　　　　　编号：01

产品名称	材料消耗定额	工时消耗定额
101 产品	3.60	0.84
102 产品	3.30	0.72
103 产品	3.00	0.60
104 产品	2.40	0.54
105 产品	2.10	0.48

（1）选定标准产品。大明工厂甲类产品中，103 号产品生产比较稳定、产量较大、规格比较适中，故选择 103 号产品为标准产品。

（2）确定各类产品系数。大明工厂甲类产品中，直接材料费用按材料消耗定额比例进行分配，直接人工费用和制造费用按工时消耗定额确定系数，类内产品系数的计算如表 8-3 所示。

表 8-3　　　　　　　　　　　甲类产品系数计算表
产品：甲类　　　　　　　　　　　201×年度使用　　　　　　　　　　　编号：02

产品名称	材料消耗定额	系数	工时消耗定额	系数
101 产品	3.60	1.2	0.84	1.4
102 产品	3.30	1.1	0.72	1.2
103 产品	**3.00**	**1.0**	**0.60**	**1.0**
104 产品	2.40	0.8	0.54	0.9
105 产品	2.10	0.7	0.48	0.8

（3）计算各类产品本月总系数。生产成本在类内各种产品之间分配，分配标准是总系数（标准产量），根据表 8-3 所列各种产品的系数和本月各种产品产量资料，编制大明工厂产品总系数计算表，如表 8-4 所示。

表 8-4　　　　　　　　　　　产品总系数计算表

产品名称	产品产量	材料		工时	
		系数	总系数	系数	总系数
101 产品	500	1.2	600	1.4	700
102 产品	400	1.1	440	1.2	480
103 产品	2 140	1.0	2 140	1.0	2 140
104 产品	500	0.8	400	0.9	450
105 产品	600	0.7	420	0.8	480
合计			4 000		4 250

(4) 计算各种产品的总成本和单位成本。

① 根据表 8-1 所列甲类产品本月完工产品总成本，以及表 8-4 所列各种产品总系数，可以计算出各成本项目的费用分配率。

直接材料费用分配率 = 120 000 ÷ 4 000 = 30
直接人工费用分配率 = 38 250 ÷ 4 250 = 9
制造费用分配率 = 28 050 ÷ 4 250 = 6.6

② 根据各种产品的总系数和费用分配率，编制大明工厂产品成本计算表（见表 8-5），计算各种产品的总成本和单位成本。

表 8-5　　　　　　　　　　　　　　产品成本计算表
产品：甲类产品　　　　　　　　　　　　　201×年6月　　　　　　　　　　　　　　　单位：元

产品名称	产品产量	材料总系数	直接材料	工时总系数	直接人工	制造费用	产成品总成本	单位成本
分配率			30		9	6.6		
101	500	600	18 000	700	6 300	4 620	28 920	57.84
102	400	440	13 200	480	4 320	3 168	20 688	51.72
103	2 140	2 140	64 200	2 140	19 260	14 124	97 584	45.60
104	500	400	12 000	450	4 050	2 970	19 020	38.04
105	600	420	12 600	480	4 320	3 168	20 088	33.48
合　计		4 000	120 000	4 250	38 250	28 050	186 300	

③ 根据上述产品成本计算资料，编制结转本月完工入库产品成本的会计分录。

　　借：库存商品——101 产品　　　　　　　　　　　　　　　28 920
　　　　　　　　——102 产品　　　　　　　　　　　　　　　20 688
　　　　　　　　——103 产品　　　　　　　　　　　　　　　97 584
　　　　　　　　——104 产品　　　　　　　　　　　　　　　19 020
　　　　　　　　——105 产品　　　　　　　　　　　　　　　20 088
　　　贷：生产成本——基本生产成本——甲类产品　　　　　　186 300

三、联产品、副产品、等级品的成本计算

（一）联产品的成本计算

1. 联产品的含义及其成本计算的特点。联产品是指企业在生产过程中，使用相同的原材料，经过共同的生产工艺，进行相同的加工过程，生产出来的具有同等地位、不同用途的几种主要产品，如炼油厂从原油中可以同时提炼出汽油、煤油、柴油、机油等几种主要产品，这些产品都是炼油厂的联产品。

联产品在生产过程中使用同样的原材料,并且又是在同一生产过程中生产出来的。在联产品分离之前,不可能按照每种产品归集和分配生产费用,只能将其归为一类,计算其总成本。再采用一定的分配标准、适当的方法,将联合成本在联产品之间进行分配,求出各个联产品应负担的联合成本。有些联产品分离后有时还需要继续加工,这样,就需要按照分离后产品的生产特点,选择适当的方法计算分离后的产品成本。

2. 联产品成本的计算程序。

(1) 采用分类法,计算联产品分离前的联合成本;

(2) 采用适当的标准在各种联产品之间分配联合成本;

(3) 将分配的联合成本和分离后的加工成本进行汇总,计算联产品的总成本和单位成本。

3. 联合成本的分配方法。采用什么样的方法分配联合成本,关系到联产品成本计算的准确性和合理性。因此,企业可根据具体情况确定应采用的分配方法。通常的分配方法包括:

(1) 实物量分配法。实物量分配法就是根据分离点上各种联产品的重量、长度、容积或其他实物量比例来分配联合成本的一种方法。其计算公式如下:

联合成本分配率 = 联合成本 ÷ 各种联产品实物产量之和

某种产品应分配的联合成本 = 该种联产品实物产量 × 联合成本分配率

【例8-2】假设大明公司生产 A、B、C 3 种联产品,本期发生的联合成本为 360 000 元,根据各种产品的重量分配联合成本计算结果如表 8-6 所示。

表 8-6　　　　　　　　　　联合产品成本计算单　　　　　　　　　　单位:元

产品名称	实物量(千克)	分配率	应分配成本
A 产品	500		150 000
B 产品	400		120 000
C 产品	300		90 000
合计	1 200	300	360 000

(2) 系数分配法。系数分配法是根据各种联产品的实际产量,按系数将其折算为标准产量来分配联合成本的一种方法。具体计算程序是:第一,确定各种联产品的系数;第二,用每种产品的产量乘以各自的系数,计算出标准产量;第三,将联合成本除以各种联产品标准产量之和,求得联合成本分配率;第四,用联合成本分配率乘以每种产品的标准产量,就可以计算出各种产品应负担的联合成本。

【例8-3】假设大明公司用同一原材料,在同一工艺过程中生产甲、乙、丙、丁 4 种主要产品。分配联合成本时,以产品售价为标准确定系数,以乙产品为标准产品,其系数为 1,甲产品分离后还继续加工。有关资料如表 8-7、表 8-8 所示。

表8-7　　　　　　　　　　联产品产量、售价和系数分配表

产品名称	产量（吨）	单位售价（元）	系数
甲产品	120	72	1.2
乙产品	600	60	1
丙产品	300	48	0.8
丁产品	150	42	0.7

表8-8　　　　　　　　　　联产品成本计算资料　　　　　　　　　　　　　单位：元

项目	直接材料	直接人工	制造费用	合计
分离前的联合成本	19 602	7 187.4	5 880.6	32 670
各成本项目占总成本比重	60%	22%	18%	
分离后甲产品的加工成本	900	400	200	1 500

要求：按照系数分配法分配联合产品成本，并计算各种产品的总成本和单位成本。
（1）根据上述资料，编制联产品成本计算单，如表8-9所示。

表8-9　　　　　　　　　　联产品成本计算单　　　　　　　　　　　　　　单位：元

产品名称	产量（吨） （1）	系数 （2）	标准产量 （3）=（1）×（2）	联合成本 （4）	分配率 （5）=（4）÷（3）	应分配的联合成本 （6）=（3）×（5）
甲产品	120	1.2	144			4 320
乙产品	600	1	600			18 000
丙产品	300	0.8	240			7 200
丁产品	150	0.7	105			3 150
合计			1 089	32 670	30	32 670

（2）编制甲产品成本计算汇总表，如表8-10所示。

表8-10　　　　　　　　　　甲产品成本计算汇总表　　　　　　　　　　　　单位：元

项目	分配的联合成本		分离后的加工成本 （3）	总成本 （4）=（2）+（3）	单位成本 （5）=（4）÷产量
	比重（%） （1）	金额 （2）=（1）×总金额			
直接材料	60	2 592	900	3 492	29.1
直接人工	22	950.4	400	1 350.4	11.25
制造费用	18	777.6	200	977.6	8.15
合计	100	4 320	1 500	5 820	48.5

注：其他产品的单位成本根据各成本项目的比例计算。

(3) 相对售价比例分配法。相对售价比例分配法是按照生产出的各联产品销售价格的比例,将联合成本在各种联产品之间进行分配,以计算各联产品的总成本和单位成本的一种联产品成本分配方法。在这种情况下,售价较高的联产品负担的联合成本较多,售价较低的联产品负担的联合成本较少,以使各联产品取得大致相同的毛利率。这种方法弥补了实物量比例分配法的缺陷,使各联产品应负担的联合成本与售价联系了起来。相对售价比例分配法的计算公式如下:

联合成本分配率 = 联合成本 ÷ 各种联产品销售价格之和
某种产品应分配的联合成本 = 该种联产品销售价格 × 联合成本分配率

应当指出,相对售价比例分配法中的销售价格即指产品的销售收入。但是,这里的销售收入不是按照产品销售量计算的,而是按照产品产量计算的。

【例8-4】大明公司生产甲、乙、丙3种联产品,单位售价分别为14元、12元和10元,201×年7月份发生的联合成本为89 216元。其中:直接材料费用60 000元,直接人工费用11 216元,制造费用18 000元,生产完工甲产品3 200件,乙产品4 000件,丙产品1 600件。

要求:按照相对售价比例分配联产品成本。

计算结果如表8-11所示。

表8-11 联产品成本计算表

201×年7月   单位:元

产品名称	产量(件)	单价	销价	分配率	分配联合成本	单位成本
甲产品	3 200	14	44 800		36 736	11.48
乙产品	4 000	12	48 000		39 360	9.84
丙产品	1 600	10	16 000		13 120	8.2
合计			108 800	0.82	89 216	

这一分配法将联产品成本与产品的销售价格联系在一起,可以避免售价低产品可能因为分配标准的选用不当而造成其负担的费用较多的不合理现象。但是,产品成本的高低并非都与产品售价有关,价格高的产品不一定成本也高,因此此种方法只适用成本高低与售价关系密切的联产品的成本分配。

(二)副产品的成本计算

1. 副产品的含义及其成本计算的特点。副产品是指企业在生产主要产品的过程中,附带生产出一些非主要产品。副产品不是企业的主要产品,但它们却有一定的价值和用途。如在制皂工业中产生的甘油,在生产生铁过程中产生的煤气以及炼油厂在提炼原油的过程中产生的渣油、石油焦等。有些企业在生产过程中所产生的一些废水、废气、废渣，对于"三废"的综合利用、回收或提炼出来的产品，也可以称为副产品。

由于副产品和主要产品是在同一生产过程中生产出来的，它们发生的费用很难分开，因此一般是将副产品和主要产品归为一类，按照分类法归集费用，计算总成本。主、副产品分离前的成本可为共同成本。一般来说，副产品的价值相对较低，在企业全部产品中所占比例较小，所以可将副产品按照简化的方法计价，从主、副产品的总成本中扣除，从而确定主产品的产品。

2. 副产品成本的计价方法。

（1）副产品成本不计价。副产品不计价是指副产品不负担分离前的成本，副产品的成本由主要产品负担，副产品销售取得的收入作为其他业务收入处理。这种方法一般适用于副产品分离后不再加工，而且其价值较低的情况。采用此法的优点是手续简便，但由于副产品成本是由主要产品负担，因而会影响主要产品成本计算的准确性。

（2）副产品成本按销售价格扣除销售税金、销售费用后的余额计算。副产品成本按销售价格扣除销售税金、销售费用后的余额计算或按售价减去按正常利润率计算的销售利润后的余额计价，以此作为分离前的共同成本中副产品应负担的部分。这种方法适用于副产品价值较高的情况。如果副产品在分离后还需进一步加工才能出售，则按这一方法对副产品进行计价时，还应从其售价中扣除分离后的加工费。

（3）副产品成本按固定成本计价。这种计价方法是指按确定的固定成本作为副产品的成本，从联合成本中扣除。其中，固定成本可按固定价格计价，也可以按计划成本计价。这种计算方法手续简便，但是当副产品成本变动较大、市价不稳定时，会影响主要产品成本计算的准确性。

3. 副产品成本计算应用举例。

【例8-5】假设大明公司在生产主要产品甲产品的同时，附带生产出乙、丙、丁3种副产品。乙产品按售价扣除销售税金、销售费用等有关项目后的余额计价，并按比例从联合成本项目中进行扣除；丙副产品按计划成本计价，从联合成本的直接材料项目中扣除；丁副产品由于数量较少、价值较低采用简化的方法不予计价。201×年3月份有关产量、成本资料如表8-12和表8-13所示。

表8-12　　　　　　　　　　产品、单价、计划成本资料　　　　　　　　　　单位：元

产品名称	产量（吨）	单位售价	单位税金	单位销售费用	计划单位成本
甲	3 000				
乙	540	40	5	6	
丙	160				20
丁	2				

表 8-13　　　　　　　　　　　　成本费用资料　　　　　　　　　　　　　　单位：元

项目	直接材料	直接人工	制造费用	合计
本月主副产品共同成本	72 000	8 000	20 000	100 000
乙产品分离后加工费用		1 000	1 160	2 160

要求：根据以上资料编制完工产品成本计算表。
计算结果如表 8-14 所示。

表 8-14　　　　　　　　　　　完工产品成本计算表　　　　　　　　　　　　单元：元

项目	共同成本		丙产品（160 吨）		乙产品（540 吨）				甲产品（3 000 吨）	
	金额	比重	总成本	单位成本	总成本			单位成本	总成本	单位成本
					分离前	分离后	合计			
	(1)	(2)	(3)	(4)	(5)	(6)	(7)	(8)	(9)	(10)
直接材料费用	72 000	72%	3 200	20	9 720		9 720	18	59 080	19.69
直接人工费用	8 000	8%			1 080	1 000	2 080	3.85	6 920	2.31
制造费用	20 000	20%			2 700	1 160	3 860	7.15	17 300	5.77
合计	100 000		3 200	20	13 500	2 160	15 660	29	83 300	27.77

表 8-14 中相关数据的计算过程如下：
丙产品：总成本 = 160 × 20 = 3 200（元）
乙产品：总成本 = 540 ×（40 - 5 - 6）= 15 660（元）
　　　　其中分离前的总成本 = 15 660 - 2 160 = 13 500（元）
　　　　直接材料费用 = 13 500 × 72% = 9 720（元）
　　　　直接人工费用 = 13 500 × 8% + 1 000 = 2 080（元）
　　　　制造费用 = 13 500 × 20% + 1 160 = 3 860（元）
甲产品：总成本 = 100 000 - 3 200 - 13 500 = 83 300（元）
　　　　直接材料费用 = 72 000 - 3 200 - 13 500 = 59 080（元）
　　　　直接人工费用 = 8 000 - 1 080 = 6 920（元）
　　　　制造费用 = 20 000 - 2 700 = 17 300（元）

第二节 产品成本计算的定额法

一、定额法的特点及适用范围

在前述各种成本计算方法——品种法、分批法、分步法和分类法下,生产费用的日常核算是按照生产费用的实际发生额进行的,产品的实际成本也是根据实际生产费用计算的。这样,生产费用和脱离定额的差异及其发生的原因,只有在月末时通过实际资料与定额资料的对比、分析才能得到反映,不能在费用发生的当时就能得到反映。这样,不利于更好地加强定额管理,加强成本控制,更有效地发挥成本核算对于节约生产费用、降低产品成本的作用。产品成本计算的定额法(也称定额成本法),就是为了及时反映和监督生产费用和产品脱离定额的差异,加强成本管理和成本控制而采用的一种成本计算方法。

(一)定额法的含义

产品成本计算的定额法,是以产品定额成本为基础,加减脱离现行定额差异(如脱离定额的差异、材料成本差异)及定额变动差异来计算产品实际生产成本的一种方法。采用定额法计算产品成本,可以及时地反映和监督产品成本脱离定额成本的状况,为加强定额管理提供了相关信息。采用定额法时,产品实际成本与定额成本的关系可用下列公式表示:

产品实际成本 = 产品定额成本 ± 脱离定额成本差异 ± 材料成本差异 ± 定额变动差异

定额成本是根据企业现行材料的消耗定额、工时定额、费用定额及其他有关资料计算的一种目标成本。产品定额成本的制定过程也是对产品成本事前控制的过程。定额成本是计算实际产品成本的基础,也是企业对生产费用进行事中和事后分析的依据。

脱离定额差异是指产品生产过程中各项费用(实际费用)脱离现行定额的差异。脱离定额差异反映了企业各项生产费用支出的合理程度以及执行现行定额的质量。

材料成本差异也是产品生产费用脱离定额的一部分。采用定额法计算产品成本的企业,原材料日常核算是按计划成本进行的,所以原材料项目的脱离定额差异,仅指消耗数量的差异(量差),其金额为原材料消耗数量差异与其计划单位成本的乘积,不包括材料成本差异(价差)。因此,企业应当单独计算产品成本应负担的材料成本差异,其金额为按计划单位成本和材料实际消耗量计算的材料总成本与材料成本差异率的乘积。

定额变动差异是指由于修订定额而产生的新旧定额之间的差异,它反映的是定额自身变动的结果,与生产费用支出的节约与超支无关。新定额的执行一般从月初开始,这样当月投入的生产费用在计算其脱离定额差异时一般都按新标准执行。但月初在产品一般是按旧定额计算的,所以月初在产品的生产费用和本月发生的生产费用就产生了定额标准不一致的现象。为了调整月初在产品定额成本,必须先计算月初在产品的定额变动差异。定额变动差异主要是指月初在产品账面定额成本与按新定额计算定额成本之间的差异。

（二）定额法的特点

1. 事前制定产品的定额成本。定额法与产品成本计算的品种法、分批法、分步法和分类法不同，它是以产品的定额成本为基础来计算产品实际成本的一种方法。采用定额法计算产品成本，企业必须事前制定好产品的各项消耗定额和费用定额，并以此为依据制定产品的定额成本，作为降低成本、节约费用支出的目标。

2. 分别核算符合定额的费用和脱离定额的差异。在生产费用发生地当时，将符合定额的费用和发生的差异分别核算，以加强对成本差异的日常核算、分析和控制。

3. 以定额成本为基础，加减各种成本差异来求得实际成本。在定额成本法下，本月完工产品的实际成本是以本月完工产品的定额成本为基础，加上或减去本月完工产品应负担的脱离定额差异、材料成本差异、定额变动差异等成本差异来求得的。

（三）定额法的适用范围

定额法不是产品成本计算的基本方法，它是为了加强成本控制与管理而采用的一种成本计算与管理相互融洽的方法。采用此种方法计算产品成本，能及时揭示差异，有助于促使企业控制和节约费用。该方法主要适用于企业定额管理制度比较健全、定额管理基础工作比较好、产品生产已经定型、各项消耗定额比较准确、稳定的企业，与企业生产类型没有直接联系。

二、定额法举例

定额法的成本计算程序：

（一）计算产品定额成本

产品的定额成本包括直接材料定额成本、直接人工定额成本、制造费用定额成本，其计算公式分别如下：

产品直接材料定额成本 = 直接材料定额耗用量 × 直接材料费用计划单价
= 本月投产量 × 单位产品材料消耗定额 × 直接材料费用计划单价

产品直接人工定额成本 = 产品定额工时 × 计划小时工资率
= 产品约当产量 × 工时定额 × 计划小时工资率

产品制造定额成本 = 产品定额工时 × 计划小时费用率
= 产品约当产量 × 单位产品工时定额 × 计划小时工资率

确定产品定额成本，必须先制定产品的消耗定额，然后再根据材料计划单价、计划工资率、计划费用率等确定各项费用定额和单位产品定额成本。

【例8-6】大明公司生产甲产品耗用A、B、C 3种材料，A材料单位消耗定额为100千克，计划单价为8元；B材料单位消耗定额为130千克，计划单价为9元；C材料单位消耗定额为14千克，计划单价为20元。本月投产量为110件。

要求：列表计算甲产品直接材料定额成本。

甲产品的直接材料定额成本如表 8-15 所示。

表 8-15　　　　　　　　甲产品直接材料定额成本计算表

材料名称	产量（件）	计划单价	定额耗用 单位定额消耗量（千克/件）	耗用量（千克）	定额费用（元）
A 材料	110	8	100	11 000	88 000
B 材料	110	9	130	14 300	128 700
C 材料	110	20	14	1 540	30 800
合计					247 500

此外，我们还可以根据上述公式计算直接人工和制造费用项目的定额成本（甲产品的直接人工费用和制造费用项目的定额成本在以后的内容中要涉及，此处略）。

（二）核算脱离定额差异

脱离定额差异包括直接材料脱离定额差异的计算、直接人工费用脱离定额差异的计算、制造费用脱离定额差异的计算，它的计算是定额法的主要内容。

1. 直接材料费用脱离定额差异的计算。直接材料费用脱离定额差异是指生产过程中产品实际耗用材料数量与其定额耗用量之间的差异，其计算公式为：

$$直接材料费用脱离定额差异 = \sum [(材料实际耗用量 - 材料定额耗用量) \times 该材料计划单价]$$

【例 8-7】承上例，假设甲产品实际耗用 A 材料 10 800 千克，实际耗用 B 材料 13 900 千克，实际耗用 C 材料 1 650 千克。试计算甲产品直接材料脱离定额差异。

甲产品直接材料脱离定额差异

$= (10\ 800 - 11\ 000) \times 8 + (13\ 900 - 14\ 300) \times 9 + (1\ 650 - 1\ 540) \times 20 = -5\ 000(元)$

2. 直接人工费用脱离定额差异的计算。

（1）计件工资制度下直接人工脱离定额差异的计算。在计件工资下，直接人工为直接计入费用，在计件单价不变的情况下，按计件单价支付的生产工人薪酬就是定额工资，没有脱离定额的差异。因此，在计件工资制下，脱离定额的差异往往仅指因工作条件变化而在计件单价之外支付的工资、津贴、补贴等。企业应当将符合定额的工资，反映在产量记录中；脱离定额的差异应当单独设置"工资补付单"等凭证，并经过一定的审批手续。

（2）计时工资制度下直接人工费用脱离定额差异的计算。在计时工资制下，直接人工一般为间接计入费用，其脱离定额的差异不能在平时分产品（成本计算对象）计算，只有在月末确定本月实际直接人工费用总额和产品生产总工时后才能计算。有关计算公式如下：

计划小时工资率 = 计划产量的定额直接人工费用 ÷ 某车间计划产量的定额生产工时
实际小时工资率 = 某车间实际直接人工费用总额 ÷ 某车间实际生产总工时
某产品定额直接人工费用 = 该产品实际完成的定额生产工时 × 计划小时工资率
某产品实际直接人工费用 = 该产品实际生产工时 × 实际小时工资率
某产品直接人工费用脱离定额差异 = 该产品实际直接人工费用 − 该产品定额直接人工费用

【例8−8】大明公司生产甲、乙、丙3种产品实际生产工时为200 000小时。其中,甲产品85 000小时,乙产品50 000小时,丙产品65 000小时。本月3种产品实际完成定额工时205 000小时,其中甲产品86 000小时,乙产品55 000小时,丙产品64 000小时;本月实际产品生产工人薪酬为820 800元,本月计划小时工资率为4元,实际小时工资率为4.104(820 800÷200 000)。

根据上述资料,编制直接人工费用定额和脱离定额差异汇总表。

大明公司直接人工费用定额和脱离定额差异汇总表如表8−16所示。

表8−16 直接人工费用定额和脱离定额差异汇总表

201×年7月   单位:元

产品名称	定额人工费用			实际人工费用			脱离定额差异
	定额工时（小时）	计划小时工资率	定额工资	实际工时（小时）	实际小时工资率	实际工资	
甲产品	86 000		344 000	85 000		348 840	4 840
乙产品	55 000		220 000	50 000		205 200	−14 800
丙产品	64 000		256 000	65 000		266 760	10 760
合计	205 000	4	820 000	200 000	4.104	820 800	800

3. 制造费用定额差异的计算。制造费用大多为间接费用,不能在费用发生时直接按产品确定其定额差异。只能在月末实际费用总额计算出来后才能与定额费用对比,确定差异定额。其计算公式如下:

计划小时制造费用分配率 = 某车间计划制造费用总额 ÷ 某车间计划产量的定额生产工时总数
实际小时制造费用分配率 = 某车间实际制造费用总额 ÷ 某车间实际生产工时总数
某产品定额制造费用 = 该产品定额生产工时 × 计划小时制造费用分配率
某产品实际制造费用 = 该产品实际工时 × 实际小时制造费用分配率
某产品制造费用定额差异 = 某产品实际制造费用 − 某产品定额制造费用

【例8−9】大明公司本月各种产品实际生产工时和实际完成定额工时同[例8−7],本月实际制造费用总额为413 000元,本月制造费用计划分配率为每小时2元(见表8−17);实际分配率为每小时2.065元(413 000÷200 000)。

根据上述资料,编制制造费用定额和脱离定额差异汇总表。

制造费用定额和脱离定额差异汇总表如表 10-17 所示。

表 8-17　　　　　　制造费用定额和脱离定额差异汇总表

201×年 7 月　　　　　　　　　　　　　　　　　　　单位：元

产品名称	定额制造费用			实际制造费用			脱离定额差异
	定额工时（小时）	计划小时工资率	定额工资	实际工时（小时）	实际小时工资率	实际工资	
甲产品	86 000		172 000	85 000		175 525	3 525
乙产品	55 000		110 000	50 000		103 250	-6 750
丙产品	64 000		128 000	65 000		134 225	6 225
合计	205 000	2	410 000	200 000	2.065	413 000	3 000

（三）计算材料成本差异

采用定额法计算产品成本的企业，应当按照计划成本来组织原材料的日常核算，因此直接材料费用定额成本和脱离定额的差异都是按照原材料的计划单位成本计算的。这样，在月末计算产品的实际原材料费用时，还必须考虑所耗原材料应负担的成本差异，即所耗原材料的价差。其计算公式如下：

$$\text{某产品应负担的原材料成本差异} = \left(\text{该产品的原材料定额费用} \pm \text{原材料脱离定额差异} \right) \times \text{材料成本差异率}$$

为简化核算，各种产品应分配的材料成本差异，一般由各该产品的完工产品成本负担，月末在产品不负担材料成本差异。在实际工作中，材料成本差异的计算和分配是通过编制"耗用材料汇总表"、"材料成本差异分配表"进行的。

【例 8-10】甲产品所耗直接材料定额费用为 247 500 元（见表 8-15），材料脱离定额差异为节约 5 000 元（见[例 8-7]），本月材料成本差异率为节约 1.2%。

要求：计算甲产品应负担的材料成本差异。

甲产品应负担的材料成本差异 =（247 500 - 5 000）×（-1.2%）= -2 910（元）

（四）计算定额变动差异

产品定额成本是根据现行定额（包括材料消耗定额、工时定额和费用定额等）计算确定的，现行定额修订以后，定额成本也应随之修订。月初，产品定额成本修订以后，当月投产的产品应按照新的定额成本计算，而月初在产品的定额成本是上月末按旧的定额计算的。为了将按旧定额计算的月初在产品定额成本和按新定额计算的本月投入产品的定额成本，在新定额的同一基础上相加起来,以便计算产品的实际成本,还应计算月初在产品的定额变动差异,用以调整月初在产品的定额成本。

月初在产品定额变动差异,可以根据消耗定额发生变动的在产品盘存数量或在产品账面结存数量和修订后的定额消耗量,计算出月初在产品新的定额消耗量和新的定额成本,再与修订前月初在产品定额成本比较计算得出。在构成产品的零部件种类较多的情况下,采用这种方法按照零部件和工序进行计算,工作量就会很大。为简化计算工作,也可以按照单位费用的折现系数进行计算。即将按新旧定额所计算出的单位产品费用进行对比,求出系数,然后根据系数进行计算。其计算公式如下:

系数 = 按新定额计算的单位产品费用 ÷ 按旧定额计算的单位产品费用

月初在产品定额变动差异 = 按旧定额计算的月初在产品费用 × (1 - 系数)

【例8-11】大明公司甲产品的一些零件从7月1日起修订原材料消耗定额。单位产品新的直接材料费用为2 250元(见表8-15),旧的直接材料费用定额为2 343.75元,甲产品月初在产品按旧定额计算的直接材料费用为46 875元。

要求:根据以上资料,计算甲产品月初在产品定额变动差异。

定额变动系数 = 2 250 ÷ 2 343.75 = 0.96

甲产品月初在产品定额变动差异 = 46 875 × (1 - 0.96) = 1 875(元)

采用系数法计算月初在产品定额变动差异虽然比较简便,但由于系数是按照单位产品计算的,而不是按照产品的零部件计算的,因而它只适合于在零部件成套生产或零部件成套性较大的情况下采用。也就是说,在零部件生产不成套或成套性较差的情况下采用系数法,就会影响计算结果的正确性。月初在产品定额变动差异是定额本身变动的结果,与实际生产费用的节约或浪费无关。但应当指出,定额成本是计算实际成本的基础,如果月初在产品定额成本调低时,应将定额变动差异加入产品实际成本;反之,应当从实际成本中予以扣除。也就是说,月初在产品定额成本调整的数额与计入产品实际成本的定额变动差异之和应当等于0。甲产品月初在产品定额成本减少了1 875元,甲产品实际成本中就应当加上定额变动差异1 875元。

(五)计算产品实际成本

产品实际成本 = 产品定额成本 ± 脱离定额差异 ± 定额变动差异

1. 登记本月发生的生产费用。根据本月实际发生的生产费用,将符合定额的费用和脱离定额的差异分别核算,编制有关会计分录,计入产品生产成本明细账(产品成本计算单)中的相应项目。

【例8-12】根据[例8-6]和[例8-7],编制有关会计分录,计入大明公司甲产品生产成本明细账。[例8-11]月初在产品定额调整不属于实际发生费用,可以直接计入甲产品生产成本明细账相应栏内,不编制会计分录。

有关会计分录如下:

(1) 结转产品生产领用材料计划成本。
借：生产成本——基本生产成本——甲产品（定额成本）　　247 500
　　　　　　　　　　　　　　——甲产品（脱离定额差异）　-5 000
　　贷：原材料　　　　　　　　　　　　　　　　　　　　　242 500

(2) 分配职工薪酬。[例8-8]中，大明公司本月应付产品生产工人薪酬为820 800元（见表8-16）。
借：生产成本——基本生产成本——甲产品（定额成本）　　344 000
　　　　　　　　　　　　　　—— 甲产品（脱离定额差异）　4 840
　　　　　　　　　　　　　　——乙产品（定额成本）　　　220 000
　　　　　　　　　　　　　　——乙产品（脱离定额差异）　-14 800
　　　　　　　　　　　　　　——丙产品（定额成本）　　　256 000
　　　　　　　　　　　　　　——丙产品（脱离定额差异）　10 760
　　贷：应付职工薪酬　　　　　　　　　　　　　　　　　　820 800

(3) 分配结转制造费用。[例8-9]中大明公司本月实际制造费用413 000元（见表8-17）。
借：生产成本——基本生产成本——甲产品（定额成本）　　172 000
　　　　　　　　　　　　　　—— 甲产品（脱离定额差异）　3 525
　　　　　　　　　　　　　　—— 乙产品（定额成本）　　　110 000
　　　　　　　　　　　　　　—— 乙产品（脱离定额差异）　-6 750
　　　　　　　　　　　　　　—— 丙产品（定额成本）　　　128 000
　　　　　　　　　　　　　　—— 丙产品（脱离定额差异）　6 225
　　贷：制造费用　　　　　　　　　　　　　　　　　　　　413 000

(4) 分配结转材料成本差异。[例8-10]中大明公司甲产品应负担的材料成本差异为2 910元。
借：生产成本——基本生产成本——甲产品（材料成本差异）　-2 910
　　贷：材料成本差异　　　　　　　　　　　　　　　　　　-2 910

2. 分配脱离定额差异。登记本月生产费用后，应将月初在产品成本、月初在产品定额变动和本月生产费用各相同项目分别汇总，计算出生产费用合计数（见表8-18）。生产费用合计数包括定额成本、脱离定额差异、材料成本差异和定额变动差异。为了简化计算，材料成本差异和定额变动差异可以全部由完工产品成本负担，脱离定额差异则要在本月完工产品和月末在产品之间进行分配。脱离定额差异一般按照本月完工产品和月末在产品定额成本的比例进行分配，具体方法和过程如下：

表 8-18　　　　　　　　　　　　　　产品成本计算单

产品：甲产品　　　产量：120 件　　　　201×年 7 月　　　　　　　　　　单位：元

项　目	行次	直接材料	直接人工	制造费用	合计
一、月初在产品成本					
定额成本	1	46 875	31 000	15 500	93 375
脱离定额差异	2	-850	410	225	-215
二、月初在产品定额调整					
定额成本调整	3	-1 875	0	0	-1 875
定额变动差异	4	1 875	0	0	1 875
三、本月发生生产费用					
定额成本	5	247 500	344 000	172 000	763 500
脱离定额差异	6	-5 000	4 840	3 525	3 365
材料成本差异	7	-2 910			
四、生产费用合计					
定额成本	8	292 500	375 000	187 500	855 000
脱离定额差异	9	-5 850	5 250	3 750	3 150
材料成本差异	10	-2 910			-2 910
定额变动差异	11	1 875	0	0	1 875
差异分配率	12	-2%	1.4%	2%	
五、完工产品成本					
定额成本	13	270 000	360 000	180 000	810 000
脱离定额差异	14	-5 400	5 040	3 600	3 240
材料成本差异	15	2 910			-2 910
定额变动差异	16	1 875	0	0	1 875
实际成本	17	263 565	365 040	183 600	812 205
六、月末在产品成本					
定额成本	18	22 500	15 000	7 500	45 000
脱离定额差异	19	-450	210	150	-90

(1) 直接材料费用项目。
直接材料费用脱离定额差异分配率 = (-5 850) ÷ (270 000 + 22 500) = -2%
完工产品分配脱离定额差异 = 270 000 × (-2%) = -5 400（元）
月末在产品分配脱离定额差异 = 22 500 × (-2%) = -450（元）
(2) 直接人工费用项目。
直接人工费用脱离定额差异分配率 = 5 250 ÷ (360 000 + 15 000) = 1.4%
完工产品分配脱离定额差异 = 360 000 × 1.4% = 5 040（元）
月末在产品分配脱离定额差异 = 30 000 × 1.4% = 210（元）
(3) 制造费用项目。
制造费用脱离定额差异分配率 = 3 750 ÷ (180 000 + 7 500) = 2%
完工产品分配脱离定额差异 = 180 000 × 2% = 3 600（元）
月末在产品分配脱离定额差异 = 7 500 × 2% = 150（元）
(4) 本月在完工产品和在产品之间分配脱离定额差异。
本月完工产品分配脱离定额差异 = -5 400 + 5 040 + 3 600 = 3 240（元）
月末在产品分配脱离定额差异 = -450 + 210 + 150 = -90（元）
上述计算结果在甲产品"产品成本计算单"中登记如表 8-18 所示。
3. 计算结转完工产品实际成本。通过以上分配和计算，大明公司本月完工甲产品 120 件的实际总成本为 812 105 元 [810 000 + 3 240 + (-2 910) + 1 775]。编制的会计分录如下：

借：库存商品——甲产品　　　　　　　　　　　　　　　　　812 105
　　贷：生产成本——基本生产成本——甲产品（定额成本）　　810 000
　　　　　　　　　　　　　　　　——甲产品（脱离定额差异）　3 240
　　　　　　　　　　　　　　　　——甲产品（材料成本差异）　-2 910
　　　　　　　　　　　　　　　　——甲产品（定额变动差异）　1 875

三、定额法的优缺点

由上可知，定额法是将产品成本的计划工作、核算工作和分析工作有机结合起来，将事前、事中、事后反映和监督融为一体的一种产品成本计算的方法和成本管理制度。

定额法的主要优点是：(1) 通过对生产耗费及其脱离定额差异的日常核算，能够及时反映和监督各项耗费发生脱离定额的差异，从而有利于加强成本控制，及时有效地促进生产耗费的节约，降低产品成本；(2) 由于产品实际成本是按照定额成本和各种差异分别核算的，因而便于对各项生产耗费和产品成本进行定期分析，有利于进一步挖掘降低产品成本的潜力；(3) 通过脱离定额差异和定额变动差异的核算，还有利于提高成本的定额管理和计划管理的水平；(4) 由于存在现成的定额成本资料，因而能够较为合理、简便地解决完工产品和月末在产品之间的分配费用问题。

定额法的主要缺点是：计算产品成本的工作量较大。因为采用定额法必须制定定额成本，单独核算脱离定额差异。在定额变动时还必须修订定额成本，计算定额变动差异。

【本章小结】

本章主要介绍了分类法、定额法等成本计算辅助方法的特点、适应范围及成本核算程序。

分类法是按品类别归集生产费用,在计算出各类产品成本的基础上,再按一定标准在类内各种产品之间分配费用的一种成本计算方法。分类法适用于企业所生产产品的品种或规格繁多并且可以对企业的产品进行适当分类的企业。联产品是指企业在生产过程中,使用相同的原材料,经过共同的生产工艺,进行相同的加工过程,生产出来的具有同等地位、不同用途的几种主要产品。副产品是指企业在生产主要产品的过程中,附带生产出一些非主要产品。实际工作中,联产品、副产品是按照分类法进行产品成本计算的。

产品成本计算的定额法,是以产品定额成本为基础,加减脱离现行定额差异(如脱离定额的差异、材料成本差异)及定额变动差异来计算产品实际生产成本的一种方法。采用定额法时,产品实际成本与定额成本的关系可用下列公式表示:产品实际成本 = 产品定额成本 ± 脱离定额成本差异 ± 材料成本差异 ± 定额变动差异。定额法作为一种成本计算方法和成本管理制度,有利于加强成本控制,便于对各项生产耗费和产品成本进行定期分析,有利于提高成本的定额管理和计划管理的水平,并能够较为合理、便捷地解决完工产品和月末在产品之间的分配费用问题。其缺点主要是计算产品成本的工作量较大。

【中英文对照专业名词及术语】

产品成本计算分类法	Product Costing Classification
产品成本计算定额法	Quota Method of Product Costing
联产品	Joint Product
副产品	By-product

复习思考题

1. 简述产品成本计算分类法的特点和计算程序。
2. 简述产品成本计算定额法的特点和计算程序。
3. 简述产品成本计算定额法的优点和应用条件。

练习题

1. 甲产品采用定额成本法计算成本。本月份有关甲产品原材料费用的资料如下:

(1) 月初在产品原材料定额费用为 2 000 元,月初在产品原材料脱离定额的差异为超支 50 元,月初在产品定额费用调整为降低 40 元,定额变动差异全部由完工产品负担;

(2) 本月原材料定额费用为 24 000 元,脱离定额的差异为节约 500 元;

(3) 本月原材料成本差异率为节约 2%,材料成本差异全部由完工产品成本负担;

(4) 本月完工产品的原材料定额费用为 22 000 元。

要求：

（1）计算月末在产品的原材料定额费用；

（2）计算完工产品和月末在产品的原材料实际费用（原材料脱离定额差异，按定额成本比例在完工产品和月末在产品之间分配）（百分数保留4位小数）。

2. 某企业采用分类法进行产品成本计算，所生产的 B 类产品分为甲、乙、丙 3 个品种，甲为标准产品。类内费用分配的方法是原材料按定额费用系数为标准，其他费用按定额工时比例分配。B 类完工产品总成本为 480 920 元，其中直接材料费用为 269 700 元，直接工资费用为 96 760 元，制造费用为 114 460 元。产量及定额资料如表1所示。

表1

品名	产量（件）	单位产品原材料费用定额（元）	单位产品工时定额（小时）
甲	400	240	20
乙	600	312	15
丙	300	216	22

要求：（1）填制 B 类产品系数计算表（见表2）。

表2　　　　　　　　　　　B 类产品系数计算表

品 名	原材料费用	
	单位产品定额（元）	系数
甲	240	1
乙	312	1.3
丙	316	0.9

（2）填制 B 类产品成本计算单（见表3）。

表3　　　　　　　　　　　B 类产品成本计算单　　　　　　　　　　单位：元

项目	产量	原材料费用系数	原材料费用总系数	工时定额	定额工时	直接材料	直接工资	制造费用	合计
分配率									
甲	400	1		20					
乙	600	1.3		15					
丙	300	0.9		22					
合计						269 700	96 760	114 460	480 920

第九章
其他行业成本核算

【本章学习目的】 通过本章的学习,应该达到以下学习目的:掌握商品流通企业的成本核算特点、其成本核算应设置的会计科目,能进行相应的成本核算;掌握物流运输企业的成本核算特点、其成本核算应设置的会计科目,能进行相应的成本核算;掌握金融企业的成本核算特点、其成本核算应设置的会计科目,能进行相应的成本核算;掌握施工企业的成本核算特点、成本核算应设置的会计科目,能进行相应的成本核算;掌握农业企业的成本核算特点、成本核算应设置的会计科目,并能进行相应的成本核算。

【案例引导】

目前,蔬菜水果种植企业、苗木花卉公司、烟草种植企业、大田作物种植企业及家禽养殖企业、水产品养殖企业等大农业行业在国民生产总值中所占比重越来越高,这些行业的产品与人们的生活质量的密切程度也越来越受到重视。可以预见,随着我国经济结构的不断转型,大农业行业的发展对启动内需的作用将更加重要。与大农业对国计民生的重要性形成鲜明对比的是,农业行业的企业对成本核算与管理工作比较忽视,这是计划经济的烙印。以笔者在国营农场的亲身体验为证,农场是没有任何关于农产品的成本核算会计记录与农产品成本核算会计组织(岗位)设置的。如何运用成本核算基本原理对大农业产品进行成本核算、利用农产品成本核算资料监控我国农产品成本与世界主要农产品出口国农产品之间的差距,关系到中国大农业产品的国际竞争能力与粮食安全、农业产业政策、农村地区居民收入增加等全局问题。

2008年中国大豆产业遭遇了严重危机:低于国产大豆成本的进口大豆冲击中国市场,而国产大豆滞销严重。许多豆农无奈地将大豆捂压家中多时,在价格上升无望预期下,不得不低价卖出大豆。例如,2009年5月哈尔滨城郊的农民张为良遗憾地说,他以1.65元/斤的价格卖出了自己积压已久的5吨大豆。2008年11月27日大豆产业协会专职副会长刘登高在接受采访时说"本年度中国大豆进口量增长很快,进口大豆价格远远低于国产大豆价格,甚至远远低于中国大豆的种植成本,这里面有没有倾销问题有待调查。但有研究表明,美国对大豆的高额补贴是形成美国大豆价格优势的重要原因"。

(资料来源:2009 – 6 – 29 中美财经资讯网,2008 – 11 – 26 阿里巴巴糖酒快讯)

第一节 商品流通企业成本核算

在新的企业产品成本核算制度(征求意见稿)中,其他行业是指除制造业、采矿业、电力燃气及水的生产和供应业等行业;农、林、牧、渔业;商业批发业和零售业;交通运输、仓储和邮政业与金融业等以外的行业。本教材根据我国国情,在内容安排上主要是以工业企业为例进行成本核算方法的讲解,所以本章的"其他行业"与新的成本核算制度中的"其他行业"范畴不同。在这一章中其他行业成本核算,主要包括商品流通企业、运输企业、物流运输企业、施工企业、农业企业、金融企业等。

一、商品流通企业成本核算特点

(一)商品流通企业概述

商品流通企业的主要经营对象是商品的流转过程,即以货币为媒介、通过市场交易方式,将商品从制造企业转移到消费领域或其他企业,从而既满足了社会各方的需求,又在实现商品价值的同时,为自身带来盈利。商品流通企业具体包括日用百货商业企业、粮食供销企业、物资供销企业、对外贸易企业、医药商业、石油商业、烟草商业、图书发行企业等。商品流通企业的经营过程主要表现为采购和销售两大阶段。

按照商品流通企业在社会再生产过程中的作用,商品流通企业可分为批发企业和零售企业。批发企业以从事批发业务为主,使商品从制造领域进入流通领域,或进入生产性消费领域。零售企业以从事零售业务为主,使商品从生产领域或从流通领域进入非生产性消费领域。

商品流通企业通过商品的进、销差价来弥补各项成本、费用与税金,并获得利润。

(二)商品流通企业成本核算的特点

商品流通企业的业务与制造业相比,省去了产品的生产过程,因而其成本费用的核算较制造业而言内容少,且简单。其成本计算对象为所购进的商品;成本核算实质上就是核算商品的存货成本和销货(售)成本。

(三)商品流通企业商品进货成本的核算

商业企业在采购商品过程中发生的采购价款、进口关税和其他税费、运杂费、装卸费、保险费、仓储费、合理损耗以及其他可归属于采购的进货费属于商品流通企业商品的进货成本。而所购商品的进货成本即称所购商品的存货成本,或称所购商品的采购成本。

(四)商品流通企业商品销售成本的计算和结转

在我国,批发企业一般按商品的进货成本进行库存商品存货价值的核算。此时,商品的销售成本就是按已销商品的进货成本计算的成本。但由于同种商品的各批进价往往不同,要先采用一定的方法确定已销商品的进货成本,然后根据其进货成本和销售数量,计算商品的销售成本。目前企业会计准则允许使用的计算销货(售)成本的方法有先进先出法、加权平均法和个别认定法,其计算方法与前面章节中介绍的完全相同。根据上述方法之一的计算结果,编制结转销售成本的会计分录为:借记"商品销售成本"科目或"主营业务成本"科目,贷记"库存商品"科目。

二、商品流通企业成本核算

(一) 商品零售企业成本核算

1. 商品零售企业成本核算特点。商品零售企业与商品批发企业相比较,其经营特点是:经营商品品种繁多、交易频繁、数量较少,销售对象为广大消费者,销货时不一定都要填制销货凭证。因此,一般零售企业在进行会计核算时,不具备按照商品品名、规格、等级设置库存商品明细账的条件。为了适应商品零售企业经营特点,提高营业员的工作效率,简化记账工作,零售企业一般采用售价金额核算法。售价金额核算法又叫"售价记账,实物负责制"核算法。其要点为:

第一,建立实物负责制。商品零售企业一般是将经营商品的柜组或门市部划分为若干实物负责小组,对其经营的全部商品负责保管。实物小组提货时,按售价记账,销货后,按售价交回货款。

第二,库存商品售价记账,按实物负责小组设置库存商品明细账。财会部门对库存商品的增减变动只记售价,不记数量,其账面金额就是实物负责小组所经营的商品。这是售价金额核算的核心。

第三,设置"商品进销差价"科目。"商品进销差价"科目是"库存商品"科目的调整科目,属于资产类账户。用以反映"库存商品"科目中商品的售价与购进商品实际支付的价格的差额。商品售价大于进价的差额记入该科目的贷方,月末应分摊和结转已销商品所实现的商品进销差价。该科目的期末余额为期末库存商品的进销差价。

第四,通过实地盘存,确定期末库存商品数量。期末为了核算各实物负责小组库存商品的实有数额,每月必须进行一次全面盘点,确定库存商品的数量,并分别种类乘以销售单价,求得库存商品以售价计算的实有商品,再与营业柜组库存商品明细账核对,以保证账实相符。

2. 商品零售企业成本核算举例。

(1) 商品零售企业进货成本的核算。商品零售企业购进商品应设置"在途物资"和"库存商品"科目进行进货成本的核算。但零售企业的"库存商品"科目一般按商品售价登记,其进销差价在"商品进销差价"账户中进行登记。

【例9-1】大华商场2012年6月向某食品加工厂购进糖果一批共250千克,购进糖果的不含税采购成本为20元/千克,增值税为850元。款项已用银行存款支付。

根据增值税专用发票及转账支票存根等有关原始凭证,作会计记录如下:

借：在途物资	5 000
应交税金——应交增值税	850
贷：银行存款	5 850

财会部门收到食品柜组转来的收货单及拟定的30元/千克的单位售价结转商品采购成本。作会计分录如下：

借：库存商品	7 500
贷：在途物资	5 000
商品进销差价	2 500

本月销售糖果200千克；会计分录为：

借：主营业务成本	6 000
贷：库存商品	6 000

假定本月销售该种糖果200千克，应分摊已销商品的进销差价2 000元，其账务处理如下：

借：商品进销差价	2 000
贷：主营业务成本	2 000

登记销售收入6 000元时作分录如下：

借：银行存款	6 000
贷：主营业务收入	6 000

(2) 商品零售企业销售成本的核算。上例中，当已销商品从"库存商品"账户中转销后，同时转销了这部分已销商品应分摊的进销差价，从而得到当期已实现的进销差价和已销商品的销售成本。但在实际工作中，由于逐笔计算已销商品应负担的进销差价工作量大，过于烦琐，因此一般是日常按商品售价结转商品销售成本，月末通过计算和结转已销商品的进销差价，将商品销售成本由售价调整为实际成本。调整公式为：

$$商品销售成本 = 已销商品售价 - 已销商品应分摊的进销差价$$

由此可见，计算商品的销售成本，关键是确定已销商品应分摊的进销差价。

已销商品进销差价的计算可通过期末计算进销差价率来确定：

$$商品进销差价率 = \left(\frac{期初库存商品}{进销差价} + \frac{本期购入商品}{进销差价} \right) \div \left(\frac{期初库存}{商品价值} + \frac{本期购入}{商品价值} \right)$$

或：

$$商品进销差价率 = \frac{结转前商品}{进销差价账户余额} \div \left(\frac{期末库存商品}{账户余额} + \frac{本期商品}{销售收入} \right)$$

$$本期已销商品进销差价 = 本期商品销售收入 \times 商品进销差价率$$

【例9-2】金鑫商场201×年8月期初库存商品采购成本为111万元，售价金额为120万元；本月购进商品的进货成本为69万元，售价总额为80万元，本月销售收入为90万元，计算分配进销差价并作会计分录。

$$商品进销差价率 = (9 + 11) / (120 + 80) = 10\%$$

已销售商品应分摊的进销差价 = 90 万 × 10% = 9（万元）

会计分录如下：

借：商品进销差价 90 000

　　贷：主营业务成本 90 000

（二）商品批发企业成本核算

1. 商品批发企业采购成本核算。商品批发企业较之零售企业而言通常经营大宗商品买卖，交易额大，但交易次数没有零售企业频繁；批发企业的商品购销量大，企业规模也较大，为了保证市场供应，一般都具有一定数量的商品储备。因而，批发企业的业务特点决定了其商品流转核算的方法：即按照购进商品的进货原价，采用数量进价金额核算法"对库存商品从数量和进价上严加控制"。

"数量进价金额核算法"是核算方法的一种，其具体内容是指在库存商品的明细分类核算中，按库存商品的品名、规格分类，同时运用实物数量和采购成本两种计量标准反映库存商品的收付情况，库存商品总分类账则按商品的采购成本记账。对于经营品种较多的批发企业，可在库存商品总账和明细账之间，按商品的类别，设置库存商品类目账，该类目账一般只记金额，不记数量，反映大类商品的收发结存情况。

批发企业的商品入账价格按商品采购成本计价，商品采购成本包括商品购进价金额及应归属于商品采购成本的进货费用。商品入账时间一般应以支付货款或收到商品的时间作为核算商品购进的入账时间。

为反映批发企业商品的采购成本，应设置"在途物资"或"商品采购"账户。该账户的借方登记按商品采购成本；贷方登记按采购成本计算的验收入库的商品采购成本；期末余额在借方，反映企业已采购但尚未验收入库的在途商品的采购成本。

为反映库存商品的收入、发生和结存情况，批发企业还应设置"库存商品"账户。该账户的借方登记商品的购进、调入和盘盈等；贷方登记商品的销售、调出和盘亏等；月末余额在借方，表示库存商品价值。

【例 9-3】 201×年 8 月 1 日，湖光批发公司从外地购进 A 产品一批，收到的增值税专用发票上注明的价款为 400 000 元，增值税税额为 68 000 元，运输部门开具的运费发票为 10 000 元，企业开出商业承兑汇票结算上述款项。

试进行账务处理。其账务处理方法为：

借：在途物资 410 000

　　应付税款——应付增值税 68 000

　　　贷：应付票据 478 000

8 月 4 日，该批商品验收入库，根据商品收货单等凭证，作账务处理：

借：库存商品 410 000

　　贷：在途物资 410 000

2. 商品批发企业商品销售成本的核算。采用进价进行商品存货核算的批发企业，因商品的进货渠道、地点、时间、方式不同，同种商品进货成本存在差异，因此发出商品的实际成本可以采用先进先出法、加权平均法、个别认定法以及毛利率计算确定。但企业一旦采用了某种发出商品实际成本计价法，为保证会计信息的可比性，不能随意变更。其中，先进先出法、加权平均法、个别认定法与工业企业材料发出的核算类似，下面仅介绍毛利率法。

毛利率法是根据本期销售净额乘以上期实际（或本期计划）毛利率匡算本期销售毛利，并据以计算出发出存货和期末存货的一种方法。计算公式如下：

毛利率 =（销售毛利/销售净额）×100%

销售净额 = 商品销售收入 − 销售退回与折让

销售毛利 = 销售净额 × 毛利率

销售成本 = 销售净额 − 销售毛利 = 销售净额 ×（1 − 毛利率）

期末存货成本 = 期初存货成本 + 本期购货成本 − 本期销售成本

这种方法是商业批发企业常用的一种计算本期商品销售成本和期末库存商品的方法。

由于商品流通企业经营商品的品种繁多，如果分品种计算商品成本，将会增加会计人员的工作量，且商品流通企业同类商品的毛利率大致相同。所以，采用这种存货计价方法既能减轻工作量，又能满足对存货管理的需要。在实际工作中，计算已销商品成本使用的毛利率，经常是上季度实际毛利率或本季度计划毛利率。但上季度实际毛利率（或本季度计划毛利率）与本月实际毛利率不相同，因而计算结果不是很准确。因此，这种方法只能用来计算每一季度前两个月的已销商品的成本，企业应在最后一个月采用其他较为准确的方法（如加权平均法）计算，以提高每一季度商品销售成本的准确性。

商品销售成本的结转，可以随销售结转，也可以定期结转。

【例9−4】湖光批发公司201×年8月底甲类存货100万元，本月购进300万元，本月销售收入300万元，上季度该类商品的毛利率为25%。

该类商品本月已销售和本月库存的成本计算如下：

本月销售收入 = 300（万元）

销售毛利 = 300 × 25% = 75（万元）

本月销售成本 = 销售收入 − 销售毛利 = 300 − 75 = 225（万元）

本月末库存甲类商品成本 = 100 + 300 − 225 = 175（万元）

计算出的商品销售成本结转的账务处理如下：

借：主营业务成本　　　　　　　　　　　　　　　　　　　　　2 250 000
　　贷：库存商品　　　　　　　　　　　　　　　　　　　　　　　2 250 000

第二节　物流企业成本核算

物流是指利用先进的管理技术和组织形式，通过计划、实施、控制和协调等手段对运输、仓储、装卸、包装、配送、流通加工、信息各环节的系统整合，以最低费用和最少的资金占用，安全、及时和高质量地为用户提供多功能、一体化的综合服务。物流企业是提供物流活动的主体。现代物流企业是从传统交通运输企业发展而来的。我国政府及物流相关组织机构至今还未发布有关物流成本核算的规范，在实务中我国物流企业一般根据本企业物流业务的运作模式自行定义其物流成本，设计物流成本核算程序。由交通运输企业蜕变而来的物流企业一般可参考《企业会计准则》及其《应用指南》、《企业会计制度（2001）》、《交通运输企业成本费用管理核算办法》等规范，确定物流成本的核算方法。从国际上看，美国、日本是现代物流业发达的国家，在物流成本核算方法研究与物流成本核算规范的制定方面处于世界领先地位，物流成本核算方法有营运成本法与作业成本法并存。美国会计学界非常关注物流活动作业成本核算与管理研究，作业成本法被认为是企业物流成本核算最有前途的一种方法。考虑到作业成本法尚在试用与探索期，我们主要在此介绍营运成本法。

一、物流成本的含义

物流企业的物流成本是提供物流服务的主体，是为用户提供多功能、一体化的综合服务所发生的成本。

物流企业根据与客户签订的合同要求履行各项约定的物流劳务，这种物流企业提供的劳务产品与一般工商企业提供的实体产品相比较，至少存在两方面的特性。一是无形性，没有构成产品实体的原材料；二是生产和销售甚至消费环节是有机统一的。与运输等企业提供的劳务产品相比较，也至少有两个特点：一是物流企业提供劳务产品过程的复杂性。物流企业通常是以投标的形式在市场中寻找客户，根据客户的物流业务招标书中的要求，通过大量的调研工作制成物流项目可行性研究报告参与竞标，为此使得物流企业与客户签订合同前的承揽物流业务的过程较为复杂；由于物流劳务产品涉及运输、仓储、装卸、配送、包装等多个业务环节，这就对物流企业的物流资源的整合能力提出较高的要求，否则难以实现物流业务成本与客户满意度之间的平衡，为此使得履行物流业务订单的过程复杂；物流企业的物流资源整合是一项极为复杂的系统工程，包括管理资源的整合、物流作业资源的整合以及物流信息资源的整合等方面的内容。二是物流企业劳务产品的个性化特征。运输企业通常是以一种较为被动的方式去履行运输业务合同提供运输劳务，由此导致运输劳务产品的个性化特征不够明显，而物流企业承接的物流业务订单的内容却是千差万别的，物流企业需要以一种积极主动的方式为客户设计物流业务方案，从而导致物流劳务产品显著的个性化差异特征，即使是同一份物流业务订单，物流企业考虑自身的物流资源整合能力也能够设计出多个物流业务方案。

根据物流企业所提供的物流劳务产品的特性，可以认为物流企业的物流成本是指物流企业在履行客户物流业务合同或订单的过程中所发生的应归属于某一业务合同或订单的耗费。更确切地说，物流企业的物流成本应为物流业务成本的概念，即物流企业在经营物流业务的过程中所发生的耗费。

二、物流企业成本核算的对象

确定成本核算的对象是物流企业设置物流业务成本明细账、归集和分配物流业务费用、计算物流业务成本的基本前提。明确物流企业的物流业务成本核算对象，也就是明确物流企业在物流业务经营过程中所发生的资源耗费的承担对象。与制造企业相类比，物流企业与客户签订的物流业务合同相当于制造企业的一份产品订单，只不过这里的产品很特殊，即产品的属性是没有实体的劳务，每一份物流业务合同的内容很有个性，内容比较丰富。为此，可以将物流企业承接的每一物流业务作为物流企业成本核算对象。或简单直观地说，物流企业的成本计算方法应是分批法。

三、成本核算单位

在物流业务中的运输作业环节，可以运输周转量作为其业务量；在仓储作业环节可以仓储面积、重量作为其业务量。但是，运输作业和仓储作业均为物流业务中的作业环节，两类作业业务量很难融合在一起找到物流业务量的标准。由此，从简化核算的原则出发，物流业务可以仅计算总成本。当然，如果因企业管理的需要也可以计算出物流业务各个作业环节的总成本和单位成本。

四、物流企业成本核算的内容

物流企业经营过程中发生的所有费用按其属性可以划分为计入物流业务成本的费用和直接计入损益的期间费用两大类。

（一）直接计入损益的期间费用

1. 承揽费用与客户接待费。管理职能部门主要负责物流业务的承揽工作和客户服务工作。前者主要包括物流业务的询价、物流方案的设计、物流方案的投标、物流业务的合同签订等；后者主要包括与客户关系的维护、处理客户的投诉等；物流业务管理职能部门所负责的物流业务的承揽工作实质上就是物流业务的前期开发工作，会发生相应的耗费，如办公场所相关费用、人员薪金相关费用、物流方案设计费用、承揽过程的业务费等。物流企业的物流业务管理职能部门可被视为物流市场营销部，其发生的费用与制造企业的营销费用属性相同。为此，可以将物流业务上述前期开发中发生的承揽费用与合同签订后的客户接待服务费计入营业费用。

2. 物流管理信息系统费用。物流管理信息系统的投入方式主要有两种：一是自行开发物流管理信息系统；二是外购物流管理信息系统。

在物流企业自行开发物流管理信息系统的情况下，开发物流管理信息系统的职能部门一般为信息技术部，由其负责信息系统开发项目管理和信息系统日常维护等工作，所发生的耗费主要为硬件设施和各种软件工具、开发人员相关费用等。由于物流管理信息系统的开发是否能够成功具有不确定性，并且物流管理信息系统自行开发与现行软件业的软件自行开发具有类似性，为此可以把物流管理信息系统自行开发发生的耗费作为直接的或长期待摊的期间费用计列为管理费用。

在物流企业从外部购入物流管理信息系统的情况下，根据目前企业把软件购置支出一般都作为期间费用计列为管理费用的实际操作，也可将购入物流管理信息系统的费用作为待摊管理费用处理。

(二) 物流业务成本

在履行物流合同过程中,将发生运输、仓储、装卸等活动,在履行物流合同过程中所发生在这些环节上的费用应对象化到具体的物流企业承接的每一物流业务或称物流合同中去。而运输费、仓储费、装卸费、保险费等的核算与交通运输业中的核算方法相同。

(三) 物流业务成本核算账户设置

根据对物流业务所发生的费用及其成本项目分析,物流企业可以设置"物流成本"、"运输共同费用"、"仓储共同费用"、"装卸共同费用"、"其他共同费用"等成本类账户,来对物流业务成本进行核算。

"物流成本"科目借方用以登记物流企业经营物流业务(指具体业务订单)所发生的各项可直接对象化的费用,及从"运输共同费用"、"仓储共同费用"、"装卸共同费用"、"其他共同费用"等科目分配转入的、在履行物流业务的运输仓储装卸等环节所发生的、不能直接计入某一物流业务(或具体业务订单)成本的各项间接费用。对于企业经营物流业务所发生的能够直接归属于某一物流业务(或具体业务订单)的各项费用,包括运输费、仓储费、装卸费、增值服务费、保险费、税费、事故损失与违约赔偿等,按规定的成本核算对象和成本项目归集,直接记入"物流业务成本"科目;对于不能直接归属于某一物流业务(或具体业务订单)的各项费用,先在"运输共同费用"、"仓储共同费用"、"装卸共同费用"、"其他共同费用"等科目中归集,期末选择合适的分配标准将归集的这些共同费用分配计入各物流业务(或具体业务订单)应负担的成本。

(四) 因履行物流合同而发生的运输费、仓储费、装卸费等的核算

因履行物流合同将发生的业务类型有:
(1) 运输业务。运输业务包括提供给铁路、公路、水路、航空等公司的运输服务或自营的运输业务。
(2) 装卸业务。装卸业务指自营或给运输企业所进行的货物装卸、联运货物换装,运输工具之间的货物倒载等业务。
(3) 堆存业务。指自营或接受运输企业提供的仓库和堆场业务。
(4) 代理业务。指提供给运输企业经营的各种代理业务服务。
(5) 港务管理业务。指接受海河港口企业所提供的各项服务。
(6) 通用航空业务。指自营或接受航空企业所提供的各项业务服务。
(7) 机场服务业务。指自营接受机场公司所提供的各项业务服务。

对上述业务所发生的成本费用能对象化到某一物流业务(或具体业务订单)的,应直接计入"物流业务成本";对多项物流业务共同发生的上述费用,分别具体情况,记入"运输共同费用"、"仓储共同费用"、"装卸共同费用"、"其他共同费用"等科目。期末选择合适的分配标准将归集的这些共同费用分配计入各物流业务(或具体业务订单)应负担的成本。而对上述业务所发生的成本费用的核算,则与下文中的交通运输企业成本核算方法相同。

第三节 交通运输企业成本核算

一、交通运输企业的经营特点

交通运输企业是指从事旅客和货物运输等经营活动的生产组织。按照运输方式的不同,交通运输企业分为铁路、公路、水路、航空运输和管道运输以及与之配套的机场、港口、外轮代理等各类运输企业。其生产经营活动是通过人们运用交通工具使旅客或物资发生空间位移。与制造业等相比,运输业的经营特点主要有以下几点:

1. 运输业是生产过程在流通过程内的继续。运输本来是物质生产过程中的一个有机组成部分,表现为生产内部运输。随着生产力的发展和社会分工的发展,使运输从生产过程中分离出来,成为一个独立的部门,出现了直接为商品流通服务的社会化运输企业。但社会化运输就其本质来讲,仍然是生产过程的一个组成部分,是整个社会的生产过程。

2. 运输业不产生新的实物形态的产品。它的劳动对象,是它所运输的商品或旅客,运输对象被运输后,其物质形态不发生改变,只改变其空间位置。

3. 运输业的生产过程和销售过程是统一的。由于运输业的产品是旅客或货物的空间位移,其并不以实物形态而独立存在,因此运输业的生产过程和销售过程是统一而不可分割的,生产的完成也就是销售的完成。

4. 运输业的生产地点流动分散,线长点多,往往出现跨管理局、跨地区甚至跨国家之间的运输,由此产生大量的结算工作,以便收入和支出相配比。

运输业的营运业务可分为主营业务和其他业务。其中主营业务分为以下 7 类:

1. 运输业务。运输业务包括铁路、公路、水路、航空等旅客和货物运输业务,这是运输业经营的主要业务内容。按运输对象不同,分为旅客运输业务、货物运输业务和客货综合运输业务。

2. 装卸业务。装卸业务指运输企业所进行的货物装卸、联运货物换装,运输工具之间的货物倒载等业务。

3. 堆存业务。指运输企业经营的仓库和堆场业务。

4. 代理业务。指运输企业经营的各种代理业务,包括运输企业相互之间代理业务承揽、售票业务、外轮代理公司为外方代理的供应、服务、理货等。

5. 港务管理业务。指海河港口企业经营的港口管理、监督及船舶检验等业务。

6. 通用航空业务。指航空企业从事的航空摄影、航空探矿、航空护材护农等业务。

7. 机场服务业务。指机场公司从事的各项业务。

其中货物和旅客的运输业务、装卸业务及堆存业务是交通运输企业最主要的业务。

运输业的其他业务是指主营业务以外的各项业务,包括旅客服务、固定资产出租、材料销售、车船修理、技术转让等。

二、交通运输业成本核算的特点

交通运输企业通过组织产品从生产地运到销售地来增加产品的价值。企业为完成一定的业务量（客、货周转量或运输劳务量），而支付的各种营业费用总和构成交通运输企业的成本。其成本核算的特点归纳起来可以分以下几方面：

1. 交通运输企业的成本计算对象。交通运输企业以运输工具从事货物、旅客运输的，可以按照航线、航次、单船/机确定成本核算对象；从事货物等装卸业务的，可以按照货物、成本责任部门、作业场所等确定成本核算对象；从事仓储、堆存、港务管理业务的，可以按照码头、仓库、堆场、油罐、筒仓、货棚或主要货物种类、成本责任部门等确定成本核算对象。采用运送数量与距离相结合的人公里（人海里）、吨公里（吨海里）作为运输成本计算单位。

2. 交通运输业不创造实物产品，所以其成本构成中没有材料项目，而与运输工具的使用有关的费用，如燃料、折旧、修理等费用占很大的比例。

3、交通运输业的生产周期比工业企业生产周期要短得多，成本计算期末一般没有或很少有未完成的运输工作量（即无期末存货），即不存在将营运费用在当期成本和下期成本之间分配的问题。本期发生的营运费用直接计入本期的营运成本。

4. 交通运输企业的生产过程也就是销售过程，因而交通运输成本没必要区分生产成本和销售成本。交通运输企业在生产营运过程中发生的货物费、中转费、港口费、起降及停机费、过路过桥费、运输人员伙食费、速遣及滞期费、各类事故损失及善后费用、车船使用税、检疫检验费、淡水费、安全救生消防费、劳动保护费、护航支出等，以及直接从事生产营运人员的职工薪酬、运输、装卸、整理、堆存等各项支出，应当计入交通运输成本。

5. 交通运输企业的营运成本有时具有联合成本的性质。交运业在营运过程中为充分利用交通工具的载重能力和空间，经常采用客货混载的方式，造成营运成本具有联合成本性质，在分别计算旅客运输成本和货物运输成本时，应将共同发生的营运费用进行合理的分配。

三、交通运输业成本核算应设置的会计科目

对交通运输业进行成本核算时，一般需要设置如下有关科目：

"运输支出"科目，核算沿海、内河、远洋、汽车和铁路运输企业经营旅客、货物运输业务所发生的各项费用支出。企业经营运输业务所发生的各项费用，应按成本核算对象和规定的成本项目予以汇集：能直接计入成本项目的费用，借记本科目，贷记"燃料"、"材料"、"轮胎"、"预提费用"、"应付职工薪酬"等科目；不能直接计入成本项目的其他费用，应先在"船舶固定费用"、"船舶维护费用"、"集装箱固定费用"、"营运间接费用"、"辅助营运费用"、"待摊费用"等科目核算。月份终了，再将这些费用按规定的分配标准、分配计入有关的成本核算对象，借记本科目，贷记"船舶固定费用"、"船舶维护费用"、"集装箱固定费用"、"营运间接费用"、"辅助营运费用"、"待摊费用"等科目。

发生的事故费用，应单设"事故费用"项目进行核算。发生事故时，借记本科目，贷

记"材料"、"银行存款"等科目。收回的赔偿款项，应冲减"事故费用"项目。向保险公司投保收回的赔偿收入，办理共同海损收回的赔偿款，以及应由事故对方或过失人员负担的部分，借记"银行存款"、"其他应收款"等科目，贷记本科目。年末，对当年不能结案的事故，企业可根据有关资料，计算出应付事故费用，列入当年的营运成本，借记本科目，贷记"预提费用"科目；待事故结束时，将实际费用与预提费用的差额，调整结案年度的营运成本。

远洋运输企业按已完航次结转成本的，其期末未完航次所发生的费用，可以保留在本科目内。

期末应将本科目余额转入"本年利润"账户，结转后核算本科目的账户无余额。本科目应按运输工具类（货轮、客货轮、油轮、拖轮、驳船、货车、客车）或单车、单船设立明细账，并按规定的成本项目进行明细核算。

"装卸支出"科目核算海、河港口企业和汽车、火车运输企业因经营装卸业务所发生的费用。企业经营装卸业务所发生的各项费用，应按成本核算对象和规定的成本项目予以汇集：能直接计入成本项目的费用，借记本科目、贷记各有关科目；不能直接计入的费用，可先用在"营运间接费用"等科目核算，月份终了，再将这些费用按规定分配标准分配计入有关的成本核算对象。期末应将本科目余额转入"本年利润"账户。结转后核算本科目的账户无余额。

"堆存支出"科目核算企业因经营仓库和堆场业务所发生的费用。企业经营堆存业务所发生的费用，应按成本核算对象和规定的成本项目予以汇集：能直接计入成本项目的费用，借记本科目，贷记各有关科目；不能直接计入的可先在"营运间接费用"等科目核算，月份终了，再将这些费用按规定的分配标准，分配计入有关的成本核算对象。期末应将本科目余额转入"本年利润"科目，结转后该科目无余额。

"代理业务支出"科目核算企业经营各种代理业务所发生的费用，包括工资、职工福利费、材料、低值易耗品摊销、折旧费、水电费、修理费、租赁费、差旅费、业务票据费、取暖费、劳动保护费等。能直接计入成本项目的费用借记本科目，贷记有关科目；不能直接计入的，先在"营运间接费用"等科目核算，月份终了，再将这些费用按规定分配标准分配计入有关成本核算对象。期末应将本科目余额转入"本年利润"科目，结转后本科目无余额。

"港务管理支出"科目核算海河港口企业所发生的各项港务管理支出。发生各种港务管理支出时，借记本科目，贷记"现金"、"银行存款"等科目；期末应将本科目余额转入"本年利润"科目，结转后本科目应无余额。

"辅助营运费用"科目核算运输、港口企业发生的辅助船舶费用（包括由轮驳公司等部门集中管理的拖轮、驳船、浮吊、燃物料、供应船、交通船等所发生的辅助船舶费用）和企业辅助生产部门生产产品和供应劳务（如制造工具、备件、修理车、船、装卸机械，供应水、电、气等）所发生的辅助生产费用。发生的辅助营运费用，借记本科目，贷记"应付工资"、"应付福利费"、"燃料"、"材料"、"银行存款"、"营运间接费用"等科目。月终按照规定的分配标准分配到各项业务时，借记"运输支出"、"装卸支出"、"堆存支出"、

"代理业务支出"等科目，贷记本科目。

"营运间接费用"科目核算企业营运过程中所发生的不能直接计入成本核算对象的各种间接费用，不包括企业管理部门的管理费用。

"船舶固定费用"科目核算计算航次成本的海洋运输企业为保持船舶适航状态所发生的费用。

"船舶维护费用"科目核算有封冻、枯水等非通航期的内河运输企业所发生的应由通航期成本负担的船舶维护费用。

"集装箱固定费用"科目核算运输企业所发生的集装箱固定费用。包括集装箱的保管费、折旧费、修理费、保险费、租赁费、底盘车费用以及其他费用等。集装箱货物费（包括集装箱装卸、绑扎、拆箱、换装、整理等费用）应直接在"运输支出"科目内核算，不通过本科目。

发生"营运间接费用"、"船舶固定费用"、"船舶维护费用"、"集装箱固定费用"时，借记各科目，贷记"现金"、"银行存款"、"应付工资"、"应付福利费"、"累计折旧"、"燃料"等科目。期末按规定标准分配转入"运输支出"等支出科目。

"其他业务成本"科目核算企业除主营运业务以外的其他业务所发生的各项费用支出。企业经营其他业务所发生的各项支出，应按成本核算对象和规定的成本项目，借记本科目，贷记各有关科目。期末应将该科目账户余额结转入"本年利润"账户，结转后，该科目账户无余额。

第四节 施工企业及其成本计算的特点

一、施工企业的生产特点

施工企业是指从事建筑安装工程施工的企业。施工企业施工的建筑工程主要包括：（1）各种房屋（如厂房、仓库、民宅等）、构筑物（如矿井、铁路、桥梁等）的建造工程；（2）各种管道（如石油、煤气、蒸汽、给水、排水等管道）、输电线、电讯导线的敷设工程；（3）设备的基础、支柱、工作台，以及各种特殊炉（如炼铁炉、炼焦炉等）的砌筑工程；（4）工程地质勘探，拆除旧建筑物，平整土地以及建筑场地完工后的清理、绿化等工程；（5）矿井开凿，露天矿开拓，石油、天然气的钻井等工程；（6）水利工程以及防空等其他特殊工程。施工企业施工的安装工程主要是指生产、动力、起重、运输、传动和医疗、实验等各种需要安装的机械设备的装配、装置工程，为限定安装工作质量而进行的设备试车工作也应包括在安装工程内。

建筑安装工程的最大计量单位是建设项目，建设项目一般是指按照一个总体设计进行施工的基本建设工程，例如建设一个工厂、一所学校、一条铁路、一个住宅区等，都可以分别构成一个建设项目。建设项目一般由几个或一个单项工程所组成。单项工程（也称工程项目）是指具有独立的设计文件，建成后可以独立发挥生产能力或效益的工程，例如建设一个工厂是一个建设项目，该工厂包括一个生产车间和一幢办公大楼，则生产车间和办公楼分别为一个单项工程。组成单项工程的是单位工程，单位工程是根据单项工程所包含的不同性质的工程内容和是否可以独立施工而划分的工程计量单位，例如建设一个生产车间是一个单项工程，其中的厂房建筑工程或设备安装工程就可分列为一个单位工程；对于民用建筑来说，一般以一幢房屋作为一个单位工程（其中包括水、暖、电、卫和通风工程）。单位工程可以进而细分为分部工程和分项工程。分项工程是建筑安装工程的最小基础单元。

施工企业生产活动的对象都是不动产，它与工业产品不同，因此施工企业的生产与工业企业生产不同，具有其独特的生产特点，主要有以下几方面：

1. 单件性。由于施工企业的产品都有其特定的目的和专门的用途，企业只能按照建设项目的不同设计要求进行施工生产。因此，每一建筑安装工程都有其独特的形式、结构和质量要求，施工时需要采用不同的施工方法和施工组织，即使采用相同的标准设计。但由于建造地点的不同，也会受到地形、地质、水文等自然条件的影响，还会受到交通、材料资源、当地文化、风俗、民族习惯等社会条件的影响，因此往往需要对设计图纸以及施工方法和施工组织等作适当调整和改变，使得建筑安装工程极少完全相同。建筑安装产品的这种多样性，就决定了施工企业生产的单件性。

2. 受气候条件的影响。建筑安装工程大都在露天进行施工，施工机械设备的使用寿命除了受到使用磨损影响外，在很大程度上还会受到自然力侵蚀的影响。因此，施工机械设备的折旧方法既要考虑机械设备的实际使用时间，又要考虑其预计的使用期限。由于受气候条件的影响，施工企业每月完成的工作量也很难各月均衡，一般在冬季和雨季完成的工程数量较少，因此在费用分配上，往往不宜将当月发生的费用全部计入当月的工程成本，而采用按全年工程数量平均分配的方法。

3. 施工周期长。建筑安装工程一般规模都比较大，生产周期较长，往往都需要跨年度施工。如民用建筑工程一般需要半年至 1 年的施工时间，工业、商业企业的建筑工程一般需要一两年的施工时间，甚至需要更长的施工时间。

二、施工企业成本计算的特点

施工企业成本计算的组织和方法取决于施工企业的生产特点。

施工企业产品的多样性和生产的单件性特点，决定了施工企业采用的成本计算方法类似于制造企业成本计算的分批法。由于建设单位一般是按单位工程编制工程预算、制订工程成本计划以及结算工程价款的，因此施工企业一般将单位工程作为施工工程成本计算的对象。这样，既可以与建设单位制订的工程成本计划保持口径一致，便于工程成本的比较分析，又可以与建设单位的工程价款结算相吻合；同时也有利于施工企业正确地归集费用，从而保证施工企业利润计算的正确性。如果一个单位工程是由几个专业施工单位分包施工的，则各个专业施工单位可按在该单位工程上完成的工作作为费用归集和成本计算的对象，但各专业施工单位在成本计算对象上应取得一致，以便确定该单位工程的总成本。如果单位工程规模较大，工期较长，为了及时分析工程成本超支、节约情况，加强工程成本的管理，也可将分部工程作为工程成本计算的对象；相反，在一建设项目或一单项工程中，有若干个单位工程的施工地点相同、结构类型相同、开竣工时期接近（如住宅建筑工程），或者若干个预算造价较低的单位工程，为了简化工程成本计算，也可以将其合并为一个成本计算对象。

施工企业工程规模较大、施工周期较长的特点，决定了施工企业成本计算方法又有不同于工业企业分批成本计算法的方面。工业企业采用分批法，一般每一订单的批量不大，生产周期较短，因此成本计算可以不定期进行，也就不存在完工产品与在产品成本划分的问题。而施工企业工程规模较大，施工周期较长，如不按月定期计算工程成本，就不利于施工企业及时比较、分析、考核施工成本的计划执行情况，也不利于施工企业及时反映财务成果。因此，施工企业有必要将已完成预算定额规定的、一定组成部分的工程作为"完工工程"，视为"产成品"进行成本计算，并按预算价格向建设单位收取工程价款。对于已投料施工，但尚未达到预算定额规定的一定组成部分的工程，则作为"未完工施工"，视为"在产品"进行成本计算。施工企业的施工费用应按月进行归集和分配，如月末某成本计算对象尚无"完工工程"，则该成本计算对象所归集的施工费用即为"未完工施工"成本；如果当月有"完工工程"，则应计算"完工工程"成本，同时计算"未完工施工"成本；如果当月该成本计算对象的工程竣工，则不仅要计算当月"完工工程"成本，而且还要对竣工工程进行决算，计算出竣工工程的实际总成本。

建筑业企业应当按照《企业会计准则第15号——建造合同》的规定结转完工工程成本。合同结果能够可靠估计的，应当采用完工百分比法确定和结转当期完工工程的成本；合同结果不能可靠估计的，应当直接结转已经发生的成本。

施工企业成本分为直接计入成本对象的直接费用和分配计入成本对象的间接费用。

1. 直接计入施工成本的费用项目：

（1）人工费。指在施工过程中直接从事工程施工（包括在施工现场直接为工程制作构件）的工人和在施工现场运料、配料等辅助工人的工资、奖金、职工福利费、津贴和劳动保护费等。

（2）材料费。指在施工过程中耗用的构成工程实体或有助于工程完成的各种原材料、辅助材料、外购结构件（包括内部独立核算单位供应的结构件）、零配件的成本，以及周转材料的摊销或租赁费用等。

（3）机械使用费。指在施工过程中使用租入外单位施工机械的租赁费和使用自有施工机械所发生的机械使用费（包括机械操作人员的工资、奖金、职工福利费、工资性质的津贴、机械耗用的燃料、动力、材料和各种替换工具、部件等，机械的折旧费、修理费、运输费、安装费、拆卸费和试车费，为施工机械而建造、敷设的基础、底座、工作台、行走轨道等辅助设施费、运输机械交纳的养路费、牌照税，以及机械的保管费等），以及按照规定需支付的施工机械进出场费等。

（4）其他直接费用。指施工过程中发生的材料二次搬运费、临时设施摊销费、生产工具、用具使用费、检验试验费、工程定位复测费和场地清理费用等。

2. 间接计入施工成本的费用项目：指企业各施工单位，如工程处、施工队、工区等为组织和管理生产活动发生的各种费用。包括施工单位管理人员的工资、奖金、职工福利费、工资性质的津贴、固定资产折旧费、修理费，以及物料消耗、低值易耗品摊销、取暖费、水电费、办公费、差旅费、财产保险费、工程保修费、劳动保护费等。

　　上述成本项目中，人工费、材料费、其他直接费，以及机械使用费中的租入外单位施工机械的租赁费、施工机械进出场费都应直接记入"工程施工"账户的借方。"工程施工"账户是工程成本计算账户，其借方归集施工过程中发生的一切耗费，贷方结转完工工程的成本，明细账户按成本计算对象设置。机械使用费中的自有施工机械所发生的机械使用费，应先行归集在"机械作业"账户的借方。"机械作业"账户是集合分配账户，"机械作业"账户按不同的机械设备设置明细账户，一般大型机械按每台机械设置，中型机械按类设置，小型机械合为一类设置。月终时，对"机械作业"各明细分类账户归集的机械作业费采用一定的分配方法在各成本计算对象间进行分配，并结转至"工程施工"账户的借方。间接费用可先通过"间接费用"账户或"工程施工"账户下设的"间接费用"明细账户进行归集核算，月末采用一定的分配方法在各成本计算对象间进行分配结转。

第五节　金融企业成本核算的特点

一、金融企业的经营特点

　　金融企业是指专门经营货币和信用业务的单位组织。我国的金融企业主要包括商业银行（含信用社）和非银行金融机构，具体由商业银行（信用社）、保险公司、证券公司、信托投资公司、期货公司、基金管理公司、租赁公司和财务公司等金融机构组成。金融企业主要从事吸收存款与发放贷款、外汇买卖、信托、租赁、保险、国际国内汇兑结算等业务。

　　商业银行是从事吸收公众存款、发放贷款、办理结算等业务而设立的企业法人。商业银行可以经营下列部分或者全部业务：吸收公众存款；发放短期、中期和长期贷款；办理国内外结算；办理票据承兑与贴现；发行金融债券；代理发行、代理兑付、承销政府债券；买卖政府债券、金融债券；从事同业拆借；买卖、代理买卖外汇；从事银行卡业务；提供信用证服务及担保；代理收付款项及代理保险业务；提供保管箱服务；经国务院银行业监督管理机构批准的其他业务。商业银行经中国人民银行批准，还可以经营结汇、售汇业务。

　　非银行金融机构是指除商业银行和中央银行以外具体经办某类金融业务的金融性公司，主要有信托、保险、租赁、证券、证券投资基金等非银行金融机构。

　　信托是基于信任的基础上，委托人将其财产权委托给受托人，由受托人按委托人的意愿以自己的名义，为受益人的利益或特定的目的进行管理或者处分的行为。保险是指投保人根据合同规定，向保险人支付保险费，保险人对于合同约定的可能发生的事故因其发生所造成的财产损失承担赔偿保险金责任，或者当被保险人死亡、伤残、疾病或者达到合同约定的年龄、期限时承担给付保险责任的商业保险行为。租赁是指由承租人给出租人一定报酬（定期支付的租金），出租人授予承租人在约定的期限内占有和使用租赁财产权利的一种协议。证券公司从事的证券业务主要有证券经纪业务、证券自营业务、证券承销业务和其他证券业务。证券经纪业务，是公司代理客户（投资者）买卖证券的活动，包括代理买卖证券业务、代理兑付证券业务和代理保管证券业务;证券自营业务,是公司以自己的名义,用公司的资金买卖证券,以达到获取利润目的的证券业务;证券承销业务,是指在证券发行过程中,公司接受发行人的委托,代理发行人发行证券的活动;其他证券业务,是指公司经批准在国家允许的范围内进行除经纪、自营、承销业务以外的证券业务。证券投资基金指通过公开发售基金份额募集资金,由基金托管人托管,基金管理人管理和运用资金,为基金份额持有人的利益,以资产组合方式进行证券投资活动的基金。

非银行金融机构与商业银行相比,主要区别为非银行金融机构主要依靠发行股票、债券等形式筹集资金,而商业银行以吸收存款为主要资金来源;非银行金融机构主要从事非贷款的某一项融资业务,如信托、保险、证券、租赁等金融业务,而商业银行的资金运用以发放贷款为主。

金融企业共同的经营特点是在市场经济中充当金融中介。即将社会各方面的闲置货币和居民手中的闲散货币汇集起来,投资于各种金融资产。与工业企业不同,金融企业的现金流形式为:现金—金融资产—现金,即金融企业的各项业务活动直接表现为其资金的增减。

商业银行和非银行金融机构(也称金融性公司)所经营的业务虽然都属于金融性业务,但是会计核算的基本方法却是有区别的。由于金融企业会计核算内容繁杂,本节主要以商业银行为例说明金融企业的成本核算特点。

二、金融企业的成本核算的特点

(一)金融企业成本构成的内容

金融企业经营的特殊性,也使得其成本构成具有特殊性。金融企业的营业成本是指金融企业在业务经营过程中发生的与业务经营有关的支出,包括利息支出、手续费支出、各种准备金及其他有关支出,这就是金融企业成本核算的对象。即金融企业的营业成本不区别出某个特定的成本计算对象。具体包括以下内容:

1. 利息支出,指企业以负债形式筹集的各类资金,按国家规定的适用利率分档次提取的应付利息。

2. 金融机构往来支出,指各金融企业系统内以及与中央银行、同业之间资金往来发生的利息支出。

3. 手续费支出,指本金融企业委托其他金融企业代办储蓄存款、代办其他金融业务或代办保险业务的手续费以及参加票据交换的管理费支出。

4. 卖出回购证券支出,指从事证券业务的金融企业与其他企业以合同或协议的方式,按一定价格卖出证券,到期日再按合同规定的价格买回该批证券而出现的价格差额。

5. 汇兑损失,指进行外汇买卖和外币兑换业务时由于汇率变动而发生的汇兑损失。

6. 赔款支出,指从事保险业务的金融企业当发生保险事故时所承担的赔偿责任并支付的保险金。

7. 死伤医疗给付,指从事保险业务的金融企业根据寿险合同,对被保险人因保险事故、永久性全部丧失劳动能力或死亡时给付和对被保险人因保险事故进行医疗时的给付。

8. 满期支付，指被保险人生存至保险期满时，从事保险业务的金融企业给付的保险金。

9. 年金给付，指被保险人生存至规定的年龄，从事保险业务的金融企业按保险合同约定支付给被保险人的金额。

10. 分保赔款支出，指从事保险业务的金融企业分入分保业务需要向分保人支付的应由其承担的赔款。

11. 分保费支出，指分保业务账单中列明的应由分保接受人负担的手续费、税款及杂项费用。

12. 未决赔款准备金提转差，指金融企业对保险事故已发生、已报案，或已发生未报案而按照规定对未决赔款提存的准备金与转回的准备金二者间的差额。

13. 未到期责任准备金提转差，指金融企业对1年内（含1年）的保险业务为承担未来保险责任而按规定提取的准备金与转回的准备金二者间的差额。

14. 长期责任准备金提转差，指为长期责任准备金（含寿险责任准备金和长期健康险责任准备金）而按规定提取的准备金与转回的准备金二者间的差额。

（二）金融企业成本核算的特点

金融企业经营上的特殊性，决定了其成本核算与工业企业和其他企业存在较大的差异，具有自己的特点，主要表现在以下几点：

1. 成本核算不能"物化"。金融企业主要是提供资金融通的中介服务，例如信贷、同业拆借、结算等。金融企业提供的服务有别于工业企业、商业流通企业所提供的有形的产品或商品，与交通运输企业等生产性服务也不同，大部分金融服务并非金融企业自身"生产"的，而主要是以资金供求双方的中介形式存在。

2. 成本核算难以"业务化"。金融企业与其他服务业一样，内部存在可以相互区别的不同业务。但与其他服务业不同的是，金融企业各项业务的成本费用难以与该业务收入相配比。源于金融企业的业务综合性强，各项业务之间难以相互独立存在；同时，金融企业各项资金的发放与资金筹集并不是一一对应的，因而资金投放取得的收益与资金筹集所支付的成本也不能相互对应。例如，银行发放贷款取得的利息收入，不仅与其存款的利息支出相关，还与同业拆借的利息支出相关。

3. 成本与费用的界限难以划分。金融企业内部的成本费用相对没有明确的划分，只是按内容将企业的各项支出划分为利息支出、手续费支出、业务及管理费等分别进行核算。其中，业务及管理费虽名为费用，但包含与业务直接相关的工作人员工资等通常的成本项目，与期间费用的概念并不相同。

4. 成本费用管理的重点不同。金融企业业务的综合性和交错性使得各项支出难以对象化为各业务的成本，因而难以分别核算各业务的盈亏，这必然会影响企业对各项业务的考核。但由于金融企业的大部分业务成本的发生，如利息支出、手续费支出、汇兑损失等，都是由国家或行业规定的统一标准，如利率、手续费率、汇率所决定的，因而这部分成本费用的考核显得并不重要。金融企业对成本费用的管理主要通过业务及管理费的控制来实现，这些与其他行业对成本费用的管理有所不同。

由于金融企业很难将经营中发生的成本支出对象化到某一产品或某项业务上,与该产品或业务的收入相配比,所以金融企业对成本计算对象一般不做细致分类,即金融企业没有成本计算对象问题。金融企业只能直接按综合的成本费用的内容进行核算,将企业的各项支出按内容划分为利息支出、手续费及佣金支出、业务及管理费、汇兑损益等,分别设置会计科目进行核算。这种核算方式与其他行业的成本核算相比较为简单,无须先按产品或业务确定成本核算对象,再将直接费用、间接费用按一定程序和方法归集、分配到各成本核算对象的成本中去,只需在各项支出发生时,按支出的性质和内容直接记录。

三、金融企业的成本核算账户

商业银行的成本费用核算,应设置的主要账户有"利息支出"、"手续费及佣金支出"、"业务及管理费"、"汇兑损益"等账户。

(1)"利息支出"账户。该账户属于损益类账户,核算金融企业发生的利息支出,包括吸收的各种存款(单位存款、个人存款、信用卡存款、特种存款、转贷款资金等)、与其他金融机构(中央银行、同业等)之间发生资金往来业务、卖出回购金融资产等产生的利息支出。资产负债表日,企业应按摊余成本和实际利率计算确定的利息费用金额,借记"利息支出",按合同利率计算确定的应付未付利息,贷记"应付利息"账户,按其差额,借记或贷记"吸收存款——利息调整"等账户。实际利率与合同利率差异较小的,也可以采用合同利率计算确定利息费用。期末,应将该账户余额转入"本年利润"账户,结转后本账户无余额。该账户按利息支出项目进行明细核算。

(2)"手续费及佣金支出"账户。该账户属于损益类账户,核算金融企业发生的与其经营活动相关的各项手续费、佣金支出。企业发生与其经营活动相关的手续费、佣金等支出时,借记"手续费及佣金支出"账户,贷记"银行存款"、"存放中央银行款项"、"存放同业"、"库存现金"、"应付手续费及佣金"等账户。期末,应将该账户余额转入"本年利润"账户,结转后本账户无余额。该账户按支出类别进行明细核算。

(3)"业务及管理费"账户。该账户属于损益类账户,核算金融企业在业务经营和管理过程中所发生的各项费用,包括折旧费、业务宣传费、业务招待费、电子设备运转费、钞币运送费、安全防范费、邮电费、劳动保护费、外事费、印刷费、低值易耗品摊销、职工工资及福利费、差旅费、水电费、职工教育经费、工会经费、会议费、诉讼费、公证费、咨询费、无形资产摊销、长期待摊费用摊销、取暖降温费、聘请中介机构费、技术转让费、绿化费、董事会费、财产保险费、劳动保险费、待业保险费、住房公积金、物业管理费、研究费用、提取保险保障基金等。发生各项费用时,借记"业务及管理费"账户,贷记"库存现金"、"应付职工薪酬"、"银行存款"、"累计折旧"等账户。期末应将该账户余额转入"本年利润"账户,结转后本账户无余额。该账户按费用项目进行明细核算。

(4)"汇兑损益"账户。该账户属于损益类账户,核算金融企业发生的外币交易因汇率变动而产生的汇兑损益。

采用统账制核算的,各外币货币性项目的外币期(月)末余额,应当按照期(月)末汇率折算为记账本位币金额。按照期（月）末汇率折算的记账本位币金额与原账面记账本位币金额之间的差额，如为汇兑收益，借记有关账户，贷记"汇兑损益"账户；如为汇兑损失，借记"汇兑损益"账户，贷记有关账户。

采用分账制核算的，期（月）末将所有以外币表示的"货币兑换"账户余额按期（月）末汇率折算为记账本位币金额，折算后的记账本位币金额与"货币兑换——记账本位币"账户余额进行比较，为贷方差额的，借记"货币兑换——记账本位币"账户，贷记"汇兑损益"科目；为借方差额的，借记"汇兑损益"账户，贷记"货币兑换——记账本位币"账户。

期末，应将该账户的余额转入"本年利润"科目，结转后本账户应无余额。

四、金融企业成本核算举例

【例9-5】某商业银行201×年3月发生以下经济业务：

1. 3月5日，向其下属储蓄代办点支付手续费5 000元，以现金形式支付。

   借：手续费及佣金支出　　　　　　　　　　　　　　　　　　5 000
   　　贷：库存现金　　　　　　　　　　　　　　　　　　　　　　　5 000

2. 3月7日，以现金支付业务招待费1 600元。

   借：业务及管理费支出——业务招待费　　　　　　　　　　　1 600
   　　贷：库存现金　　　　　　　　　　　　　　　　　　　　　　　1 600

3. 3月10日，按规定向社会统筹机构缴纳职工劳动保险费140 000元，待业保险费16 000元。

   借：业务及管理费支出——职工劳动保险费　　　　　　　　140 000
   　　　　　　　　　　　——待业保险费　　　　　　　　　　16 000
   　　贷：银行存款　　　　　　　　　　　　　　　　　　　　　　156 000

4. 3月15日，支付中央银行借款利息36 000元。

   借：利息支出——金融机构往来支出　　　　　　　　　　　36 000
   　　贷：存放中央银行款项　　　　　　　　　　　　　　　　　　36 000

5. 3月25日，按规定计提本期固定资产折旧费50 000元。

   借：业务及管理费支出——折旧费　　　　　　　　　　　　50 000
   　　贷：累计折旧　　　　　　　　　　　　　　　　　　　　　　50 000

6. 3月28日，定期存款到期，该商业银行将利息总额224 000元转入该企业存款户。

   借：应付利息——应付某企业利息　　　　　　　　　　　224 000
   　　贷：定期存款——某企业定期存款　　　　　　　　　　　　224 000

7. 3月31日，分配工资费用400 000元，职工福利费20 000元。

   借：业务及管理费支出——职工工资及福利费　　　　　　420 000
   　　贷：应付职工薪酬——工资　　　　　　　　　　　　　　　400 000
   　　　　　　　　　　　——职工福利　　　　　　　　　　　　20 000

8. 3月31日，按摊余成本和实际利率计算确定某企业定期存款利息费用金额为54 000

元，按合同利率计算确定的应付未付利息为 56 000 元。

借：利息支出——定期存款利息支出　　　　　　　　　　　54 000
　　吸收存款——利息调整　　　　　　　　　　　　　　　 2 000
　　贷：应付利息——应付某企业利息　　　　　　　　　　56 000

9. 3 月 31 日，本期摊销无形资产价值 13 000 元。

借：业务及管理费支出——无形资产摊销　　　　　　　　　13 000
　　贷：累计摊销　　　　　　　　　　　　　　　　　　　13 000

第六节　农业生产成本核算

一、农业生产的特点

农业生产作为国民经济的基础与工业生产相比较，存在下列明显的特点：

1. 土地是农业生产的重要生产资料，是农业生产的基础。在农业生产中，土地具有不可替代性。土地需要开发，但也不是无偿占用的，因此除了要计算农产品成本外，还要计算单位面积的收入以及单位面积的成本，来反映土地的使用情况。

2. 农业生产的季节性明显，生产时间和劳动时间不一致。这是因为农业生产是以有生命的动植物为对象，而且农业生产还必须与气候条件相适应。动植物有其自然生长的过程，使得生产过程有在劳动的直接作用下进行，也有依靠自然作用下进行生长的过程。

3. 农业生产中部分劳动资料和劳动对象可以互相转化。例如，幼畜是劳动对象，但经饲养成龄后可以转化为属于劳动资料的产畜和役使畜；反之，役畜和产畜淘汰后，又成为属于劳动对象的育肥畜。收获的粮食除作为商品产品外，必须留存一部分作为种子和饲料，以供农业和畜牧业再生产之用。

二、农业成本计算的特点

作为大农业，其产品生产的多样性决定了其成本计算的特点。

1. 成本计算对象。农业企业实行一业为主，多种经营。一般来说，农、林、牧、副、渔各业的主要产品单独核算成本，但次要产品可以分业合并核算成本。

农业企业的主要农产品为小麦、水稻、大豆、玉米、棉花、糖料、烟叶、牛奶、羊毛、肉类、禽蛋、蚕茧、林产品、水产品等。

农业企业的畜牧业生产应核算饲养成本和产品成本。畜禽的饲养成本和产品成本原则上要分群核算；条件不具备的企业可按畜禽类别混群核算。

农业企业的水产养殖生产，应核算苗种培育和成品饲养成本，鱼、虾混养和贝、藻混养可以分品种核算成本，也可以合并计算一个混养成本。

2. 成本项目。农业企业按照成本支出的经济性质，可以设置直接材料、直接人工、机械作业费、其他直接费、制造费用等成本项目。

直接材料,是指种植业生产中耗用的自产或外购的种子、种苗、饲料、肥料、农药、燃料和动力、原材料以及其他材料等;养殖业生产中直接用于养殖生产的苗种、饲料、肥料、燃料、动力、畜禽医药费等。

直接人工,是指直接从事农业生产人员的职工薪酬。

机械作业费,是指种植业生产过程中农用机械进行耕耙、播种、施肥、除草、喷药、收割、脱粒等机械作业所发生的支出。

其他直接费,是指除直接材料、直接人工和机械作业费以外的其他直接费用。

制造费用,是指应摊销、分配计入成本核算对象的间接生产费用。包括各个生产经营单位为组织管理生产所发生的生产单位管理人员薪酬、生产单位的折旧费、租赁费、修理费、机物料消耗、低值易耗品摊销、取暖费、办公费、差旅费、运输费、保险费、劳动保护费、土地开发费摊销以及其他间接费。

3. 成本计算期。由于农、林、牧、渔业的生产受自然生产周期的影响,各种产品的收获时间在年内是不同的。因此,成本计算期也不可能完全一致。农业企业一般对经常有产品产出的橡胶、乳牛、家禽、工副业等生产,应按月计算产品的实际成本;一年只收获 1 次或几次产品的粮食、棉花、果、桑、茶等生产应在产品的收获月份计算产品的实际成本。

三、以畜禽饲养为例进行其成本核算说明

(一) 畜禽饲养的特点

畜禽饲养是利用动物的生理机能,通过人工饲养管理而获得畜禽产品的生产活动,它包括养牛、养马、养猪、养禽等。畜禽饲养的对象是具有生命的动物,变动比较频繁,受自然条件的制约,且作为固定资产的产畜和役畜与作为流动资产的幼畜和育肥畜可以互相转化等特点,决定了其成本计算具有以下特点:

1. 根据畜禽饲养规模、管理条件和要求不同,其成本核算有混群核算和分群核算两种不同的方法。在采用混群核算时,其成本计算对象是每种畜禽;采用分群核算时,要以每种畜禽的不同群别作为成本计算对象,如养猪业一般要求分基本猪群、2~4 个月幼猪、4 个月以上肥猪 3 群,分别归集费用和计算成本。

2. 成本计算周期一般应规定在季末或年末进行,其成本计算期与生产周期不一致,而与会计报告期一致。

3. 季末或年末一般有在产品,需要把归集的生产费用在完工产品和在产品之间分配。

4. 畜禽产品与畜禽饲养头数有着密切联系,畜禽饲养除计算产品成本外,还需要计算饲养日成本,以考核饲养费用水平。

(二) 成本项目

畜禽饲养一般设置以下成本项目:

1. 饲养费。即指在畜禽饲养过程中所耗用的自产的和外购的饲料费用。

2. 畜禽医药费。即指畜禽耗用的医药费、防疫费及小件医疗器械支出等。

3. 职工薪酬。即指从事畜禽饲养人员的工资、福利等支出。

4. 产畜折旧费。即指按规定提取的产畜折旧费。

5. 其他直接费。即不属于以上各项的直接费用，如燃料和动力、折旧费、修理费和低值易耗品摊销等。

6. 制造费用。即指为管理和组织畜禽饲养工作而发生的间接费用。

【本章小结】

本章主要介绍了商品流通企业、物流企业、交通运输企业、农业、金融企业和施工企业等其他行业的成本核算的特点，通过举例进一步说明其成本核算方法。本章重点如下：

商品流通企业、物流企业、交通运输企业、金融企业、施工企业和农业的经营特点。商品流通企业的经营活动只有商品的购进与商品售出，以商品的购进为起点，以商品的售出结束，没有产品的生产过程。物流与交通运输企业的生产过程具有流动性和分散性，其生产过程和销售过程是统一的，且各种运输方式之间具有较强的替代性。金融企业特别是商业银行的经济活动则主要表现为金融中介活动。施工企业的经营特点是在较长时间内建造独具特性的单件不动产。农业生产过程受自然因素与生物特性影响明显。

商品流通企业、物流企业、交通运输企业、金融企业、施工企业和农业经营活动的不同，致使其成本核算也具有各自不同的特点。商品流通企业以购进商品作为成本计算对象。物流企业将承接的每一物流业务作为物流企业成本核算对象。交通运输企业以运输工具从事货物、旅客运输的，可以按照航线、航次、单船/机确定成本核算对象；从事货物等装卸业务的，可以按照货物、作业场所等确定成本核算对象；从事仓储、堆存、港务管理业务的，可以按照码头、仓库、堆场、油罐、筒仓、货棚或主要货物种类等确定成本核算对象。金融企业则不存在成本计算对象。施工企业的成本计算对象为单位施工工程。农业企业可以按照生物资产的品种、成长期、批别、种（养）殖面积等确定成本核算对象。由于成本核算对象不同，各类企业的成本核算方法也各有不同。

由于商品流通企业、交通运输企业、金融企业和施工企业成本核算特点的不同，因而其成本核算所涉及的会计科目和对应的账户也必然不同。

【中英文对照专业名词及术语】

施工企业	Construction Enterprises
交通企业	Logistics Enterprises
商业企业	Commercial Enterprises
农业企业	Agricultural Enterprises
金融企业	Financial Enterprises
成本核算	Costing

复习思考题

1. 商品流通企业有哪些经营特点？其成本核算特点有哪些？其成本核算应设置哪些核算账户？
2. 物流企业有哪些经营特点？其成本核算特点有哪些？其成本核算应设置哪些会计科目与账户？
3. 交通运输企业有哪些经营特点？其成本核算特点有哪些？其成本核算应设置哪些会计科目与账户？
4. 金融企业有哪些经营特点？其成本核算特点有哪些？其成本核算应设置哪些核算账户？
5. 施工企业有哪些经营特点？其成本核算特点有哪些？其成本核算应设置哪些会计科目与账户？
6. 农业企业有哪些经营特点？其成本核算特点有哪些？

第十章
成本报表的编制与分析

【**本章学习目的**】 本章主要介绍成本报表的特点、种类和成本分析的基本方法,通过学习,要求了解成本报表的特点、种类及设置的要求,了解成本分析的一般方法,掌握商品产品成本表、主要产品单位成本表和制造费用明细表的结构、编制和分析的方法。

【**案例导引**】

赵明是一家大型钢铁生产公司的会计师,他在工作中发现,公司下达的计划和定额指标在实际生产中总是得不到很好落实,成本降低任务完成得不尽如人意。针对这个问题,他走访了几个部门,了解到这一问题的主要原因在于技术部门与财务部门工作脱节,技术人员不懂财务,财会人员不懂技术,制定的定额往往不符合实际情况,成本控制失效,导致成本降低指标形同虚设。为此,他咨询了很多专家,专家的建议几乎都是:考察技术经济指标,将成本分析的职能深入到技术领域去,制定更为合理的定额和成本降低计划。该公司究竟选择哪些技术经济指标来进行成本分析呢?

(资料来源:李玲. 成本会计禁忌100例. 北京. 电子工业出版社,由编者整理)

第一节 成本报表的编制

成本报表是按照成本管理的各种需要,根据日常成本核算资料和其他有关经营管理费用资料定期编制,用以反映工业企业一定时期产品成本水平和构成情况,以及经营管理费用发生情况的一种报告文件。编制成本费用报表是企业成本管理的一项重要工作,也是成本会计的一项重要内容。

由于在市场经济环境下,企业的生产经营情况、资金耗费和产品成本水平等成本信息都属于对外保密的资料,企业将其作为一种商业秘密,因此成本费用报表不宜对外公开报送,只是作为向企业经营管理者提供有关成本和经营管理费用信息,进行成本分析的一种内部管理报表。

一、成本报表的特点

(一) 灵活性

成本费用报表是服务于企业内部经营管理目的的报表，可以根据企业对成本管理的要求灵活设置，并且不受外界因素的影响，因此成本费用报表的种类、格式、指标项目、编制时间、报送程序和范围都可根据企业的需要自行规定，并随着生产条件的变化、管理要求的提高，随时进行修改和调整，具有较大的灵活性。

(二) 多样性

成本费用报表是在企业特定的生产环境下，结合企业的生产特点和管理要求而编制的。不同企业的生产特点和成本管理要求不同，这就决定了不同企业编制的成本费用报表在种类、格式、指标项目以及指标计算口径上必然有所不同，因而呈现出多样性。

(三) 综合性

成本费用报表需要同时满足财会部门、各级生产技术部门和计划管理部门等对成本管理的需要，对这些职能部门而言不仅要求提供用于事后分析的资料，还要求提供事前计划、事中控制所需要的大量信息。因此，成本费用报表不仅要设置货币指标，还需要设置反映成本消耗的多种形式的指标；不仅包括会计核算提供的指标，还包括统计核算、业务核算提供的指标，这些指标实质上是会计核算资料与技术经济资料的有机结合。由于成本费用报表提供的信息广泛，因此具有综合性的特点。

二、成本费用报表的编制要求

作为内部报表的成本费用报表，在编制时除应遵守会计报表的一般要求外，还应结合企业生产的特点和管理要求注意以下4个方面的问题：

(一) 成本费用报表的专题性

成本费用报表有些是反映企业成本的全貌，有些则是反映企业成本中的某一方面或某些方面。作为内部报表的成本费用报表，其专题性是报表设置需要考虑的重要问题。专题性强调的是成本费用报表的设置应适应成本管理中某一方面的需要，突出成本管理中的重点问题，对成本形成产生重大影响或费用发生集中的部门，应单独设置有关成本费用报表，以提供充分的成本信息，从而满足企业内部成本管理的需要。

(二) 成本费用报表指标的实用性

成本费用报表的指标设置应以适应企业内部成本管理的需要为标准。成本指标既可按完全成本进行反映，也可按变动成本和固定成本来反映，还可以考虑将成本指标与生产工艺规程以及各项消耗定额对照，以便从最原始的资料入手，分析成本升降的原因，挖掘降低产成本的潜力。

（三）成本费用报表格式的针对性

成本费用报表格式的设计，应能针对某一具体业务的特点及其存在的问题，重点突出，简明扼要，切忌表式复杂庞大，避免无用的烦琐计算。

（四）成本费用报表编报的及时性

为了反映成本计划和费用预算的执行情况，成本费用报表可以像财务报表一样定期按月、季、半年、年编制，以使其为企业进行成本预测、编制成本计划提供必要的成本信息。在日常成本核算过程中，为了及时反馈成本信息和提示存在的问题，还需要以旬报、周报、日报甚至班报为形式编制不定期成本费用报表，从而使有关部门及时了解生产耗费的变化情况和发展趋势，并采取相应的措施改进工作，加强成本控制。

三、成本费用报表的种类

成本费用报表主要是为满足企业内部经营管理的需要而编制的对内报表，因此从报表的种类、格式、编制报项目、编制方法，到报送时间和报送对象，都不是由国家统一规定的，而是由企业根据自身生产经营过程的特点和成本管理的要求所确定的。一般情况下，企业编制的成本报表具有较大的灵活性和多样性。尽管如此，为了加强企业成本的日常管理，有必要对成本费用报表进行科学的分类，通常按不同的标准进行如下分类：

（一）成本费用报表按其反映的内容分类

根据成本费用报表的成本信息归集对象和在成本管理中的用途不同，可以分为反映成本水平的报表、反映费用支出情况的报表和成本管理专题报表。

1. 反映成本水平的报表。这类报表主要反映报告期内企业各种产品的实际成本水平。通过本期实际成本与前期平均成本、本期计划成本的对比，可以了解企业成本发展变化的趋势和成本计划的完成情况，并为进行深入的成本分析、挖掘降低成本的潜力提供资料。这类报表主要有产品生产成本表和主要产品单位成本表等。

2. 反映费用支出情况的报表。这类报表主要反映企业在报告期内某些费用支出的总额及其构成情况。通过此类报表可以分析费用支出的合理程度及变化趋势，有利于企业制定费用预算，考核费用预算的实际完成情况，以明确有关经济责任。这类报表主要有制造费用明细表、营业费用明细表、管理费用明细表和财务费用明细表等。

3. 成本管理专题报表。这类报表主要反映企业在报告期内某些成本、费用发生的具体情况和成本管理中某些特定、重要的信息。通过对这些信息的反馈和分析，可以有针对性地采取措施，从而加强企业的成本管理。这类报表一般根据企业实际需要灵活设置，通常有责任成本表、质量成本表等。

（二）成本费用报表按其编制的时间分类

成本费用报表按其编制的时间分类可以分为定期报表和不定期报表两大类。定期报表一般按月、季、半年、年末编制，如产品生产成本表、主要产品单位成本表、制造费用明细表等。但为了及时反馈某些重要的成本信息，以便管理部门采取对策，定期报表也可采用旬报、周报、日报乃至班报的形式。不定期报表是针对成本管理中出现的问题或急需解决的问题而随时按要求编制的，如发生了金额较大的内部故障成本，需及时将信息反馈给有关部门而编制的质量成本表等。

（三）成本费用报表按其编制的范围分类

成本费用报表按编制的范围划分为全厂成本报表、车间成本报表和班组（或个人）成本报表等。一般来说，商品产品成本表、主要产品单位成本表、管理费用明细表、营业费用明细表、财务费用明细表等都是全厂成本报表，而制造费用明细表，既可以是全厂成本报表，也可以是车间、班组（或个人）成本报表。

在上述3种成本费用报表的分类中，第一种分类是最基本、最重要的分类，后两种分类则是对第一种分类的补充和完善。

四、成本费用报表的编制方法

各种成本费用报表，一般需要反映本期产品的实际成本、本期经营管理费用的实际发生额，以及实际成本或实际费用的累计数。为了考核和分析成本计划的执行情况，这些报表还需反映有关的计划数和某些补充资料。

企业在编制成本费用报表时，应根据有关的产品成本或费用明细账的实际发生额填列成本费用报表的实际成本、费用；应根据本期报表的本期实际成本、费用加上上期报表的累计实际成本、费用计算填列成本费用报表的累计实际成本、费用；如果有关的明细账簿中记有期末累计实际成本、费用，也可以直接根据有关的明细账相应数据填列其累计实际成本费用。

第二节 成本报表的分析

一、成本分析的一般方法

成本分析，是对一定时期企业成本完成情况的全面评价，旨在揭示和测定影响成本变动的主要因素及其影响程序，寻找成本降低途径，提高企业经济效益。

成本分析是成本会计工作的重要环节，是企业成本管理的重要组成部分。通过成本分析，可以反映企业生产经营管理工作质量和劳动耗费水平以便改进工作质量，降低劳动耗费；可以查明影响成本升降的原因，以便挖掘企业降低成本的潜力；还可以为成本预测和决策等提供信息资料，以便指导未来的成本管理工作。

成本分析的任务是：依据成本核算资料，对照成本计划和同期成本核算，了解成本计划完成情况和成本变动趋势，查找影响成本变动的原因，测定其影响程度，为改进成本管理工作、降低产品成本提供依据和建议。

成本分析方法很多，下面主要介绍常用的几种分析方法，包括对比分析法、比率分析法、连环替换分析法、差额计算分析法和趋势分析法。

（一）对比分析法

对比分析法，也称比较分析法，它是把相同事物的指标在时间上和空间上进行对比，从数量上确定差异的一种方法。这种分析方法的主要作用是揭示成本差异，并为进一步分析指出方向，以便采取措施，降低成本。它是成本分析最基本的方法，各种成本分析均要采用这种方法。

对比的基数由于分析目的的不同而不同，一般有计划数、定额数、前期实际数、以往年度周期实际数以及本企业的历史先进水平等。对比分析法只适用于同质指标的数量对比，如实际产品成本与计划产品成本对比，本期制造费用与前期实际制造费用对比等。在采用这种分析方法时，应注意相比指标的可比性，也就是说对比指标采用的计价标准、时间单位、指标内容和计算方法等应具有比较的共同基础。如果相比的指标之间存在不可比因素，应按可比的口径先进行调整，然后再进行对比。在实际工作中对比分析法常用以下几类指标进行对比分析：

（1）实际指标与成本计划指标或定额指标的对比分析。通过该类指标的对比分析，可以反映计划或定额的完成情况，检查计划、定额本身是否既先进，又切实可行。

（2）本期实际与前期（上期、上年同期或历史先进水平）实际指标的对比分析。

通过该类指标的对比分析，可以反映成本指标的变动情况和发展趋势，揭示本期同前期成本指标间的差距。

（3）本企业实际成本指标（或某项技术经济指标）与国内外同行业先进指标的对比分析。

通过该类指标的对比分析，可以反映企业成本水平在国内外同行业中所处的地位，揭示企业与国内外先进成本指标间的差距。

（二）比率分析法

比率分析法是通过计算各项指标之间的相对数，即比率，借以考察经济业务的相对效益的一种分析方法。比率分析法主要有相关指标分析法和构成比率分析法两种。

1. 相关指标比率分析法。它是计算两个性质不同而又相关指标的比率进行数量分析的方法。在实际工作中，由于企业规模不同等原因，单纯地对比绝对数指标有时并不能起到对比的作用，而需要计算相对的指标，如产值成本率、成本利润等。其中：

$$产值成本率 = \frac{成本}{产值} \times 100\%$$

$$成本利润率 = \frac{利润}{成本} \times 100\%$$

上列公式中，产值成本率低、成本利润率高的企业经济效益好；产值成本率高、成本利润率低的企业经济效益差。

2. 构成比率分析法。它是计算某项指标的各个组成部分占总体的比重，即部分与全部的比率进行数量分析的方法。如将构成产品成本的各项费用分别与产品成本总额相比，计算产品成本的构成比率。这种比率分析法也称比重分析法。通过这种分析可以反映各个成本或费用的构成是否合理。其中：

$$直接材料费用比率 = \frac{直接材料费用}{产品成本} \times 100\%$$

$$直接人工费用比率 = \frac{直接人工费用}{产品成本} \times 100\%$$

$$制造费用比率 = \frac{制造费用}{产品成本} \times 100\%$$

无论采用相关指标比率分析法，还是采用构成比率分析法，进行成本分析时，都可将本企业比率的实际数与其计划数（或前期实际数）进行对比分析，也可将本企业比率的实际数与其他企业相同时期的构成比率指标进行对比分析，从而反映本企业在不同时期，与国内外先进企业的成本费用水平或经济效益相比存在的差距，反映本企业产品成本的构成是否合理。

（三）连环替代分析法

连环替代分析法是顺序用各项因素的实际数替换基数，借以计算各项因素影响程度的一种分析方法。单纯采用对比分析法和比率分析法只能揭示实际数与基数之间的差异，并不能揭示产生差异的因素和各因素的影响程度。采用连环替代法就可以解决这一问题。其计算程序是：（1）根据指标的计算公式确定影响指标变动的各项因素；（2）排列各项因素的顺序；（3）按排定的因素顺序和各项因素的基数进行计算；（4）顺序将前面一项因素的基数替换为实际数，将每次替换以后的计算结果与其前一次替换以后的计算结果进行对比，顺序算出每项因素的影响程度，有几项因素就替换几次；（5）将各项因素的影响程度的"代数和"与指标变动的差异总额核对相符。连环替代法的计算原理如表10-1所示（假定指标为3项因素的乘积）。

确定各因素排列顺序的一般原则是：如果既有数量因素又有质量因素，先计算数量因素变动的影响，后计算质量因素变动的影响，如果既有实物数量因素又有价值数量因素，先计算实物数量因素变动的影响，后计算价值数量因素变动的影响；如果有几个数量因素或质量因素，还应区分主要因素和次要因素，先计算主要因素变动的影响，后计算次要因素变动的影响。从以上可以看出，连环替代分析法具有如下特点：（1）计算程序的连环性；（2）因素替换的顺序性；（3）计算结果的假定性。

表 10-1 连环替代法计算程序表

替代次数	因　素			乘积编号	每次替换	产生差异
	第1项	第2项	第3项			
基数	基数	基数	基数	①		
第1次	实际数	基数	基数	②	②──→①	第1项因素
第2次	实际数	实际数	基数	③	③──→②	第2项因素
第3次	实际数	实际数	实际数	④	④──→③	第3项因素
	各项因素影响程度合计				差异总额	各项因素

（四）差额计算分析法

差额计算分析法是根据各项因素的实际数与基数的差额来计算各项因素影响程度的方法，是连环替代分析法的一种简化的计算方法。

上述连环替代分析法的计算原理，可按下列公式表示：

第1项因素的影响程度 =（第1项因素实际数×第2项因素基数×第3项因素基数）－（第1项因素基数×第2项因素基数×第3项因素基数）=（第1项因素实际数－第1项因素基数）×第2项因素基数×第3项因素基数

第2项因素的影响程度 =（第1项因素实际数×第2项因素实际数×第3项因素基数）－（第1项因素实际数×第2项因素基数×第3项因素基数）=（第2项因素实际数－第2项因素基数）×第1项因素实际数×第3项因素基数

第3项因素的影响程度 =（第1项因素实际数×第2项因素实际数×第3项因素实际数）－（第1项因素实际数×第2项因素实际数×第3项因素基数）=（第3项因素实际数－第3项因素基数）×第1项因素实际数×第2项因素实际数

在上列各项计算公式中，第二个等号后面的计算公式都是差额计算分析法的计算公式。这种分析法与连环替代分析法的因素排列顺序如果相同，则计算结果完成相同。

在只有两项因素的情况下，由于能够简便合理地排列因素的顺序，因而普遍地采用差额计算分析法，使计算既准确又简便。

（五）趋势分析法

趋势分析法是通过连续若干期相同指标的对比，来揭示各期之间的增减变化，据以预测经济发展趋势的一种分析方法。采用这种分析方法，在比较的若干期之间，可以按绝对数进行对比，也可以按相对数（即比率）进行对比；可以以某个时期为基期，其他各项均与该时期的基数进行对比；也可以在各个时期之间进行环比，即分别以上一时期为基期，下一时期与上一时期的基数进行对比。

【例10-1】假定某工业企业从2006~2010年的5年间，某种产品的实际单位成本分别为89元、90元、92元、94元、95元。

从上列各年单位成本的绝对额可以看出,该种产品的单位成本呈逐年上升的趋势。

若以2006年为基年,以该年单位成本89元为基数,规定为100%,可以计算其他各年的单位成本与之相比的比率如下:

2007年:$\frac{90}{89} \times 100\% = 101\%$

2008年:$\frac{92}{89} \times 100\% = 103\%$

2009年:$\frac{94}{89} \times 100\% = 106\%$

2010年:$\frac{95}{89} \times 100\% = 107\%$

从上列计算可以看出,该种产品成本2007~2010年各年单位成本与2006年单位成本相比的上升程度。

若分别以上年为基期,可以计算各年环比的比率如下:

2007年比2006年:$\frac{90}{89} \times 100\% = 101\%$

2008年比2007年:$\frac{92}{90} \times 100\% = 102\%$

2009年比2008年:$\frac{94}{92} \times 100\% = 102\%$

2010年比2009年:$\frac{95}{94} \times 100\% = 101\%$

从上列计算可看出,该种产品的单位成本都是逐年递增的,但各年递增的程度不同。

以上所述的各种分析法实质上都是对比分析法。比率分析法是分子指标与分母指标的对比,以及据以算出的相对指标的实际数与基数的对比;趋势分析法是作为分析趋势基础的各期指标之间的对比。应该注意不管什么分析方法,都只能为进一步调查研究指明方向,而不能代替调查研究。

二、商品产品成本报表的编制和分析

(一)商品产品成本报表的编制

商品产品成本报表是反映企业在报告期内所生产的全部商品产品总成本和单位成本的报表。利用该表可以考核全部商品产品和主要商品产品成本计划完成情况,以及分析各种可比产品成本降低任务的完成情况。

商品产品成本报表的格式和内容如表10-2所示。

商品产品成本报表的主要内容,是反映可比产品和不可比产品的实际产量、单位成本、本月总成本以及本年总成本。

该表各项的内容和填列方法如下:

1. 实际产量。

(1) 本月实际产量。根据产品成本计算单或产品生产成本明细账的记录填列。

(2) 本年累计实际产量。根据本月实际产量,加上上月本表的本年累计实际产量计算填列。

2. 单位成本。

(1) 上年实际平均单位成本。根据上年度本表所列全年累计实际平均单位成本填列。

(2) 本年计划单位成本。根据年度成本计划所列的单位成本填列。

(3) 本月实际单位成本。根据表中本月实际总成本除以本月实际产量所得商数填列。

(4) 本年累计实际平均单位成本。根据表中本年累计实际总成本除以本年累计实际产量所得商数填列。

3. 本月总成本。

(1) 按上年实际平均单位成本计算的总成本。根据上年实际平均单位成本乘以本月实际产量所得积数填列。

表 10-2　　　　　　　　　　　　商品产品成本报表

201×年12月31日　　　　　　　　　　　　　　　　单位:元

产品名称	规格	实际产量		单位成本				本月总成本			本年累计总成本		
		本月（件）	本年累计（件）	上年实际平均	本年计划	本月实际	本年累计实际	按上年实际平均单位成本计算	按本年计划单位成本计算	本月实际	按上年实际平均单位成本计算	按本年计划单位成本计算	本年实际
		①	②	③	④	⑤=⑨÷①	⑥=⑫÷②	⑦=①×③	⑧=①×④	⑨	⑩=②×③	⑪=②×④	⑫
可比产品 其中:	×	×	×	×	×	×	×	30 000	27 500	26 950	330 000	302 500	299 200
甲产品		200	2 200	100	90	88	89	20 000	18 000	17 600	220 000	198 000	195 800
乙产品		50	550	200	190	187	188	10 000	9 500	9 350	110 000	104 500	103 400
不可比产品 其中:	×	×	×	×	×	×	×	×	4 200	4 310	×	54 600	57 200
丙产品		10	130	×	420	431	440	×	4 200	4 310	×	54 600	57 200
全部商品产品成本									31 700	31 260		357 100	356 400

补充资料(本年累计实际数):

注:可比产品成本降低额30 800元(本年计划降低额为28 000元);可比产品成本降低率9.33%(本年计划降低率为8.48%)。

（2）按本年计划单位成本计算的总成本。根据本年计划单位成本乘以本月实际产量所得积数填列。

（3）本月实际总成本。根据成本计算单的有关数字填列。

4. 本年累计总成本。

（1）按上年实际平均单位成本计算的本年累计总成本。根据表中本年累计实际产量乘以上年实际平均单位成本所得积数填列。

（2）按本年计划单位成本计算的本年累计总成本。根据表中本年累计实际产量乘以本年计划单位成本所得积数填列。

（3）本年累计实际总成本。根据本月实际总成本，加上上月本表的本年累计实际总成本填列。

该表补充资料的内容和填列方法如下：

（1）可比产品成本累计实际降低额。根据可比产品按上年实际平均单位成本计算的本年累计总成本减去本年累计实际总成本计算填列（超支用负数表示）。

（2）可比产品成本累计实际降低率。根据可比产品成本累计实际降低额除以可比产品按上年实际平均单位成本计算的本年累计总成本计算填列（超支用负数表示）。

本年可比产品计划降低额和降低率，根据可比产品成本降低计划填列。

（二）商品产品成本报表的分析

1. 全部商品产品成本计划完成情况的分析。全部商品产品包括可比产品和不可比产品。可比产品是指企业过去曾经生产过，有完整的成本资料可供对比的产品；而不可比产品则是指企业过去从未生产过，或虽生产过，但规格性能已发生了显著变化，缺乏可供比较的成本资料的产品。全部商品成本计划完成情况的分析应当是全部商品产品的计划总成本和实际总成本对比，确定实际成本比计划成本降低额和降低率。由于商品产品成本表中的计划总成本是按实际产量计算的，因此进行对比的商品产品计划总成本是经过调整后的实际产量计划总成本，这样就剔除了产量变动和产品结构变动对总成本的影响。其计算公式如下：

$$全部商品产品成本降低额 = 实际总成本 - \sum(实际产量 \times 计划单位成本)$$

$$全部商品产品成本降低率 = \frac{降低额}{\sum(实际产量 \times 计划单位成本)}$$

以表10-2资料，计算全部商品产品成本降低额和降低率如表10-3所示。

从表10-3中可以看出，该企业全部商品产品成本实际比计划节约700元，节约率为0.20%。从各产品看，可比产品完成了成本计划，其中甲产品成本降低率为1.11%，乙产品成本降低率为1.05%；不可比丙产品未完成成本计划，超支率为4.76%。

表 10 – 3　　　　　　　全部商品产品成本计划完成情况分析表　　　　　　单位：元

产品名称	计划总成本	实际总成本	降低额	降低率
可比产品	302 500	299 200	3 300	1.09%
其中　甲产品	198 000	195 800	2 200	1.11%
乙产品	104 500	103 400	1 100	1.05%
不可比产品	54 600	57 200	-2 600	-4.76%
其中：丙产品	54 600	57 200	-2 600	-4.76%
	357 100	156 400	700	0.20%

2. 可比产品成本降低计划完成情况的分析。可比产品成本降低包括计划降低额和计划降低率。降低额指可比产品计划总成本比计划产量的上年总成本的降低数额。

该企业可比产品成本降低计划如表 10 – 4 所示。

表 10 – 4　　　　　　　　　可比产品成本降低计划　　　　　　　　　单位：元

产品名称	计划产量	单位成本		总成本		计划降低任务	
		上年实际平均	本年计划	按上年实际平均单位成本计算	本年计划	降低额	降低率
甲产品	2 300	100	90	230 000	207 000	23 000	10%
乙产品	500	200	190	100 000	95 000	5 000	5%
合　　计				330 000	302 000	28 000	8.48%

根据可比产品成本实际降低额和降低率同可比产品成本降低计划比较，确定可比产品降低计划完成情况。

降低额差额 = 30 800 - 28 000 = 2 800（元）

降低率差额 = 9.33% - 8.48% = 0.85%

从上述计算中可以看出，可比产品成本降低超计划完成。影响可比产品成本降低计划完成情况的因素，概括起来有 3 个：

（1）产品产量。可比产品成本的计划降低额和降低率都是根据计划产量制定的，而实际成本降低额和降低率则是根据各种产品的实际产量计算的，所以在其他条件不变的情况下，产品产量的增减变动会引起可比产品成本发生等比例变动，即其他条件不变，产量变动只会影响成本降低额，而不会影响成本降低率。

（2）产品结构。所谓产品结构是各种产品在全部可比产品中的构成比例。由于各种产品成本降低的程度不同，有大有小，有节约有超支，当产品产量不是等比例增加时，成本降低额和降低率会同时发生变化。当成本降低幅度较大的产品其产量在全部可比产品产量中所占比重较大时,则全部可比产品成本的降低额和降低率的计划完成情况会相应好一些,反之就会差一些,这实质是权数的作用。

(3) 产品单位成本。成本降低计划表中规定的可比产品成本降低额和降低率,是以本年计划成本和上年实际成本相比较而制定的,而可比产品成本的实际降低额和降低率是根据本年实际成本和上年实际成本相比较计划出来的,因此本期可比产品的实际单位成本与计划单位成本有差异时,就必然会引起可比产品成本的降低额和降低率。当其他条件不变时,单位成本与成本降低额和降低率成反比。

在确定上述各因素变化对可比产品成本降低计划完成情况的影响时,可采用因素替换法在可比产品降低计划的基础上,分别以实际产量、实际品种结构和实际单位成本,逐步替代计划数,确定各种因素变化对可比产品成本降低额和降低率差异的影响。

仍以表10-2和表10-4资料对可比产品成本降低计划完成情况分析计算如下:

(1) 产品产量。如前所述,在其他条件不变的情况下,单纯产量的变化,只影响降低额不影响降低率。产量对降低额的影响公式如下:

$$\text{产量变动对成本降低额的影响} = \sum(\text{本年实际产量} \times \text{上年实际平均单位成本}) \times \text{计划降低率} - \text{计划降低额}$$

$$= 330\,000 \times 8.48\% - 28\,000 = -16\,(\text{元})$$

(2) 产品结构。产品结构变化对可比产品成本降低计划完成情况的影响公式如下:

$$\text{产品结构变动对成本降低额的影响} = \sum(\text{本年实际产量} \times \text{上年实际平均单位成本}) - \sum(\text{本年实际产量} \times \text{本年计划单位成本}) - \sum(\text{本年实际产量} \times \text{上年实际平均单位成本}) \times \text{计划降低率} = (330\,000 - 302\,500) - 330\,00 \times 8.48\% = -484(\text{元})$$

$$\text{产品结构变动对成本降低率的影响} = \frac{\text{产品结构变动对降低额的影响}}{\sum(\text{本年实际产量} \times \text{上年实际平均单位成本})} \times 100\%$$

$$= \frac{484}{330\,000} \times 100\% = -0.15\%$$

(3) 产品单位成本。产品单位成本变化对可比产品成本降低计划完成情况的影响公式如下:

$$\text{产品单位成本变动对成本降低额的影响} = \sum(\text{本年实际产量} \times \text{本年计划单位成本}) - \sum(\text{本年实际产量} \times \text{本年实际平均单位成本}) = 302\,500 - 299\,200 = 3\,300(\text{元})$$

$$\text{产品单位成本变动对成本降低率的影响} = \frac{\text{产品单位成本变动对降低额的影响}}{\sum(\text{本年实际产量} \times \text{本年实际平均单位成本})} \times 100\%$$

$$= \frac{3\,300}{330\,000} \times 100\% = 1\%$$

将上述各因素对可比产品成本降低计划完成情况的影响汇总表如表10-5所示。

表 10-5　　　　　　　　可比产品成本降低计划完成情况汇总表

影响因素	降低额（元）	降低率
产品产量	-16	—
产品结构	-484	-0.15%
产品单位成本	3 300	1%
合计	2 800	0.85%

三、主要产品单位成本表的编制和分析

（一）主要产品单位成本表的编制

主要产品单位成本表，是反映企业在报告期内各种主要产品单位成本的构成和各项主要技术经济指标的报告。利用该表可以了解成本和主要技术经济指标的执行情况，从而分析各项消耗定额的变化情况和产品单位成本的升降原因，以便进一步挖掘降低成本的潜力。

主要产品单位成本表是对商品产品成本表的具体说明和补充。其格式和内容如表10-6所示。

表 10-6　　　　　　　　主要产品单位成本表（丙产品）
201×年12月31日

成本项目	单位	历史先进水平 20××年	上年实际平均	本年计划	本月实际	本年累计实际平均
直接材料	元			232	240	250
直接人工	元			100	90	95
制造费用	元			88	101	95
成本合计				420	431	440
主要技术经济指标	单位	用量	用量	用量	用量	用量
A 材料	千克			38	38	40
B 材料	千克			10	10	8
工　时	小时			50	48	40

表10-6各项目的内容和填列方法如下：

（1）历史先进单位成本。根据历史上该种产品成本最低年度成本表的实际平均单位成

本填列。

(2) 上年实际平均单位成本。根据上年度本表实际平均单位成本填列。

(3) 本年计划单位成本。根据本年度计划单位成本填列。

(4) 本月实际单位成本。根据该种产品成本明细账或成本计算填列。

(5) 本年累计实际平均单位成本。根据该种产品成本明细账所记年初起至报告期末止完工入库总成本除以本年累计实际产量计算填列。

不可比产品，历史先进水平的单位成本和上年实际平均单位成本这两项不填。

表中上年实际平均单位成本、本年计划单位成本、本月实际单位成本和本年累计实际平均单位成本，应与商品产品成本表该产品的相应项目相符。

表中的有关技术经济指标，应根据有关业务核算资料填列。

(二) 主要产品单位成本表的分析

全部产品成本的计划完成情况分析，可以总括地评价企业全部产品和可比产品成本的计划执行情况。为了揭示成本升降的具体原因，寻求降低产品成本的具体途径和方法，需要对主要产品成本的计划完成情况进行深入细致的分析。分析所依据的资料是主要产品单位成本报表、成本计划表、各项消耗定额以及反映各项技术经济指标的业务资料等。分析的方法是在商品产品成本分析的基础上，采用因素替换法，进一步分析各项原因变化对各成本项目的影响。

以丙产品为例，说明主要产品单位成本的分析。丙产品单位成本对比计划变动情况分析表如表 10-7 所示。

表 10-7　　　　丙产品单位成本对比计划变动情况分析表　　　　单位：元

成本项目	本年计划单位成本	本年累计实际平均单位成本	降低额	降低率
直接材料费用	232	250	-18	-7.76%
直接人工费用	102	95	5	5%
制造费用	88	95	-7	-7.95%
成本合计	420	440	-20	-4.76%

一定时期产品单位成本的高低，受多种因素的影响，诸如生产技术水平，生产组织状况和经营管理水平，各种降低产品成本措施的实施效果等。下面就几个主要的成本项目说明分析的一般方法。

1. 直接材料费用成本项目分析。影响直接材料费用成本项目实际成本脱离计划成本的原因主要是材料消耗量和材料单价两个因素。分析的程序如下：

单位产品成本材料费用 = 单位产品消耗的材料数量 × 材料单价

(1) 确定分析对象。

实际单位产品成本材料费用 – 计划单位产品成本材料费用

(2) 因素分析。

单位产品消耗材料数量变动的影响 =（实际单位产品耗用量
 – 计划单位产品耗用量）× 材料计划单价

材料单位变动的影响 =（材料实际单价 – 材料计划单价）
× 单位产品材料实际耗用量

丙产品消耗的有关材料数量和价格资料如表 10 – 8 所示。

表 10 – 8　　　　丙产品直接材料成本对比计划变动情况分析表　　　　单位：元

材料名称	消耗量（公斤）		单位		直接材料费用		
	计划	实际	计划	实际	计划	实际	差异
A 材料	38	40	5.00	5.30	190	212	22
B 材料	10	8	4.20	4.75	42	38	-4
合　计					232	250	18

由表 10 – 8 所列的分析资料可以看出，丙产品的直接材料费用实际超计划为 18 元。其中由于消耗量变动的影响计算如下：

A 材料：(40 – 38) × 5 = 10（元）
B 材料：(8 – 10) × 4.20 = – 8.4（元）
合计　　　　　　　　1.6（元）

由于价格变动的影响计算如下：

材料：(5.30 – 5.00) × 40 = 12（元）
B 材料：(4.75 – 4.20) × 8 = 4.4（元）
合计　　　　　　　　16.4（元）

上述两因素中，材料单价变动一般属客观因素，企业自身无法控制，而单位产品消耗数量属主观因素，企业应进一步分析，有以下几方面原因。

① 优化产品设计，缩小体积，减轻重量，从而减少材料消耗，降低材料费用。

② 改进工艺流程和加工方法，提高材料利用率，节约材料消耗，降低材料费用。

③ 材料代用品的出现并应用于生产过程和各种材料的配料比例趋于经济合理，会减少材料消耗量和降低材料费用。

④ 联产品、副产品的生产会使等量的材料费用被更多品种和数量的产品承担，从而降低材料费用。

此外，材料的质量、生产过程中废料的利用程度和回归率、劳动者的过去态度、成本意识、操作熟练程度、设备性能等都会影响材料费用的增减。

2. 直接人工成本项目的分析。分析产品单位成本中直接人工成本的变动应结合具体的工资制度和工资费用计入产品成本的具体方法来进行。在计件工资制度下，由于单位产品成本中规定有计件单价（定额内），因此只要计件单价不变，单位产品成本中的工资费用也不会发生变化。在计时工资制度下，若企业只生产一种产品，则影响单位成本工资费用高低的因素不外乎生产工人工资总额和产品产量两个因素；若企业生产多种产品，单位产品成本中包含的工资费用是按工时比例分配计入产品成本的，产品单位成本中工资费用的多少取决于生产单位产品的工时消耗和工资分配率两个因素的变动情况。分析程序如下：

单位产品直接人工成本 = 单位产品工时消耗量 × 工资分配率

（1）确定分析对象。

实际单位产品直接人工成本 - 计划单位产品直接人工成本

（2）因素分析。

$$\text{单位产品工时消耗量变动的影响} = \left(\text{实际单位产品工时消耗量} - \text{计划单位产品工时消耗量}\right) \times \text{计划工资分配率}$$

$$\text{工资分配率变动的影响} = \left(\text{实际工资分配率} - \text{计划工资分配率}\right) \times \text{实际单位产品工时消耗量}$$

丙产品消耗的有关工时数量和工资分配率资料如表 10-9 所示。

表 10-9　　　　丙产品直接人工费用对比计划变动情况分析表

丙产品	消耗量（工时）		工资分配率（元/小时）		直接人工成本（元）		
	计划	实际	计划	实际	计划	实际	差异
生产工时	50	40	2	2.375	100	95	-5

成本实际节约 5 元。其中由于工时消耗量变动的影响计算如下：

(40 - 50) × 2 = -20（元）

由于工资分配率变动的影响计算如下：

(2.375 - 2) × 40 = 15（元）

生产单位产品工时消耗愈少，劳动生产率愈高，成本中分摊的工资费用也愈少；反之，劳动生产率愈低，成本中分摊的工资费用也愈多。另外，工资分配率的提高则是产品单位成本中工资费用增加的因素。工资分配率的变动既受计时工资总额变动的影响，也受企业工时利用程度高低的影响。这两项因素的变动需通过工资总额分析和工时利用分析才能查明，所以对产品单位成本中工资费用的分析应结合生产、工艺、劳动组织等方面的情况进行，重点是分析单位产品的工时变动。

3. 制造费用成本项目的分析。影响制造费用实际脱离计划的原因主要是工时消耗和制造费用分配率两个因素。分析程序为：工时消耗量 × 制造费用分配率。丙产品消耗的有关工时数量和制造费用分配率资料如表 10-10 所示。

表 10 - 10　　　　　丙产品制造费用对比计划变动情况分析表

丙产品	消耗量（工时）		制造费用分配率（元/小时）		制造费用成本（元）		
	计划	实际	计划	实际	计划	实际	差异
生产工时	50	40	1.76	2.375	88	95	7

由表 10 - 10 所列的分析资料可以看出，丙产品的制造费用实际超过计划 7 元。其中由于工时消耗量变动的影响计算如下：

$(40 - 50) \times 1.76 = -17.6$（元）

由于制造费用分配率变动的影响计算如下：

$(2.375 - 1.76) \times 40 = 24.6$（元）

四、制造费用明细表的编制和分析

制造费用明细表是反映企业生产单位一定时期内为组织和管理生产所发生费用总额和各明细项目数额的报表。该表按费用项目分别由"上年同期实际"、"本年计划"、"本年累计实际数"进行反映。通过本年累计实际与上年同期实际比较，可了解制造费用各项目的变动情况，从动态上研究其特征及发展规律；本年累计实际与本年计划比较，可以反映制造费用计划完成情况及节约或超支的原因。制造费用明细表的格式如表 10 - 11 所示。

表 10 - 11　　　　　　　　　制造费用明细表

201×年 12 月　　　　　　　　　　　　　单位：元

项　目	行次	上年同期实际	本年计划	本年累计实际
1. 工资		48 000	50 000	49 500
2. 职工福利费		6 720	7 000	6 930
3. 折旧费		80 000	76 000	75 700
4. 修理费		2 500	2 000	2 100
5. 办公费		1 300	1 000	11 500
6. 水电费		18 000	15 000	14 700
7. 机物料消耗		1 200	1 500	1 560
8. 劳动保护费		2 100	2 000	1 950
9. 低值易耗品摊销		1 600	15 000	1 450
10. 差旅费		25 000	22 000	22 500
11. 租赁费		500	300	350
12. 保险费		800	700	650
13. 设计制图费		600	700	630
合　计		188 320	179 700	179 170

企业为反映各生产单位各期制造费用任务的完成情况，制造明细表可分车间按月进行编制。表中"本年计划"栏按当期计划资料分项目填列，12月份的制造费用明细表按"本年计划"栏填列。"上年同期实际"栏，根据上年同期该报表的"本年累计实际"栏的对应项目填列。"本年累计实际"栏可根据"制造费用"科目所属明细资料累计填列。

对制造费用明细表的分析，主要采用"比较分析法"，对费用总额以及各个费用项目的本年实际累计数与上年同期实际数相比较，以了解各项费用的变化趋势；与计划数相比较，可以了解各该项费用比计划节约或超支，即计划的完成情况。对于增减变动较大的费用项目，还应作重点分析，深入探究其升降的具体原因。

【本章小结】

本章主要介绍了成本报表的编制和成本报表的分析方法。通过本章的描述，我们需要了解以下内容：

成本报表是作为向企业经营管理者提供有关成本和经营管理费用信息、进行成本分析的一种内部管理报表，具有灵活性、多样性和综合性的特点。

成本报表主要是为满足企业内部经营管理的需要而编制的对内报表，因此从报表的种类、格式、编制报项目、编制方法，到报送时间和报送对象，都是由企业根据自身生产经营过程的特点和成本管理的要求所确定的。企业编制的成本报表具有较大的灵活性和多样性。

成本报表的编制应满足专题性、实用性、针对性和及时性等基本要求。

成本分析方法包括对比分析法、比率分析法、连环替换分析法、差额计算分析法和趋势分析法。

商品产品成本表是反映企业在报告期内所生产的全部商品产品总成本和单位成本的报表。利用该表可以考核全部商品产品和主要商品产品成本计划完成情况，以及分析各种可比产品成本降低任务的完成情况。

影响可比产品成本降低计划完成情况的因素，概括起来有3个：产品产量；产品结构；产品单位成本。

主要产品单位成本表，是反映企业在报告期内各种主要产品单位成本的构成和各项主要技术经济指标的报告。利用该表可以了解成本和主要技术经济指标的执行情况，从而分析各项消耗定额的变化情况和产品单位成本的升降原因，以便进一步挖掘降低成本的潜力。主要产品单位成本表是对商品产品成本表的具体说明和补充。

主要产品单位成本的分析包括：直接材料成本项目分析；直接人工成本项目的分析；制造费用成本项目的分析。

【中英文对照专业名词及术语】

成本分析	Analysis of Cost
成本差异	Cost Differentials
成本控制	Cost Control
标准成本	Standard Cost

复习思考题

1. 成本报表有什么特点？
2. 成本报表编制的要求有哪些？
3. 成本分析的方法通常有哪几种？
4. 对按成本项目反映的商品产品成本，可以采用哪些方法进行分析？怎样分析？
5. 对主要产品单位成本，应从哪几个方面进行分析？怎样分析？

参考文献

1. 于富生，黎来芳主编．成本会计学．北京：中国人民大学出版社，2009.8.
2. 罗飞，夏博辉，张兆国主编．成本会计．北京：高等教育出版社．2000.9.
3. 欧阳清，万寿义主编．成本会计．大连：东北财经大学出版社．2002.9.
4. 焦跃华主编．成本会计学．北京：中国财政经济出版社．2001.9.
5. 王振华，王生交主编．成本会计学．成都：西南财经大学出版社．2008.12.
6. 徐政旦，石人瑾，林宝瓛，管一民主编．成本会计．上海：上海三联书店．1994.9.
7. 查尔斯·T. 亨格瑞，乔治·福斯特，斯坎特·M. 达塔等著；刘力，黄慧馨，王立彦等译．工商管理经典译丛成本会计（第八版）．北京：中国人民大学出版社与PRENTICE HALL出版公司．
8. 陈云主编．成本会计学（第三版）．北京：立信会计出版社．
9. 杨翠萍，李洁主编．成本会计．北京：中国财政经济出版社，2001.9.
10. 万宇洵主编．新编成本会计学（第二版）长沙：湖南人民出版社，2003.8.
11. 余新培主编．成本会计．北京：中国人民大学出版社，2011.
12. 李来尔主编．成本会计．成都：西南财经大学出版社，2009.
13. 王志红主编．成本会计学．北京：清华大学出版社，2010.
14. 侯颖，李福荣主编．成本会计．大连：大连理工大学出版社，2009.
15. 罗正英主编．成本会计．北京：高等教育出版社，2007.
16. 吴鑫奇，钱金云主编．成本会计．武汉：武汉理工大学出版社，2005.
17. 明爱芬，孟玉英主编．成本会计．长沙：中南大学出版社，2006.
18. 吴宝宏，常颖主编．成本会计．哈尔滨：哈尔滨工业大学出版社，2007.
19. 李敬福，唐艳主编．成本会计．武汉：华中科技大学出版社，2007.
20. 鲁亮升主编．成本会计．北京：经济科学出版社，2007.
21. 刘晓玉主编．成本会计．北京：中国经济出版社，2007.7.
22. 蒋超五主编．成本计算与管理．北京：经济科学出版社，2010.8.
23. 宋胜菊，刘学华主编．新编成本会计（第四版）．上海：立信会计出版社，2010.2.